「禮學新論」叢書／楊華　主編

先秦社祭研究

史志龍　著

武漢大學出版社
WUHAN UNIVERSITY PRESS

本叢書爲國家社會科學基金重大項目
"中國傳統禮儀文化通史研究"（18ZDA021）階段性成果

凡　例

1. 本書引用出土文獻時，如非討論之必要，釋文一般用寬式，如卜辭中用作"𥙊"的"社"直接寫作"土"，簡文"𥻆"直接寫作"殺"，等等。楚國特有月名夏栾、冬栾、屈栾、遠栾之"栾"一律寫作"夕"，荆尿、夏尿之"尿"一律寫作"尸"。

2. 本書引用傳世文獻及出土文字材料時，無法辨認的字，缺少一字用一个"□"表示，缺少字數不詳及竹簡殘斷處用"☒"表示，根據上下文擬補的字用"〔　〕"表示，釋字用"（　）"表示，引用時有所省略處用"……"表示。

3. 爲行文方便，在書中提到各位前輩學者時均直稱其名，不加"先生"稱呼，敬請諒解。

4. 爲節省篇幅，避免煩瑣，對於引用次數較多的古文字著録皆用簡稱，出版情況見"主要參考文獻"。簡稱如下：

《甲骨文合集》　　　　　　　　　　《合集》
《小屯南地甲骨》　　　　　　　　　《屯南》
《英國所藏甲骨集》　　　　　　　　《英藏》
《殷虚花園莊東地甲骨》　　　　　　《花東》
《甲骨文合集釋文》　　　　　　　　《合集釋文》
《殷墟甲骨刻辭類纂》　　　　　　　《類纂》
《殷虚甲骨刻辭摹釋總集》　　　　　《摹釋》
《甲骨文字詁林》　　　　　　　　　《甲詁》
《殷周金文集成》　　　　　　　　　《集成》
《金文詁林》　　　　　　　　　　　《金詁》
《上海博物館藏戰國楚竹書（一）》　上博一
《上海博物館藏戰國楚竹書（二）》　上博二
《上海博物館藏戰國楚竹書（三）》　上博三
《上海博物館藏戰國楚竹書（四）》　上博四

《上海博物館藏戰國楚竹書(五)》　　　　上博五
《上海博物館藏戰國楚竹書(六)》　　　　上博六
《上海博物館藏戰國楚竹書(七)》　　　　上博七
《包山楚簡》　　　　　　　　　　　　　包山簡
《望山楚簡》　　　　　　　　　　　　　望山簡
《九店楚簡》　　　　　　　　　　　　　九店簡
《郭店楚墓竹簡》　　　　　　　　　　　郭店簡
《新蔡葛陵楚墓》　　　　　　　　　　　新蔡簡
《居延漢簡甲乙編》　　　　　　　　　　居延簡
《居延新簡——甲渠候官與第四燧》　　　居延新簡
《隨州孔家坡漢墓簡牘》　　　　　　　　孔家坡簡

目　　録

緒論……………………………………………………………… 1
　一、研究對象與學術價值……………………………………… 1
　二、研究現狀與留存問題……………………………………… 4
　三、史料基礎與研究方法……………………………………… 23

第一章　先秦社祭溯源………………………………………… 28
　第一節　社祭起源諸説評析…………………………………… 28
　　一、圖騰説…………………………………………………… 28
　　二、聖地説…………………………………………………… 31
　　三、生殖崇拜説……………………………………………… 33
　　四、樹木、森林説…………………………………………… 34
　第二節　社祭起源於土地崇拜………………………………… 36
　　一、社祭起源的文字學闡釋………………………………… 36
　　二、社祭起源的宗教學分析………………………………… 40

第二章　社祭制度……………………………………………… 43
　第一節　社主…………………………………………………… 43
　　一、以土爲社主……………………………………………… 43
　　二、以石爲社主……………………………………………… 44
　　三、以木爲社主……………………………………………… 47
　第二節　社尸…………………………………………………… 49
　　一、尸名分析………………………………………………… 50
　　二、祭必立尸………………………………………………… 52
　　三、爲尸條件………………………………………………… 55

第三節　社配 ……………………………………………………… 57

第四節　祭法的演變 ……………………………………………… 63

　　一、燎祭 …………………………………………………… 63

　　二、宜祭 …………………………………………………… 65

　　三、沈祭 …………………………………………………… 66

　　四、血祭、埋祭、鼓祭 …………………………………… 68

　　五、侑祭、御祭、卯祭、歲祭、伐祭、毛祭 …………… 71

第五節　祭品的演變 ……………………………………………… 74

　　一、牛、羊、豕、犬 ……………………………………… 74

　　二、牢與宰 ………………………………………………… 76

　　三、人祭 …………………………………………………… 77

第六節　楚簡中的社祭禮儀 ……………………………………… 80

　　一、筮日 …………………………………………………… 81

　　二、用樂 …………………………………………………… 84

　　三、薦籩豆與獻酒 ………………………………………… 85

第三章　軍社與亳社 ……………………………………………… 86

第一節　軍社 ……………………………………………………… 86

　　一、軍社制度 ……………………………………………… 87

　　二、軍社的作用 …………………………………………… 96

　　三、軍社制度與作用演變原因試析 …………………… 101

第二節　亳社 ……………………………………………………… 103

　　一、商代亳社 …………………………………………… 103

　　二、周代亳社 …………………………………………… 118

第四章　社與后土、地主、稷、先農諸神關係辨析 ………… 129

第一節　后土、地主與社的區別與聯繫 ……………………… 129

　　一、后土 ………………………………………………… 129

　　二、地主 ………………………………………………… 137

　　三、宮后土、宮地主與野地主 ………………………… 141

第二節　社、稷關係 …………………………………………… 144

　　一、稷祀源流 …………………………………………… 144

　　二、社、稷關係 ……………………………………… 150

三、"社稷"合稱 ……………………………………… 155

第三節　社、稷與先農的關係……………………………… 159

一、臘祭的時間和内涵……………………………… 160

二、朡與市酒 ……………………………………… 164

三、祭品的處理 …………………………………… 165

四、先農與稷 ……………………………………… 168

五、社與先農 ……………………………………… 176

第五章　社祭的作用 ………………………………………… 178

第一節　社祭在社會生活中的作用 ……………………… 178

一、促進商品貿易 ………………………………… 178

二、民衆娛樂的場所 ……………………………… 180

第二節　社祭在宗教和民俗中的作用 …………………… 181

一、祓除不祥 ……………………………………… 181

二、監督盟誓 ……………………………………… 184

三、疾病祈禱 ……………………………………… 187

四、繁衍牲畜 ……………………………………… 192

五、日常禁忌 ……………………………………… 194

結語 …………………………………………………………… 196

主要參考文獻………………………………………………… 200

緒　論

一、研究對象與學術價值

(一)研究對象

中國歷史文化悠久，號稱禮儀之邦。禮制、禮儀、禮俗的記載賡續而不絕，其中一個重要原因，就是古人對前代禮制文化的重視。"禮"在統治階級的政治生活中起着主導作用。"治人之道，莫急於禮"①，"禮，國之幹也"②，"夫禮，國之紀也……國無紀不可以終"③，"治國不以禮，猶無耜而耕也"④。孔子云"爲國以禮"⑤，荀子亦云"爲政不以禮，政不行也"⑥。因而禮制、禮儀、禮俗的記載，從儒家經典到諸子之書，從歷朝歷代的史書到大型類書，可以說貫穿經、史、子、集四個部分，《四庫全書》《續修四庫全書》的經部，有很大一部分就是專門記錄禮制的禮書。重視前代禮制文化，是中國古代長期形成的傳統；編纂前代禮制典籍，是歷代學者的共識；考證禮制源流和禮制內涵，是現代學人義不容辭的歷史責任。

社禮，作爲國家最重要的禮典之一，是逐步形成和發展的。土地崇拜是原始社會的普遍現象，尤其是在從事農業的部落，這種現象更爲普遍。不過，原始的土地崇拜直接以土地本身作爲對象，反映了土地的自然屬性，表現爲直接崇拜土地，向土地祈禱、獻祭，將祭品焚燒、殺死或埋入土中。文獻所記載的社神崇拜，已經超越了純自然崇拜的階段，是原始土地崇拜的進一步發展。誠

---

① 《禮記·祭統》。
② 《左傳·僖公十一年》。
③ 《國語·晉語四》。
④ 《禮記·禮運》。
⑤ 《論語·先進》。
⑥ 《荀子·大略》。

如王震中於《東山嘴原始祭壇與中國古代的社崇拜》一文中所説：

> 由原始社會後期到漢代以來，我國社神崇拜的發生與發展，大體經歷
> 了原生形態、次生形態和再次生形態三個階段。①

王氏所言，概括出了先秦時期社神縱向發展演變之大略。從橫向聯繫來説，社神崇拜貫穿先秦時期社會生活的方方面面，從祈求豐年到水火之災，從天象異變到用兵打仗，從封土建國到頒佈法典，從王位繼承到盟約監督，從不孕求子到疾病禱告，從日常禁忌到鬼神作祟，從商品貿易到節日娛樂，凡國之大事，庶民之小事，都要在社前舉行一番祭祀。因而可以説，對先秦時期的社祭的研究，是打開理解先秦社會之門的鑰匙之一。

本書所謂的先秦社祭研究，時間跨度較大，上始於遠古時期，下延於秦漢時代。通過爬梳資料，結合歷史學、考古學、文化人類學、民俗學理論的成果，動態地考察社之演變，從整體上研究先秦時期的社祭問題。以此内涵爲界定，本書研究至少包含以下幾個方面的内容：

其一，社之源流問題。歷來學者對此聚訟不已，這是因爲社本身比較複雜，可以從各個角度對其進行考察，由於學者的視角不同，得出的結論也不盡相同。因而本書在探討這一問題時，會綜合考量已有的學術成果，立足於現有的文獻材料、出土古文字材料和考古實物，以實事求是的態度，通過對比、分析、歸納，比勘不同的學術成果所依據的論據，考察當時的社會發展背景，最後得出比較平允的結論。

其二，社祭制度問題。早在漢代，人們對社祭制度的演變已經認識不清了，對社所祭祀的主體是土地之神還是人鬼已經開始有所爭論，以鄭玄及其後人爲一派，以許慎、馬融、王肅等人爲另一派，雙方相持不下。因爲當時完整的社祭祀典已佚，典籍記載又是隻鱗片爪，難窺全豹，學者只能通過反復鈎稽典籍材料，羅列排比，考訂推論，以求給予一個合理的解釋，從漢至清大致就是這樣一種情況。近代，隨着甲骨文、金文、簡帛等古文字材料的出土，對這

---

① 王震中：《東山嘴原始祭壇與中國古代的社崇拜》，《世界宗教研究》1988 年第 4期。該文中所説的原生形態，指的是大約從虞舜時期到有夏一代，社神還主要是作爲生殖與土地之神受到人們的崇拜。次生形態，指的是從西周時期，社神由生殖與土地之神向國家與地區保護神的發展，也就是由自然宗教向人爲宗教的發展。再次生形態，指的是秦漢時期，社神的屬性經過分化和縮減後，到漢代基本上變成了以土地神爲主要屬性的農業之神。

一問題的研究已經比較深入，視域也更爲開闊，以社祭制度演變爲中心的研究，可以讓我們對當時王朝的更替、社會制度的變化、社神的人格化、英雄的神格化有一個比較清晰的認識。

其三，社、稷與先農的關係問題。通過以社、稷與先農的關係問題爲中心的研究，可以考察“社稷”合稱的時間，社與稷之間的關係，社稷與先農的區別。

其四，后土、地主與社的關係。通過后土、地主與社的關係的研究，可以系統地考察兩周時期社神地位的升降和功能的分化；可以考察社與地示、后土、大地、中霤、地主之間的涵蓋關係，更深層次地理解社神地位和功能的變化。

其五，亳社的性質問題。在先秦時期，亳社的性質比較特殊，所以我們對其進行了專題研究。自漢以降，學者們普遍認爲周人曾經對商代的社進行了改革，把商代的社變爲戒社，也稱爲亡國之社、亳社、勝國之社，其性質是告誡王與諸侯要有德，要勤政愛民。甲骨文資料的出土也證明了亳社是確實存在的，絕非杜撰，典籍的記載是可信的，周人對商社進行“屋之”改造是合情合理的。近代大部分學者都同意這一説法，只有個別學者認爲亡國之社實際上是不存在的①，筆者曾撰文對此進行了批駁②。在沒有新的出土資料、新的證據的情況下，只憑臆測就斷然否定典籍記載的説法，筆者認爲是不可取的。

基於此，本書試圖在前人研究成果的基礎上，改變以往對社祭制度的某些片面研究，對社進行全面分析與整體研究。從縱的方面對社進行考察，可以看到不同時期社的不同特點、性質和功能，然後從橫的方面去考察社與政治制度、經濟制度、社會文化生活、風俗習慣、宗教信仰等方面的聯繫，以求深入、細緻地研究社的本質内涵與外延。另外，對個別比較有爭議的問題，單獨進行專題研究，力求做到對“祭社”的系統把握。本書還對新出土的簡帛文字材料給予了足夠的重視，以往很多有爭議而得不到解決的社制問題，新出土的文字資料往往能帶來解決的契機，從而拓寬研究的視域。

---

① 張榮明：《社祀與殷周地緣政治》，《南開大學歷史系七十五周年紀念文集》，南開大學出版社 1998 年版。王暉：《商周文化比較研究》，人民出版社 2000 年版，第 215 頁；又見氏著《古文字與商周史新證》一書，中華書局 2003 年版，第 20~22 頁。魏建震：《先秦社祀研究》，人民出版社 2008 年版，第 288~291 頁。

② 史志龍：《周代“亳社”性質考論》，《理論月刊》2009 年第 3 期。

(二)學術價值

首先，研究先秦時期的社祭情況，對於理解先秦時期的政治制度、經濟制度、軍事制度有重要作用。《禮記·王制》："天子祭天地，諸侯祭社稷，大夫祭五祀"，"天子社稷皆大牢，諸侯社稷皆少牢"①。這説明在西周時期實行着嚴格的等級制度，天子可以祭天地，諸侯則不可以，同樣祭社稷，天子用牲級別要高於諸侯。先秦典籍裏有很多關於軍社的記載，出兵打仗都要進行祭祀。這種軍社組織到漢代功能發生了變化，不再單純發揮軍事作用，變成了方便吏、卒交流貿易的組織。因而只有對先秦時期的社祭情況有一定的了解，纔能理清先秦政治、經濟、軍事之間的複雜關係。

其次，先秦時期的社是一個複雜的社會歷史現象，已經不是單純的土地崇拜，而是集土地崇拜、英雄崇拜、祖先崇拜、圖騰崇拜於一身的融合體。社在不同的語言環境中有不同的内涵。社祭在商代還基本上呈現其原始屬性，還主要是出於對農業豐收的祈盼而進行祭祀，還没有脱離原始宗教的範疇。隨着時代的發展，社祭和圖騰崇拜、祖先崇拜、英雄崇拜糾合在一起，於是便有了社神是人鬼還是土神的爭論。由於社神和軍事、戰爭的關係緊密，於是便衍生了地域保護神的功能。由於土地(社)和穀物(稷)結合緊密，而這些又是民衆安身立命的必要條件，"國以民爲本，民以食爲天"，於是"社稷"便成了國家的代名詞。而民間之社便成了農村公社組織，同時又和民間風俗界限不明。這些關係是極其複雜的，而要想完整地了解先秦社會，繞過對社的研究幾乎是不可能的。這也就決定了本書研究的學術價值之所在。

再次，社祭是經學研究的舊問題，現在用歷史學方法重新審視，可以爲經學研究帶來新的突破。

最後，有助於學者對先秦民俗、宗教、文化、禮制等領域的研究。

二、研究現狀與留存問題

(一)研究成果述評

首先是東漢時期對社的研究。東漢時期，人們對社的本來面目的認識已經十分模糊，對社的祭祀主體已有不同的見解。許慎《五經異義》云：

---

① 按：這裏"皆"意指天子的"大社""王社"，諸侯的"國社""侯社"。

今《孝經説》曰："社者土地之主，土地廣博不可遍敬，封五土以爲社。"古《左氏説》："共工爲后土，后土爲社。"謹案，春秋稱公社，今民謂社神爲社公，故知社是上公非地祇。①

鄭玄不同意這種説法，駁云：

社祭土而主陰氣，又云社者神地之道謂社神，但言上公失之矣。今人亦謂雷曰雷公，天曰天公，豈上公也。《左氏説》："社稷惟祭句龍，后稷人神而已。"《孝經説》："社爲土神，稷爲穀神，句龍、后稷配食者。社者五土之神能生萬物者，以古有大功者配之。"②

許慎認爲社祭祀的主體是上公，人鬼而已。馬融、賈逵皆從其説。③ 鄭玄不同意這種説法，他認爲社祭的就是土神，句龍、后稷都是因爲有大功於人，而得以配食，依據的主要是《孝經》。《公羊傳》："諸侯祭土。"何休注："土謂社也。"《公羊傳》不言社而言土，不取古《左氏説》，與《孝經》今文家同義。鄭玄採取的是今文家的説法。他在答門人趙商、田瓊的問時，也表達了這種看法：

《郊特牲》："社祭土而主陰氣也。"趙商問："《郊特牲》：'社祭土而主陰氣。'《大宗伯》職曰：'王大封則先告后土。'注云：'后土，土神也。'若此之義，后土則社，社則后土，二者未知云何？敢問后土祭誰，社祭誰乎？"答曰："句龍本后土，後遷之爲社。'大封先告后土'，玄注云：'后土土神，不云后土社也。'"
田瓊問："《周禮》：'大封先告后土。'注云：'后土，社也。'前答趙商曰：'當言后土神，言社非也。'《檀弓》曰：'國亡大縣邑，或曰君舉而哭於后土。'注云：'后土，社也。'《月令》：'仲春命民社。'注云：'社，后土。'《中庸》云：'郊社之禮，所以事上帝也。'注云：'社祭地神，不言

①　陳壽祺：《五經異義疏證》，《續修四庫全書》第 171 册，上海古籍出版社 2002 年版，第 21 頁。
②　參見陳壽祺：《五經異義疏證》，《續修四庫全書》第 171 册，上海古籍出版社 2002 年版，第 21 頁。
③　陳祥道：《禮書》卷九十二，文淵閣《四庫全書》第 130 册，臺灣"商務印書館"1986 年版，第 575 頁。

后土，省文。'此三者皆當定之否?"答曰："后土，土官之名也，死以爲
社，社而祭之，故曰后土社。句龍爲后土，後轉爲社，故世人謂社爲后
土，無可怪也，欲定者定之，亦可不須。"①

　　鄭玄除再次表達了社的祭祀主體是土神、地神的觀點外，還強調了后土是
土官之名，死後配祭於社。另外后土本是土神之名，所以也可以説后土就是土
神。《後漢書·祭祀志》"社稷"條，荀爽問仲長統以社所祭者何神也，仲長統
答"所祭者土神也"，並與侍中鄧義相論難，仲長統從三個方面回答了鄧義的
問難，同鄭氏觀點一樣，也認爲句龍是土官，人鬼而已，只是配食於土神。②
文繁不贅引。

　　魏晉時期，自漢末諸儒論社或爲土神，或句龍即是社主，或云是配神以
來，其議甚衆，尤以王肅一派與鄭氏門人爲著。王肅承繼了許慎、馬融、賈
逵、鄧義一派"社祭人鬼"的觀點，與鄭玄的弟子相論難。鄭氏弟子馬昭等人
則秉承其師"社爲土神，句龍配祀"的觀點，展開了針鋒相對的答難，爭論更
爲激烈。王肅《聖證論》對此有詳細的記載，二者爭論的關鍵仍然是社的祭祀
對象是人鬼還是土神的問題。③

　　王景侯等人認爲，天子只立一社一稷，也就是爲百姓所立的太社，其位置
不在京城裏，如今同時立太社與王社，這是一神兩位，同時祭祀，不合禮制，
《召誥》"社於新邑"，只用一太牢，《詩經》"乃立塚土"，也没有兩社的説法。
傅咸等人則認爲，天子有太社和王社，由於兩者的作用不同，所以要分立。④

　　南北朝時期，崔靈恩認爲："王社在藉田中。"⑤另外賀循、皇侃、崔靈恩
等人還提出了祭地之前舉行瘞埋的論斷。⑥

　　唐宋時期，對社的討論更趨深化，擴大了範圍。孔穎達疏《禮記》、賈公
彦疏《周禮》《儀禮》皆本於鄭玄注。鄭玄認爲，地分爲昆侖與神州。孔穎達從
其説，並認爲昆侖在西北，別統四方九州。其神州者，是昆侖東南一州。許敬

---

①　皮錫瑞：《鄭志疏證》，《續修四庫全書》第 171 册，上海古籍出版社 2002 年版，
第 344、345 頁。
②　參見范曄：《後漢書》，中華書局 1965 年版，第 3201~3203 頁。
③　參見陳祥道：《禮書》卷九十二，文淵閣《四庫全書》第 130 册，臺灣"商務印書館"
1986 年版，第 575 頁。
④　參見沈約：《宋書》，中華書局 1974 年版，第 479、480 頁。
⑤　參見《禮記正義》（十三經注疏），中華書局 1980 年版，第 1590 頁。
⑥　黄以周：《禮書通故》，中華書局 2007 年版，第 658 頁。

宗則認爲鄭玄的説法没有什麼根據，楊復也認爲，祭地只有北郊和社稷，與許敬宗一致。① 陳祥道《禮書》對社制多有發明，他提出社主用石爲之、長五尺方二尺之説，大社、王社同在國中之説，大社、國社有稷而王社、侯社無稷之説等。② 程頤認爲"變置社稷"不是易人而祀，蓋言遷社稷壇場於他處。③ 堯卿問"社、稷神"，朱熹認爲，稷是穀神，社是土神，並認爲社之所以有神，是因爲能生物。④ 張載認爲，郊就是祭天，社就是祭地，郊外無天神之祀，社外無地示之祀；凡言社者，即地示之祭。這是把社等同於地示。黃履認爲，祭天地都城郊，社不過是土之神，祭大示不可以稱爲社。⑤

　　唐末五代時期，丘光庭在社的研究方面成就最爲突出。丘光庭有《兼明書》一書，《四庫全書總目》云："所記社稷諸條，多得禮意。在唐人考證書中，與顏師古《匡謬正俗》可以齊驅。"⑥丘光庭認爲，社是所在土地之名，方丘祭大地之神，社祭邦國鄉原之土神。並以入門爲方位，認爲社稷在門東，宗廟在門西。⑦ 這條與經書記載"左祖右社"多不合，似不可信。並認爲社之始於上古穴居之時也，故《禮記》云"家主中霤而國主社"者，古人掘地而居，開中取明，雨水溜入謂之中霤，言土神所在皆得祭之，在家爲中霤，在國爲社也。⑧ 丘氏所論多不從古，較有新意，"社始之説"與原始民俗相合，可備一説。

　　元明清時期的禮學家，對以往關於社的討論進行了系統性的總結，並對許多尚有争論的問題進行了更爲翔實的考證，分析更細緻、深入，對社制問題討論的範圍也更廣泛。

　　元人黃澤，反對鄭玄"社爲地神"的觀點，他説："殷革夏，周革殷，皆屋其社，是辱之也。旱乾水溢，則變置社祭，是責之也。王者父事天，母事地，

────────────

　　① 參見黃以周：《禮書通故》，中華書局 2007 年版，第 658 頁。
　　② 陳祥道：《禮書》卷九十二，文淵閣《四庫全書》第 130 册，臺灣"商務印書館"1986 年版，第 576 頁。
　　③ 黎靖德編：《朱子語類》卷六十一，王星賢點校，中華書局 1986 年版，第 1458 頁。
　　④ 黎靖德編：《朱子語類》卷九十，王星賢點校，中華書局 1986 年版，第 2291 頁。
　　⑤ 黃以周：《禮書通故》，中華書局 2007 年版，第 659 頁。
　　⑥ 永瑢、紀昀等編：《四庫全書總目》，中華書局 1965 年版，第 1017 頁。
　　⑦ 丘光庭：《兼明書》卷一，文淵閣《四庫全書》第 850 册，臺灣"商務印書館"1986 年版，第 218 頁。
　　⑧ 丘光庭：《兼明書》卷一，文淵閣《四庫全書》第 850 册，臺灣"商務印書館"1986 年版，第 218 頁。

而可責可辱乎！則社非祭地明矣。"①《大明集禮》則肯定了在社的祭祀對象上，鄭玄之説爲優的觀點，並討論了社壇之制、社主用石的原因。② 元明的研究著作多承宋人，所以創獲不多。

清人在禮制的考證、文字的訓詁等方面都取得了很大的成就，這與乾嘉學派重視考據有關。這一時期，除了總結性的禮學著作之外，也有專門就某一問題的討論。秦蕙田《五禮通考》在前人研究的基礎上，對社制問題多有論斷。他不同意鄭玄"稷爲社之細"的觀點，認爲以此解"社稷"則難通，當以朱子生物之論爲確。他就鄭王二家關於社祭對象的討論做了總結，認爲二家各有得失。他還對大社、王社的位置作了論斷，認爲大社與王社均在國中。③

江永《禮書綱目》對社的研究貢獻在於資料的收集非常完備，也頗有條例可循。④ 毛奇齡《郊社禘祫問》對天地是否合祭進行了討論，認爲天地只有分祭而無合祭，又有大郊、小郊之説，土祇分等級之説。⑤ 李塨作爲毛氏的學生，其《郊社考辨》一文與毛氏所持觀點大致相同。⑥ 萬斯大《學禮質疑》有大社即是方丘之説，王社在庫門内之説等。⑦

金鶚《求古録禮説》有"社稷考""五帝五祀考""燔柴瘞埋考""祭祀差等説"幾篇專門就社祭制度問題進行探討，其中不乏新意。⑧ 孫詒讓《周禮正義》關於社祭問題的研究，内容比較豐富，論證極具條理，對某個問題總是追本溯源，最後按以己意，給一個明確的論斷，頗具參考價值。⑨

近現代以來，隨着甲骨、金文、簡帛等新出土資料的發掘，學人對社祭制度研究多有注意。以筆者搜集到的資料來看，大體可分爲以下幾類：

（1）第一類，從文字學角度對社的研究。

對卜辭中"土"字研究最早的是王國維，他在《殷禮徵文》"外祭"條中説：

---

① 秦蕙田：《五禮通考》卷四十一、四十二，文淵閣《四庫全書》第 135 册，臺灣"商務印書館"1986 年版。

② 徐一夔：《大明集禮》卷八、九、十，嘉靖九年内府刻本，第 6、7 册。

③ 秦蕙田：《五禮通考》卷四十一，文淵閣《四庫全書》第 135 册，臺灣"商務印書館"1986 年版，第 1037~1049 頁。

④ 江永：《禮書綱目》卷三十六，文淵閣《四庫全書》第 133 册，臺灣"商務印書館"1986 年版。

⑤ 毛奇齡：《郊社禘祫問》，《皇清經解續編》第 1 册，上海書店出版社 1988 年版。

⑥ 李塨：《郊社考辨》，《續修四庫全書》第 108 册，上海古籍出版社 2002 年版。

⑦ 萬斯大：《學禮質疑》，《皇清經解》第 1 册，上海書店出版社 1988 年版。

⑧ 金鶚：《求古録禮説》，《續修四庫全書》第 110 册，上海古籍出版社 2002 年版。

⑨ 孫詒讓：《周禮正義》，王文錦、陳玉霞點校，中華書局 1987 年版。

卜辭所祭事大都内祭也，其可確知爲外祭者有祭社二事。其一曰
"貞，燎於 🔥 三小牢，卯一牛，沉十牛"，其二曰"貞勿求年於 🔥 🔥"。案
🔥 即 🔥 即今隸土字，卜辭假爲社字。《詩·大雅》"乃立塚土"，傳云"塚
土，大社也"。《商頌》"宅殷土茫茫"，《史記·三代世表》引作"殷社茫
茫"。《公羊》僖三十一年傳"諸侯祭土"，何注："土謂社也。"是古固以土
爲社矣，"🔥 🔥"即邦社。①

稍後王氏在《殷卜辭中所見先公先王考》一文中又説：

> 🔥 即土字，盂鼎"受民受疆土"之土作 🔥，卜辭用刀契，不能作肥筆，
> 故空其中作 🔥。……土疑即相土。……襄以卜辭有 🔥 🔥《前編》卷四第十
> 七葉。字即"邦社"，假土爲社，疑諸土字皆社之假借字。今觀卜辭中殷
> 之先公有季、有王女、有王恒，又自上甲至於主癸，無一不見於卜辭，則
> 此土亦當爲相土，而非社矣。②

王國維先是認爲，卜辭的"土"字即是傳世典籍中的"社"字，後來又否定自己
的這種説法，認爲"土"指的是商的先公"相土"。這是首次對甲骨文"土"字作
出的考釋，爲後人進一步探討甲骨文字中"土"之本意提供了綫索。

稍後傅斯年首先反對王氏之説。他認爲，卜辭中的"土"，既爲邦社之
"社"，又爲相土之"土"。③ 陳夢家也反對王氏"土爲相土"的説法，認爲卜辭
所祭之"土"就是社，並提出了幾條否定的理由：①相土若是人名，只能單稱
爲相，如伊尹之稱尹，不能單稱爲土；②卜辭有亳土即亳社；③古有祀社之
禮；④🔥是地名。④ 後來新出土的材料發現了"亳土"，所以郭沫若也修正舊
説，以爲"凡卜辭所祀之土，王國維均説爲相土，以此（案指卜辭之亳土）例

---

① 王國維：《王國維遺書》第 9 册，上海古籍書店出版社 1983 年版，第 8 頁。
② 王國維：《殷卜辭中所見先公先王考》，《觀堂集林》卷九，中華書局 1959 年版，
第 413、414 頁。
③ 傅斯年：《新獲卜辭寫本後記跋》，《安陽發掘報告第二期》（《"中央研究院"歷史
語言研究所專刊之一》），1930 年，第 378 頁。
④ 陳夢家：《古文字中之商周祭祀》，《燕京學報》1936 年第 19 期，第 116~120 頁。

之，殊未見其然(《粹》20)"①。

　　另外陳氏在《古文字中之商周祭祀》一文中還説："卜辭之土共有三義：一爲國族名土者，其地望在殷之西北，爲殷之勁敵，疑即周族，卜辭習見'王伐土方受之又'(《林》2.7.9)；二爲地土，卜辭曰'乙巳卜愨貞西土受年'下38.2西土者西方之土也；三爲社，古者封土爲社，故社字從土，從示者後所加，土之孳乳爲社……故卜辭之土爲土方爲土地爲社，至後'地'爲土地專字，'社'爲后土神專字。"②陳氏對土字含義的分析比較全面，也較爲科學。

　　郭沫若根據卜辭土(社)之形狀，另創新説，認爲社、祖二字同源。他在《釋祖妣》中説："據余所見土、且、士，實同爲牡器之象形。土字金文作 ⚱ ，卜辭作 ⚱ ，與且字形近。由音而言，土、且，復同在魚部，而土爲古社字，祀於内者爲祖，祀於外者爲社，祖與社二而一也。"③郭氏發前人所未敢發，言前人所未敢言，後來的社祖同源説即濫觴於此。1930年高本漢氏亦主張，祖(且)與社是一物，他也説牡字是牛旁加上牡器，所以甲骨文土字象形，直接有性器的意義。④ 凌純聲在《中古祖廟的起源》一文中，根據郭沫若土、且同字之考證，進而認爲社祭源自初民門希爾(Menhir)以及多爾門(Dolmen)崇拜，即陰陽性器之崇拜，其後社、祖分家，乃有社祭及祖先之祭的分別。⑤ 他在《中國古代神主與陰陽性器崇拜》一文中説："最原始的祖或社即在郊野，除地爲墠或封土爲壇，又在墠壇之上，立'且'以爲神祇或祖神。而祖形的'且'爲性器的象徵，進而將'且'斫成人形，再進則刻人之形貌，所謂廟，貌也。……但後來中國之祖與社分開，祖稱祖廟或宗廟，在廟中之'且'則稱祖。"⑥他在《卜辭中社之研究》一文中亦有此論⑦，並著有《中國古代社之源

---

①　陳夢家：《殷虚卜辭綜述》，中華書局1988年版，第340頁。

②　陳夢家：《古文字中之商周祭祀》，《燕京學報》1936年第19期，第117頁。

③　郭沫若：《甲骨文字研究·殷契餘論》，《郭沫若全集》(考古編)卷一，科學出版社1982年版，第39頁。

④　凌純聲：《中國祖廟的起源》，《"中央研究院"民族學研究所集刊》1959年第7期，第148頁。

⑤　凌純聲：《中國祖廟的起源》，《"中央研究院"民族學研究所集刊》1959年第7期，第147~149頁。

⑥　凌純聲：《中國古代神主與陰陽性器崇拜》，《"中央研究院"民族學研究所集刊》1959年第8期，第1、2頁。

⑦　凌純聲：《卜辭中社之研究》，見杜正勝編：《中國上古史論文選集》，臺灣華世出版社1979年版，第1012頁。

流》一文，對社之源流有很好的探討。① 戴家祥《"社""杜""土"古本一字考》一文論述了"社""杜"兩字原都是"土"字。②

　　劉桓在《卜辭社稷説》一文中指出，其所列卜辭，或以"土""𤴡""河""嶽"連言，或以"𤴡"與"亳土"並稱而祭。"土、𤴡、河嶽"應讀"社稷河嶽"。甲骨卜辭中凡將"土"用作神名的，均應讀爲社，不見例外。前人如王國維以爲有的"土"指相土，迄今未得證實，知係臆説。③

　　沈建華在《由卜辭看古代社祭之範圍及起源》一文中，對社祭的範圍、起源、結構，其演化形成的過程，以及社祭整個意義形態進行了研究，指出卜辭中方的概念是建立在土的基礎上，祭土方也就是祭社。狹義上以社祭爲祭中央之神即后土，廣義上認爲社祭對象包含東、西、南、北、中五方之神，如《禮記》所云"社者，五土之神也"。④ 她在《釋卜辭中的"后土"及其相關字》一文中，通過研究"毓"及其有關的字形演變過程，探討了古代"后土"的起源與形成。⑤

　　隨着近年來簡牘材料的發掘，現代學者對簡文中出現的地祇神亦有所關注。陳直在《漢晉社祭通考》一文中説，戍卒雖在邊郡，對於春秋社祭，仍照常舉行。社祭之錢，集合至千二百，似爲一隧之費，不論吏卒，皆可參加。⑥ 陳偉在《包山楚簡初探》一書中説，包山楚簡中的"宫后土"亦即"宫地主"，實際説明"后土"與"地主"相通，同時也觸及"后土"與"地主"的聯繫，"后土"亦即"地主"，簡書"野地主"也屬於社的異名，並認爲宫后土或者宫地主實指五祀之神中的中霤，"室"本身也當是在簡書之外所見的中霤的另一異名。⑦ 李

----

① 凌純聲：《中國古代社之源流》，《"中央研究院"民族學研究所集刊》1964 年第 17 期，第 1~3 頁。

② 戴家祥：《"社""杜""土"古本一字考》，《古文字研究》第 15 輯，中華書局 1986 年版，第 189 頁。

③ 劉桓：《卜辭社稷説》，見氏著《甲骨徵史》，黑龍江教育出版社 2002 年版，第 151 頁。

④ 沈建華：《由卜辭看古代社祭之範圍及起源》，見中國文物研究所編：《出土文獻研究》第 5 輯，科學出版社 1999 年版，第 73 頁。

⑤ 沈建華：《釋卜辭中的"后土"及其相關字》，《古文字研究》第 26 輯，中華書局 2006 年版，第 80 頁。

⑥ 陳直：《漢晉社祭通考》，見氏著《居延漢簡研究》，天津古籍出版社 1986 年版，第 78 頁。

⑦ 陳偉：《包山楚簡初探》，武漢大學出版社 1996 年版，第 162~165 頁。

零在《考古發現與神話傳説》一文中指出，后土爲地祇中之最尊者，此神似乎又可分爲若干種，如簡文有"宫侯(后)土"，似即"后土"中之司宫宅者。① 惜李零没有舉出作此推測的依據。李振宏在《漢代居延屯戍吏卒的精神文化生活》中指出，漢代的軍社與社會、民間的社没有大的區别。從居延漢簡看，軍社有兩種不同的層次，一種是普通戍卒、士兵的社，另一種是軍官即戍吏組成的社，叫"吏社"。② 徐文武在考察包山楚簡中的土祇神之後，認爲楚國貴族墓中出土的"鎮墓獸"是楚人的地神造像，也即"地主"。③ 這種説法較爲新鮮，但還没有得到廣大學者的認同。李家浩認爲包山簡中的"漸木立"可讀爲"斬木立"，並引《墨子·明鬼》爲證，以爲即"從位"。④ 晏昌貴在《楚卜筮簡所見地祇考》一文中説"漸木"或可讀爲"聚木"或"從木"，均可指社。楚人宗教信仰中自有后土，與雲中君並非同一神祇。從楚卜筮的祭品反映的尊卑看，社最高，祭品爲特牛樂之(天星觀)、全豬(包山)，后土、地主其次，祭品均爲牂或豭。⑤ 不過單從祭品上看，似乎不太容易確定社、后土、地主的尊卑。第一，后土、大地主一般緊排在太一之後，不能確定是不是與皇天相對的大地；第二，后土、地主都用玉作祭品，楚簡中尚未見祭社用玉的記録；第三，后土、地主一般都是封君或大夫級别纔可以祭祀，民里一般都是祭社。賈連敏在《新蔡葛陵楚簡中的祭禱文書》一文中説，稱"其社"者，其辭例均稱某里人禱於其社，"社"爲里社無疑。綴於地名和數字後，稱某地幾社者，也應指里社或邑社。⑥ 楊華在《先秦血祭禮儀研究——中國古代用血制度研究之一》一文中，在總結幾位學者對"衈"字研究的基礎上認爲，新蔡卜筮祭禱簡中所記録的衈禮，並非釁禮，而是一種殺牲取血的血祭儀式，並詳細分析了簡文中這種

①　李零：《考古發現與神話傳説》，見《李零自選集》，廣西師範大學出版社 1998 年版，第 63 頁。

②　李振宏：《漢代居延屯戍吏卒的精神文化生活》，見氏著《歷史與思想》，中華書局 2006 年版，第 353、354 頁。

③　徐文武：《楚國宗教概論》，武漢出版社 2002 年版，第 204~206 頁。

④　李家浩：《包山卜筮簡 218~219 號研究》，長沙市文物考古研究所編：《長沙三國吳簡暨百年來簡帛發現與研究國際學術研討會論文集》，中華書局 2005 年版，第 198、199 頁。

⑤　晏昌貴：《楚卜筮簡所見地祇考》，武漢大學歷史地理研究所編：《石泉先生九十誕辰紀念文集》，湖北人民出版社 2007 年版，第 349~351 頁。

⑥　賈連敏：《新蔡葛陵楚簡中的祭禱文書》，《華夏考古》2004 年第 3 期。

殺牲祭社行爲不可能是狹義的釁禮。① 拙文《秦"先農"簡再探》，討論了漢代的社祭月份，社稷與先農的區别。② 在論文中涉及楚國之社的還有于成龍的《楚禮新證——楚簡中的紀時、卜筮與祭禱》③、邴尚白的《葛陵楚簡研究》④、宋華强的《新蔡楚簡的初步研究》⑤等。

（2）第二類，從宗教民俗、政治經濟角度對社的研究。

首先是從宗教民俗角度進行的研究。顧頡剛、童書業二氏合著的《鯀禹的傳説》，於禹爲社神之説，論證周詳，並論證禹即句龍。⑥ 楊寬在《禹、句龍與夏侯、后土》一文中亦贊同顧、童二氏的觀點，並説禹在夏史傳説中爲首王，居於夏后氏之首席，"夏侯"即"下后"，亦即"后土"社神，則禹爲社神之長（后土）。⑦丁山在《中國古代宗教與神話考》一書中，認爲禹即句龍，后土爲社，並説亳社在商爲大社。⑧ 李則綱在《社與圖騰》一文中，首次提出先秦時期的社是源自圖騰崇拜。他在文中説，社是封建社會初期替代圖騰的東西，其性質和作用與氏族社會裏的圖騰一樣。⑨ 聞一多在《神話與詩》一書中説，社祭尸女，與祠高禖時天子御后妃九嬪的事情相合，故知社稷即齊之高禖。高唐是高禖之音變，换言之，祖先之祭先有祭女祖先之祭，男祖先之祭是從前者演化而來的，因此社祭是從高禖之祭演變而來的。⑩ 石聲淮、傅道彬在《木的祭祀與木的崇拜》一文中説，"社"的造字最初就表祭木的意義，社最初是祭木

① 楊華：《先秦血祭禮儀研究——中國古代用血制度研究之一》，《新出簡帛與禮制研究》，臺灣古籍出版有限公司 2007 年版，第 186、187 頁。

② 參拙著《秦"先農"簡再探》，武漢大學簡帛研究中心編：《中國簡帛學國際論壇 2009 論文集》，2009 年，第 221~224 頁。

③ 于成龍：《楚禮新證——楚簡中的紀時、卜筮與祭禱》，北京大學博士學位論文，2004 年，第 104~106 頁。

④ 邴尚白：《葛陵楚簡研究》，臺灣大學中國文學研究所博士學位論文，2007 年，第 218~222 頁。

⑤ 宋華强：《新蔡楚簡的初步研究》，北京大學博士學位論文，2007 年，第 152~163 頁。

⑥ 顧頡剛、童書業：《鯀禹的傳説》，《古史辨》第七册（下），上海古籍出版社 1981 年版，第 144~173 頁。

⑦ 楊寬：《禹、句龍與夏侯、后土》，《古史辨》第七册（上），上海古籍出版社 1981 年版，第 353~357 頁。

⑧ 丁山：《中國古代宗教與神話考》，上海文藝出版社 1988 年版，第 30~43 頁。

⑨ 李則綱：《社與圖騰》，《東方雜志》1935 年卷三十二第 13 號，第 220 頁。

⑩ 聞一多：《神話與詩》，華東師範大學出版社 1997 年版，第 102~105 頁。

的，表示對樹的崇拜，現在人們通常認爲社反映人們對土神的崇拜，實際上這個意義是後起的。① 姜亮夫在《釋社》一文中說，許以社爲地主，其說是也。然其朔義，當自土得。祀土之祭，亦謂之土，後世祀神之祭，皆以示旁表其義，土遂孳生爲社矣。社之初立在郊野，其制蓋建大石立於郊野山阿。② 在《哀公問社辯》一文中說，宗廟之主源於宗廟之神，社則依於群集之社樹，即農業性之集社而成，二者來源不同。③ 凌純聲《中國古代神主與陰陽性器崇拜》與其說多相似。何星亮在《土地神及其崇拜》一文中，對土地神的演化、土地神的形象作了梳理。④ 他在《圖騰與中國文化》一書中，反對李則綱"社是圖騰的變形"之說，認爲社是氏族社會的圖騰聖地演變而來的。⑤ 在《圖騰聖地與社》一文中，他也表達了同樣的意思。⑥ 普學旺論述了社稷的起源和石頭崇拜的關係，及其對中國傳統文化的影響。⑦ 李立則討論社稷五祀與東夷農耕文化的關係。⑧ 張富祥認爲《詩經》中的十五國風，都是祭祀社神的樂歌。⑨ 葉林生探討了禹的原始神職，論證了禹爲社神。⑩ 楊琳詳細考察了社神的社主，結論是歷史上曾經選用多種實體充當社主，計有大樹、木牌、石塊、土堆、活人等類型。⑪ 王作新考察了"社"字的本源形義結構，對"社"的物化形式與文化意義進行了闡釋，以期揭示社崇拜的形成與文化底蘊。⑫ 張二國從宗教學角度對商周時期的社神崇拜進行了整體考察，力圖明確這一時期社神權能的變遷及其在當時宗教神靈系統中的地位。⑬ 王暉在《盤古考源》一文中說，東漢時期

---

① 石聲淮、傅道彬：《木的祭祀與木的崇拜》，《華中師院學報》1984 年第 4 期。

② 姜亮夫：《釋社》，《古史學論文集》，上海古籍出版社 1996 年版，第 213 頁。

③ 姜亮夫：《哀公問社辯》，《古史學論文集》，上海古籍出版社 1996 年版，第 226 頁。

④ 何星亮：《土地神及其崇拜》，《社會科學戰線》1992 年第 4 期。

⑤ 何星亮：《圖騰與中國文化》，江蘇人民出版社 2008 年版，第 381 頁。

⑥ 何星亮：《圖騰聖地與社》，《思想戰綫》1992 年第 1 期。

⑦ 普學旺：《論社稷的起源及其對中華傳統文化的影響》，《世界宗教研究》1995 年第 2 期。

⑧ 李立：《社稷五祀與東夷農耕文化》，《蒲峪學刊》1996 年第 1 期。

⑨ 張福祥：《上古社祭與〈詩經〉十五國風》，《東方論壇》1997 年第 1 期。

⑩ 葉林生：《禹的真相及夏人族源》，《蘇州大學學報》1997 年第 4 期。

⑪ 楊琳：《古代社主的類型》，《中國典籍與文化》1998 年第 3 期。

⑫ 王作新：《社神的物化形態與社崇拜的文化意蘊》，《中南民族學院學報》1999 年第 3 期。

⑬ 張二國：《商周時期社神崇拜的宗教學考察》，《海南師範學院學報》2000 年第 3 期。

出現的傳世主神盤古，是由上古土地神（社神）"亳"音變而成。① 陳春暉認爲先秦時期的社神崇拜是原始社會母神崇拜發展的結果，其思想基礎是先民崇拜"同類相生"的哲理。② 唐仲蔚研究了社神的起源、功能的演變，認爲社神起源於原始時代人們對大地的崇拜。③ 高臻、賈艷紅則對秦漢時期民間的社神信仰略有論述。④ 徐長菊對"土地神"的人格化，作了原因分析。⑤ 楊海軍、王向輝則嘗試用文化人類學功能學派理論，分析民間土地神崇拜的現象。⑥ 陸焱分析了貴州儺戲與社神的關係，認爲儺戲與社神崇拜並未完全重合。⑦

　　其次是從經濟政治制度角度進行的研究。瞿宣穎在《中國社會史料叢鈔》"傳說"條中，對社的相關資料進行了梳理。⑧ 瞿兌之在《社》一文中，略論了社的起源、民間的里社、社功能的演變。⑨ 他在《述社》一文中亦有類似論述。⑩ 勞榦在《漢代社祀的源流》一文中說，周代信仰的致命傷便是和封建制度聯繫的結果，一般人民不得崇拜上帝，上帝的信仰便隨着王室的崩潰而消失。只有祖先的祭祀和社的祭祀，原來准許一般人民舉行之尚存在，即是周代宗教系統，只存下一截。一個個單獨的社不能形成一個有系統的宗教，自是當然的事。⑪ 寧可《漢代的社》一文中說，西周的邑、里，就是農村公社的組織。邑、里中所奉祀的社神（土神），最早是與祖先崇拜相聯繫的。社也就是祖。⑫ 謝桂華對此問題有所補充。⑬ 趙林在《商代的社祭》一文中，批判了社祭尸女

---

①　王暉：《盤古考源》，《歷史研究》2002 年第 2 期。

②　陳春暉：《母神崇拜與中國古代思想》，《西北大學學報》2002 年第 1 期。

③　唐仲蔚：《試論社神的起源、功用及其演變》，《青海民族研究》2002 年第 3 期。

④　高臻、賈艷紅：《略論秦漢時期民間的社神信仰》，《聊城大學學報》2003 年第 4 期。

⑤　徐長菊：《"土地神"人格化之演變》，《青海社會科學》2004 年第 1 期。

⑥　楊海軍、王向輝：《民間土地神信仰的現象分析》，《商洛師範專科學校學報》2004 年第 3 期。

⑦　陸焱：《貴州儺與社祭》，《雲南師範大學學報》2005 年第 3 期。

⑧　瞿宣穎：《中國社會史料叢鈔》，上海書店出版社 1985 年版，第 465～503 頁。

⑨　瞿兌之：《社》，杜正勝編：《中國上古史論文選集》，臺灣華世出版社 1979 年版，第 1034～1040 頁。

⑩　瞿兌之：《述社》，《東方雜志》1934 年卷二十八第 5 號，第 53～71 頁。

⑪　勞榦：《漢代社祀的源流》，《歷史語言研究所集刊》第 11 冊，中華書局 1987 年版，第 55 頁。

⑫　寧可：《漢代的社》，《文史》第 9 輯，中華書局 1983 年版，第 7 頁。

⑬　謝桂華：《西北漢簡所見祠社稷考補》，《簡帛研究》（二〇〇四），廣西師範大學出版社 2006 年版，第 258～271 頁。

之説，認爲社祭的本義就是始地之祭。① 吳澤的《兩周時代的社神崇拜和社祀制度研究》，對兩周時期的土地制度和社制問題的相互作用進行研究。② 王慎行在《殷周社祭考》一文中，則對殷周社祭之淵源、特點和兩周社祭之演變作了考察，指出中國古代的社祭，最遲在夏代就已經産生了，當源於原始的土地崇拜。③ 李修松在《立社與分封》一文中，對立社與分封的等級制度的關係進行了考察。④ 他在《周代里社初論》一文中説，在周代，無論王國還是封國，無論是國還是野，各級領主采邑内的基層組織都是里社。⑤ 晁福林在《試論春秋時期的社神與社祭》一文中，從春秋時期社神與社祭發展變化的角度進行了論述，並進而探討了社與社會結構變化的關係。⑥ 還有《宋太丘社考》一文，對宋國的太丘社進行了研究。⑦ 余和祥在《略論中國的社稷祭祀禮儀》一文中，認爲社稷禮的本質在於"教民美報焉"，即是爲了教育人民懷着感恩的心情去報答土地和穀物的養育之恩。⑧ 楊華在《戰國秦漢時期的里社與私社》一文中，用東漢初年的《序寧禱券》證明了民間私社的存在，而且將其出現的時間提前至西漢中期邗江漢墓的《神靈名位牘》，甚至上溯至秦朝末年的周家臺秦簡《日書》，這些簡牘資料，比文獻中唯一一條漢代私社材料，要分別提前 36 年和 177 年。⑨ 另外還有小南一郎的《亳社考》⑩，金景芳、吕紹綱的《〈甘誓〉淺説》⑪，李學勤的《蕩社、唐土與老牛坡遺址》⑫，席涵静的《先秦社祀之研

①　趙林：《商代的社祭》，《大陸雜志·史學叢書》第 5 輯第 1 册，第 263~272 頁。

②　吳澤：《兩周時期的社神崇拜和社祀制度研究》，《華東師範大學學報》1986 年第 4 期。

③　王慎行：《殷周社祭考》，《中國史研究》1988 年第 3 期。

④　李修松：《立社與分封》，《安徽大學學報》1992 年第 2 期。

⑤　李修松：《周代里社初論》，《安徽大學學報》1986 年第 1 期。

⑥　晁福林：《試論春秋時期的社神與社祭》，《齊魯學刊》1995 年第 2 期。

⑦　晁福林：《宋太丘社考》，《學術月刊》1994 年第 6 期。

⑧　余和祥：《略論中國的社稷祭祀禮儀》，《中南民族大學學報》2002 年第 5 期。

⑨　楊華：《戰國秦漢時期的里社與私社》，《天津師範大學學報》2006 年第 1 期。又收入其著《新出簡帛與禮制研究》，臺灣古籍出版有限公司 2007 年版，第 133~158 頁。

⑩　小南一郎：《亳社考》，《殷虚博物苑苑刊》(創刊號)，中國社會科學出版社 1989 年版，第 73~75 頁。

⑪　金景芳、吕紹綱：《〈甘誓〉淺説》，《社會科學戰綫》1993 年第 2 期。

⑫　李學勤：《蕩社、唐土與老牛坡遺址》，《周秦文化研究》，陝西人民出版社 1998 年版，第 105~108 頁。

究》①，夏宗禹的《古代"社"淺淡》②等。

　　有兩本社祭研究專著，尤其值得注意。魏建震的《先秦社祀研究》(人民出版社 2008 年版)，比較全面地對先秦社祀情況進行了研究，吸收了前輩學者的研究成果，尤其是很好地藉鑒了席涵静《先秦社祀之研究》一書的優秀成果，補充了許多資料。該書對先秦社祀起源、社祀形態、社祀制度與社祀儀式、社祀功能等，進行了全方位、多角度的論述，對本書的研究具有重要的參考價值。該書的創新點，主要有以下幾個方面：

　　第一，該書採用了大量的考古遺跡來論述新石器時代的社祀情況。對於這一時期的社祀，文獻記載較爲缺乏，該書對北福地遺址、半坡遺址、東山嘴遺址、莎木佳遺址、黑麻板遺址都進行了論述，認爲這些遺址都是早期社祀文化遺址。儘管這個結論具有很大的推測性，直接的證據不足，不過對於研究先秦時期的社祭情況仍具有啓發性。

　　第二，採用近年來出土的部分楚地簡帛資料，考證經學一些傳統説法，得出結論較爲可信。比如在討論"里社"的問題時，根據出土的新蔡簡，認爲戰國時期的楚國就有里社，這比傳統經學認爲"里社"最早出現於秦、漢更有説服力。

　　第三，結構比較完備，涉及先秦社祀情況的方方面面。不但討論了一般的社祀情況，也討論了社祀與天神祭祀的關係、社祀與祖先祭祀的關係，對四方神、五行亦有論述。

　　該書也存在一些不足之處，主要有這幾個方面：

　　第一，誠如該書序言中所説，以祭品與祭法來判定某一遺址是否爲社祀遺址顯然行不通，因爲許多祭法非社祀所專有。學者在判斷某一遺址是否爲社祀遺址的時候，往往限於自己的標準，有些學者僅僅由於發現遺址中有窖藏糧食的窖穴，或者是發現盛滿粟米的小陶罐，就認定其爲社祭遺跡，這顯然是不科學的，該書往往不加區分地予以採用。

　　第二，在"社祀起源研究"一章，作者對社祀起源作了理論分析，用"社起源的語言學闡釋"來説明社的起源似不恰當，對王國維"土字之形爲土壤的説法"進行了批評，結論也不可信。"社祀起源的宗教學闡釋"只是對宗教理論的發展進行了綜述，和社的宗教性考察關係似乎不大，這一章總體來説並沒有超越席涵静一書的藩籬。筆者以爲除了在理論上闡述之外，還應當對其他社祀起

---

①　席涵静：《先秦社祀之研究》，臺灣衆望文化事業有限公司 1992 年版。

②　夏宗禹：《古代"社"淺淡》，《社會科學》1984 年第 5 期。

源學説進行理論評析。

第三，對商、周兩代的祭品、祭社方法雖有論述，但由於該書是分時代進行討論，不免割裂了前後之間的聯繫，無法對比分析前後承繼與演變的軌跡。如甲骨文中，常常使用"燎"祭方法祭社，到周代就不見使用，在商代不見"埋"祭祭社，在周代則大量使用，該書並沒有進行系統説明與總結。在討論"社主"時，其認爲先秦時期有用"木主"的情況，這種説法典籍毫無記載，也沒有出土證據。對於"社尸"，其認爲《説文》的説法是可信的，也有值得商榷之處。

第四，該書體系雖然完備，對社祀的方方面面都進行了分析，但對某些具體問題的分析則不夠深入。如"軍社"，該書除了在社祀功能方面一章中有一段簡短的論述之外，對軍社的定義、演變、作用、制度等，都沒有進行更深入的探討。

第五，爲了論證其"亡國之社在先秦時期並不存在"的説法，對於有關"亳社"的許多説法都進行了質疑，這些質疑往往並沒有資料作爲依據。如認爲賈逵釋"間於兩社"爲"兩社之間，朝廷執政之所在"不通，應當將其解釋爲"參與兩社的祭祀"。把"間"解釋爲"參與"很勉強。認爲天子不祭稷只祭社的説法也過於武斷。對於春祈社祭與籍田之間的區別，也沒有説清楚。

第六，對楚簡中的"后土""地主""社"之間的關係還沒有完全分析清楚，有必要進行重新梳理，分析三者之間的區別與聯繫。社祀功能一章，主要論述了社在農業方面的功能，而對於日常生活、民俗宗教方面的作用則缺少論述，有待深入。

另外，鄒濬智的《西漢以前家宅五祀及其相關研究——以楚地簡帛文獻資料爲討論焦點》①一書，寫作視角開闊，從大範圍闡釋了家居"五祀"信仰產生的條件，具體論述了中霤、灶、門、行、司命等家居五祀神，並嘗試勾勒楚人信仰譜系。在該書第三章第一節，對"中霤"作了專門的分析，對於社祭研究具有重要的參考價值。其主要有以下幾個特點：

第一，出土楚簡中並無"中霤"一詞，該書認爲楚簡中的"宮后土""宮地主""室"相當於中霤，這主要是採信了陳偉等學者的意見，並在此基礎上對中霤神的源流、神格進行了簡要論述。

第二，該書對楚人的鬼神觀念進行了系統的分析，從大範圍上討論了楚國

---

① 鄒濬智：《西漢以前家宅五祀及其相關研究——以楚地簡帛文獻資料爲討論焦點》，臺灣花木蘭出版社 2008 年版。

人迷信思想産生的條件，在第四章又再次討論了楚人的鬼神思想，較有新意。

第三，引用前賢的説法很多，據作者自己統計有千項之多，對於前賢的理論成果進行了很好的總結。

此書除了具有以上這些特點之外，也有如下一些不足之處：

第一，"宫后土""宫地主""宫室"作爲楚地的一種土地神，相當於文獻中的"中雷"神，根據作者的意見是楚國一般庶民之家都可以祭祀的。《禮記·郊特牲》："家主中雷。"孔疏："中雷謂土神，卿大夫之家主祭土神在於中雷。"顯然指的不是一般的庶民之家，該書没有對此進行探討。

第二，認爲甲骨文中就有"埋"字，是用來祭祀土地神的説法，没有直接的證據。其認爲根據歷史記載，有不少英雄都當過后土，並被後人奉爲神靈。禹也曾經擔任過社神。這種表述顯然是有問題的，后土、社和配祭的句龍、禹顯然有本質的區別。

第三，認爲社神在被擬人化之前的代表是樹，社由於不斷增加神職而自然屬性漸漸失去的説法也可以討論，先秦時期社神的自然屬性處於主流，從未消失。人們一年分三次祭祀社神，主要就是祈禱豐收，這是常祭，也是正祭。其他火災、水災、新邑落成、出師、禱告疾病等，都是臨時而祭，皆非正祭。

第四，認爲稷神是從社神派生出來的，稷神的信仰出現比較晚的説法，還需要進一步討論。清人對此問題早已有過討論，否定了稷神"爲社之細者"的説法。另外甲骨文也應當有"稷"字，學者劉桓、蔡哲茂對此問題已進行過論述。

因而，綜合以上兩本書，需要探討的問題還有很多，有進一步研究的必要。

(3)第三類，從考古學角度對社的研究。

1973 年，江蘇發掘了銅山丘灣古遺址，發掘簡報指出，在丘 III T2 的中部偏西處，發現有四塊大石緊靠在一起，這四塊大石都是未經人工製作的自然石塊，形狀不規則，竪立在土中，中心點一塊，南、北、西又各一塊。中間的一塊最大，略像方柱體，當時埋葬都是以四塊大石爲中心，有人骨、狗骨圍繞着它。所以這四塊大石是被有意識放置的，而不是一種自然的現象。① 俞偉超推定江蘇銅山丘灣遺址爲社祀遺跡，主要有兩條理由：第一，中心大石當是社主；第二，殺人祭社正是這地區尤爲盛行的習俗。② 王宇信、陳紹棣亦認爲銅

① 南京博物院：《江蘇銅山丘灣古遺址的發掘》，《考古》1973 年第 2 期。

② 俞偉超：《銅山丘灣商代社祀遺跡的推定》，《考古》1973 年第 5 期。

山丘灣商代祭祀遺址屬於商代方國之一——大彭奴隸主階級的一個祭社遺址。① 1977 年 10 月，在連雲港市西南 9000 米的將軍崖，發現了一處古代岩畫遺跡，俞偉超根據實地考察認爲，這應是古代東夷的社祀遺址。② 王震中認爲，遼寧省喀左縣大城鎮東山嘴原始祭壇是我國東部地區最原始的祭社遺址，原始社會中，生殖崇拜和土地崇拜在各有一定發展的基礎上，在相互滲透、相互感應的思維作用下，結合爲一體，最後形成一個嶄新的崇拜實體——社，社崇拜是原始崇拜發展到較高階段的產物。③ 趙芝荃在《夏社與桐宮》一文中，把二里頭遺址的二號宮殿推斷爲夏社，包括商湯滅夏後所保留的夏社。④ 韓偉認爲，漢代景帝劉啓陵東南的“羅經石”，可能是漢代太社的遺址。⑤ 楊鴻勛在《宮殿考古通論》一書中說，在新石器時代中晚期，形成了一種與原始農業密切相關的神聖建築，這就是古史傳說中當時被稱作“昆侖”的“明堂”，亦即原始農神崇拜的“社”和與社相關的穀倉——“稷”。社稷的前身就是黃帝時期的明堂。⑥ 馮時根據山西襄汾陶寺文化遺址出土的黑衣紅白彩繪蟠龍盤認爲，從蟠龍的形象觀察，其卷曲如勾，實際上也就是句龍，禹即句龍，也就是夏，這個事實恰可揭示陶寺文化陶盤句龍銜木圖像的本義。圖中之句龍可以認爲實係夏社句龍，也即夏禹，而句龍所銜之木當即社樹，也謂社木。社爲土神，古代立社種樹，爲社之標志，實即社主。⑦《新鄭鄭國祭祀遺址》一書中，則提到了社壇牆基，其遺跡爲社祀遺跡。⑧ 另外還有彭明瀚的《四川廣漢三星堆商代祭祀坑爲農業祭祀說》⑨、于豪亮《祭祀靈星的舞蹈和畫像磚》⑩、王克林的

---

① 王宇信、陳紹棣：《關於江蘇銅山丘灣商代祭祀遺址》，《考古》1973 年第 12 期。

② 俞偉超：《連雲港將軍崖東夷社祀遺跡的推定》，《先秦兩漢考古學論文集》，文物出版社 1985 年版，第 59 頁。

③ 王震中：《東山嘴原始祭壇與中國古代的社崇拜》，《世界宗教研究》1988 年第 4 期。

④ 趙芝荃：《夏社與桐宮》，《考古與文物》2001 年第 4 期。

⑤ 韓偉：《羅經石乎？太社乎？——西漢陽陵“羅經石”性質探討》，《考古與文物》2001 年第 4 期。

⑥ 楊鴻勛：《宮殿考古通論》，紫禁城出版社 2001 年版，第 6 頁。

⑦ 馮時：《夏社考》，中國社會科學院考古研究所編：《21 世紀中國考古學與世界考古學》，中國社會科學出版社 2002 年版，第 223~231 頁。

⑧ 河南省文物考古研究所：《新鄭鄭國祭祀遺址》，大象出版社 2006 年版，第 116 頁。

⑨ 彭明瀚：《四川廣漢三星堆商代祭祀坑爲農業祭祀說》，《農業考古》1994 年第 1 期。

⑩ 于豪亮：《祭祀靈星的舞蹈和畫像磚》，《考古》1958 年第 6 期。

《侯馬東周社祀遺址探討》①，對上古時期的社祭亦有研究。

（4）近十年來關於社祭問題研究的新進展。

近十年來關於社祭問題，也有學者在從事這方面的研究。如沙畹的《古代中國社神》，着眼於宗教社會學的考證，以中國人對"社"的崇拜和觀念爲主綫，完整介紹了"社"的形象，梳理了民社與官社的關係和演變。他認爲"社"是古代中國的一種行政單位，"社"在中國人心目中所具備的各種神聖職能，"社"與土地的緊密關係，反映了中國農業社會的普遍信仰特徵。② 褚葉兒《社稷祭祀及其禮義研究》，着重探討了鄭玄與王肅對社稷祭祀對象是地祇还是人鬼的爭論，通過對社和稷及其關係的重新理解與思考，他們更爲强調土地與稷穀立人養人的意涵，在這種解釋之下，社祭之禮體現了人對於土穀生生的恩報。③ 馬曉林《從國都到村社：元代社稷禮制考》指出，較之於唐宋，元朝的社稷禮既體現出一定的時代特點，又繼承和延續了前代的發展脈絡。元朝國都、州縣、村社三個層面的社稷禮之間，存在中央與地方、官方與民間的多重互動。基層社會自發的社稷祭祀多種多樣，元代社稷禮是中國禮制發展史上的重要一環。④ 任文彪《金代社稷之禮再探》認爲，金代民間社稷之祀延續了晚唐以來的衰落趨勢，政府也採取了放任不管的政策。只有少數地方立義坊，民衆能夠自發地倡行社稷之禮，但缺乏制度保障，難以長期維持，且不具有普遍意義。⑤ 周大鳴《廟、社結合與中國鄉村社會整合》指出，社神認同僅限於"社"這種最小的聚落單位，因此社神的主要功能表現爲社會區分；而廟宇的祭祀範圍則依所奉祀神祇的神格大小而定，神格較高的廟宇，其社會整合能力也較强。此文對於研究社神在鄉村社會的整合過程中發揮的作用有重要意義。⑥ 常玉芝《商湯時的祖先崇拜與社神崇拜》，以甲骨刻辭和考古發掘資料爲依據，論證了商朝第一王成湯時已建立了祭祀祖先的廟號、宗廟制度，即已有了對祖先神進行崇拜祭祀的制度；同時證明了商人在成湯時已有了對自然神

---

① 王克林：《侯馬東周社祀遺址探討》，《中國考古學會第一次論文集》，1979 年。這篇論文只有存目，並沒有收録。

② 沙畹：《古代中國社神》，《國際漢學》2015 年第 3 期。

③ 褚葉兒：《社稷祭祀及其禮義研究》，《首都師範大學學報》2019 年第 2 期。

④ 馬曉林：《從國都到村社：元代社稷禮制考》，《史學月刊》2017 年第 7 期。

⑤ 任文彪：《金代社稷之禮再探》，《史學月刊》2016 年第 1 期。

⑥ 周大鳴：《廟、社結合與中國鄉村社會整合》，《貴州民族大學學報》2014 年第 6 期。

中的社神即土地神進行祭祀崇拜的宗教信仰。① 李秋香《秦漢的社神信仰及其地域文化認同功能探析》指出，社神信仰的形成與里社制度存在着密切的關係，通過集體的歌舞活動來取悦神靈，通過分享祭肉和祭酒來加强彼此的感情聯絡。而這一過程正體現了地域文化認同的重要功能。② 從文化人類學角度對社祀進行考察的有張麗山、吳秋林分別寫的兩篇文章。③ 此外還有李强、原昊的博士學位論文，對社稷祭祀也有論述。④

(二)留存問題評析

總而言之，關於先秦時期的社祭研究，國内與海外學者都有關注，其中既有一些共識，也有互相發明和補充之處。然而，目前學界關於先秦社祭的研究還存在明顯的不足。

其一，研究材料不足。雖然我國古代學者對社祭的研究取得了一定的成果，但由於缺乏甲骨、金文等古文字資料，禮學家們難以從文字學角度來探討社的更早來源問題，在追溯社的本源時，只能從典籍記載的傳說中尋找資料和證據，擺脱不了文獻限制。

其二，缺乏研究問題的理論依據。從學術前史中我們可以看出，學者在對社祭問題進行研究時，大多以梳理典籍文本爲主，很少從理論高度予以討論。比如對於周人"屋"商人亳社的探討，多依據典籍記載給予解釋，而很少從民俗學角度進行理論探討。對於商周時期社祭的不同特點和祭祀方法，也缺少理論的分析。由於當時的原始宗教崇拜觀念還很濃厚，人們還不可能從人類學、民俗學、考古學的角度給社的祭祀對象一個科學的解釋。在討論社祭制度時，往往用陰陽、君臣等級觀念來附會，不可能從動態的發展過程來闡釋社之演變。人們對社神的人格化與因英雄崇拜而導致的人的神化，還無法完全分清楚，因而往往賦予自然神以人的性格，也很容易把有大功於民的偉大人物神化，如殷人鼎革以後，周人有意把自己的祖先神化，以達到維護王權的目的。在這種情況下，很難真正認識社的本源。

---

① 常玉芝：《商湯時的祖先崇拜與社神崇拜》，《甲骨文與殷商史》(新三輯)2013 年 4 月。
② 李秋香：《秦漢的社神信仰及其地域文化認同功能探析》，《上海交通大學學報》2011 年第 2 期。
③ 張麗山：《中國古代土公信仰考》，《宗教學研究》2014 年第 2 期。吳秋林：《中國土地信仰的文化人類學研究》，《宗教學研究》2013 年第 3 期。
④ 李强：《周代農業祭祀研究》，吉林大學博士學位論文，2017 年。原昊：《商周秦漢神祇的農業神性研究》，華中師範大學博士學位論文，2015 年。

其三，在運用考古資料上缺乏統一的標準。考古發現了很多古代的祭祀遺址，但是如何將其界定爲社祭遺址，存在着很多爭論。目前學者們大多根據自己對社的理解，提出自己的認定標準，並據此對一些發掘遺址進行認定。石璋如在《殷代壇祀遺跡》一文中說，最初其擬定的題目，爲"殷代的社祭"，把丙一大基址當作殷代的社，後來看見趙林在《大陸雜志》上發表的《商代社祭》一文。石璋如以江蘇銅山丘灣所發現的社祭遺址爲依據，社主爲四塊大石，中間最大的一塊爲 0.22 米×0.23 米×1.00 米，圍繞着大石，有二十具人骨、兩個人頭，其中有六男四女，還有十二隻犬骨，人、犬的頭向均朝着大石。照這樣說來，則社的條件有二：在平臺上堆一個圓土堆作標記，或在平臺上堆幾塊大石頭作爲社主。丙一大基址雖是一個平臺，可是其上既沒有幾塊集攏在一處的石頭，也沒有高起的圓土堆，其上則有五個高起的小方臺，因此不能稱爲社了。① 作爲學者，石璋如的態度是嚴謹的，只有符合被廣大學者所接受的判定社祀遺址的標準，我們纔予以採用。而且判定的標準，至少應當包括從出土甲骨文中得到印證。僅僅由於在遺址中發現了有窖藏糧食的窖穴②，或是發現了盛滿粟米的小陶罐③，就認定其爲社祭遺跡，則是不可採信的。

其四，相關研究零星、片面而流於形式，選題重複而未能深化。學界大多數論著只是在敘述先秦時期的民俗或宗教問題時，略微提及先秦時期的社，而很少將其作爲專題看待。少許專門的研究，欲用少許數字概括出先秦時期社祭的整體面貌，也不現實。同一選題，幾篇文章重複論述，新的角度和深入的工作並不多見。本書正是要在前人研究成果的基礎上，將先秦時期的社祭研究加以深化，並以此爲突破口，推動先秦社會宗教禮制與民族信仰的研究。

三、史料基礎與研究方法

(一)史料基礎

史料是研究歷史的基礎，本書研究的基本史料當從以下兩個方面着手。

其一，傳世文獻。除了基本常用的史書、經書、清人十三經注疏之外，還

---

① 石璋如：《殷代壇祀遺跡》，《"中央研究院"歷史語言研究所集刊》第 51 本第 3 分，1980 年，第 416 頁。

② 卜工：《磁山祭祀遺址及相關問題》，《文物》1987 年第 11 期。金家廣：《磁山晚期"組合物"遺跡初探》，《考古》1995 年第 3 期。

③ 詹鄞鑫：《神靈與祭祀》，江蘇古籍出版社 1992 年版，第 60 頁。

有傳統的典制類文獻，如《通典》①《太平御覽》②《文獻通考》③。另外還有大型叢書，如《新編諸子集成》④、《叢書集成新編》⑤、《叢書集成續編》⑥、文淵閣《四庫全書》⑦、《續修四庫全書》的影印本⑧，等等。

　　其二，考古和出土文獻。大型甲骨文、金文、簡帛材料的整理，極大地方便了研究者。甲骨文方面，如《甲骨文合集》(13 册) 提供了甲骨刻辭的實文，胡厚宣主編的《甲骨文合集釋文》(4 册)則對這些刻辭進行了釋讀。⑨ 姚孝遂主編的《殷墟甲骨刻辭類纂》(3 册) 對甲骨刻辭進行了分門別類的整理，更利於檢索，而且收録的甲骨文資料更爲齊全。⑩ 姚孝遂主編的《殷墟甲骨刻辭摹釋總集》(2 册) 對甲骨刻辭進行了摹寫與釋讀。⑪ 于省吾主編的《甲骨文字詁林》(4 册)總結了學者們對甲骨文字的考釋。⑫ 另外還有《殷墟花園莊東地甲骨》(6 册)的整理，也極大地方便了研究者。⑬ 金文方面，則有中國社會科學院考古研究所編的《殷周金文集成》(18 册)⑭，收録金文圖像十分齊全，《殷周金文集成釋文》(6 册)⑮則對其所有的銘文進行了釋讀。張亞初《殷周金文集成引得》一書，對於檢索《殷周金文集成》中的文字非常方便。⑯ 容庚《金文編》(四版)對金文臨摹清晰，極方便閱讀與查詢。⑰ 另外還有劉慶柱、段志洪、馮時

①　杜佑：《通典》，王文錦、王永興、劉俊文、徐庭雲、謝方點校，中華書局 1988 年版。

②　李昉等：《太平御覽》，中華書局 1960 年版。

③　馬端臨：《文獻通考》，中華書局 1986 年版。

④　《新編諸子集成》，中華書局 1982 年以來陸續出版。

⑤　《叢書集成新編》，臺灣新文豐出版公司 1985 年版。

⑥　《叢書集成續編》，臺灣新文豐出版公司 1988 年版。

⑦　文淵閣《四庫全書》，臺灣"商務印書館" 1986 年版。

⑧　傅璿琮主編：《續修四庫全書》，上海古籍出版社 2002 年版。

⑨　胡厚宣主編：《甲骨文合集釋文》，中國社會科學出版社 1999 年版。

⑩　姚孝遂主編：《殷墟甲骨刻辭類纂》，中華書局 1989 年版。

⑪　姚孝遂主編：《殷墟甲骨刻辭摹釋總集》，中華書局 1988 年版。

⑫　于省吾主編：《甲骨文字詁林》，中華書局 1996 年版。

⑬　中國社會科學院考古研究所編：《殷墟花園莊東地甲骨》，雲南人民出版社 2003 年版。

⑭　中國社會科學院考古研究所編：《殷周金文集成》，中華書局 1984 年版。

⑮　中國社會科學院考古研究所編：《殷周金文集成釋文》，香港中文大學中國文化研究所 2001 年版。

⑯　張亞初：《殷周金文集成引得》，中華書局 2001 年版。

⑰　容庚：《金文編》，中華書局 1985 年版。

主編的《金文文獻集成》(46 册) 一書, 包括研究金文的古代文獻、近代文獻、日文論著和西文論著, 内容極其豐富。① 古文字詁林編纂委員會《古文字詁林》(12 册)②, 也對研究金文中的社祭資料提供了方便。

對近年來出土簡帛資料的整理, 尤其便於檢尋與研究, 如《居延漢簡甲乙編》③、《睡虎地秦墓竹簡》④、《包山楚簡》⑤、《居延新簡——甲渠候官與第四遂》⑥、《望山楚簡》⑦、《郭店楚墓竹簡》⑧、《九店楚簡》⑨、《關沮秦漢墓簡牘》⑩、《新蔡葛陵楚墓》⑪、《長沙馬王堆二、三號漢墓》⑫、《上海博物館藏戰國楚竹書(一至七)》⑬、《隨州孔家坡漢墓簡牘》、《楚系簡帛文字編》(增訂本)、《秦家嘴"卜筮祭禱"簡釋文輯校》、《天星觀"卜筮祭禱"簡釋文輯校》(修訂稿)⑭。另外還有其他一些研究性的著述, 不再一一羅列。這些戰國、秦漢時期的簡帛材料的整理, 對於研究這一時期的社祭無疑具有很重要的作用, 可以彌補文獻材料記載的不足, 並可與文獻記載相對校, 找出文獻記載的訛誤, 還可據此找到解決爭論的契機。

---

① 劉慶柱、段志洪、馮時主編:《金文文獻集成》, 綫裝書局 2005 年版。
② 古文字詁林編纂委員會:《古文字詁林》, 上海教育出版社 1999 年版。
③ 中國社會科學院考古研究所:《居延漢簡甲乙編》, 中華書局 1980 年版。
④ 睡虎地秦墓竹簡整理小組:《睡虎地秦墓竹簡》, 文物出版社 1990 年版。
⑤ 湖北省荆沙鐵路考古隊:《包山楚簡》, 文物出版社 1991 年版。
⑥ 甘肅省文物考古研究所、甘肅省博物館、中國文物研究所、中國社會科學院歷史研究所:《居延新簡——甲渠候官與第四燧》, 中華書局 1994 年版。
⑦ 湖北省文物考古研究所、北京大學中文系:《望山楚簡》, 中華書局 1995 年版。
⑧ 荆門市博物館:《郭店楚墓竹簡》, 文物出版社 1998 年版。
⑨ 湖北省文物考古研究所、北京大學中文系:《九店楚簡》, 中華書局 2000 年版。
⑩ 湖北省荆州市周梁玉橋遺址博物館:《關沮秦漢墓簡牘》, 中華書局 2001 年版。
⑪ 河南省文物考古研究所:《新蔡葛陵楚墓》, 大象出版社 2003 年版。
⑫ 湖南省博物館、湖南省文物考古研究所:《長沙馬王堆二、三號漢墓》, 文物出版社 2004 年版。
⑬ 馬承源主編:《上海博物館藏戰國楚竹書(一至七)》, 上海古籍出版社 2001—2008 年版。
⑭ 湖北省文物考古研究所、隨州市考古隊:《隨州孔家坡漢墓簡牘》, 文物出版社 2006 年版。滕壬生:《楚系簡帛文字編》(增訂本), 湖北教育出版社 2008 年版。晏昌貴:《秦家嘴"卜筮祭禱"簡釋文輯校》,《湖北大學學報》2005 年第 1 期。晏昌貴:《天星觀"卜筮祭禱"簡釋文輯校》(修訂稿), 簡帛網, 2005 年 11 月 2 日。按:寫作本書時, 秦家嘴楚簡與天星觀楚簡暫未正式整理出版, 本書所引用的相關辭例, 如非特別注明, 均來源於上述論著。

(二)研究方法

本書在總的研究方法上遵循馬克思主義辯證唯物史觀，即用辯證唯物主義和歷史唯物主義的方法去進行具體分析。比如在探討社之源流時，會分析當時的社會背景和文化發展程度，以及由政治變革而導致的宗教變革。正如王國維所説，"中國政治與文化之變革，莫劇於殷周之際"①。殷商社祭的祭法、祭祀特點以及祭品的使用上都與西周有明顯的不同，因而在本書的研究過程中，必須經常運用聯繫和發展的觀點，去分析考察不同發展階段的社祭制度。

在具體研究方法上，一是採用古文字資料與典籍記載相比勘的方法。一方面典籍記載常常會在流傳的過程中發生訛誤；另一方面，文獻不同，記載內容也互有出入。由此導致學者對同一問題會有不同的見解。比如對於漢代春秋社祭月份的記載，《漢書·郊祀志》《後漢書·祭祀志》都是"二月""八月"，《通典》則爲"三月""八月"。王先謙同意王念孫的説法，認爲《封禪書》"三"當爲"二"。② 如果没有《居延新簡——甲渠候官與第四燧》的正式發表，我們是無法解決這一千古爭訟的問題的，出土的居延漢簡就明確記載了漢代祭社的時間是"三月""八月"。將兩者記載的內容比勘，就證明了《封禪書》《通典》的記載是正確的。

二是採用古文字考釋與考古資料相結合的方法。社在不同的發展階段，其字形有明顯的不同，在商代甲骨文中，社爲土塊、石塊之形，在金文中爲實心柱形，在戰國竹簡中"社"字則與《説文》的記載基本相似。這説明社在不同發展階段有不同的演變，因而必須辨別其字形，考釋其字義，然後運用比較歸納法製作表格，儘量使之簡單、清晰化，使人一目了然。考古資料無疑是對古文字資料的一種補充，以爭論比較激烈的社主的材質問題爲例，有些學者只同意社主用木，有些學者認爲是木、石並用，有些學者則認爲是土、石、木並用。江蘇銅山丘灣遺址的發掘，則至少證明社主曾經是用石的，這一點與"社"字在甲骨文中的形體相符合，也與文獻記載相印證，因而是可信的。當然社主用土也是有可能的，只是由於土堆容易消失，考古發掘暫時無法證明而已。

由於社祭本身內涵的複雜性，此研究除了使用以上多種具體方法之外，還需要一定的理論思考。比如我們在討論土地崇拜、英雄崇拜、生殖崇拜、祖先崇拜相混淆時，應當使用民族學、民俗學、人類學的理論進行探討，對社的內

---

① 王國維：《殷周制度論》，《觀堂集林》卷十，中華書局 1959 年版，第 451 頁。

② 王先謙：《漢書補注》，中華書局 1983 年版，第 539 頁。

涵和外延進行分析。在分專題撰寫時，筆者將穿插使用這些理論，更深入地分析社祭這一複雜的社會、歷史、文化現象。對於眾多有爭論的問題，筆者不敢奢望全部解決——有些問題的解決還有待更多的考古發掘和古文字資料，只希望在總結前人研究成果的基礎上，能把這一問題的研究向前推進一步。

第一章　先秦社祭溯源

　　社祭的起源問題，從漢代以來一直爭訟不已，關係到社的本質與最深層次內涵，是社祭研究最爲重要的問題之一。鄭玄認爲，社祭土神，句龍爲配；稷祭穀神，柱、棄配之。許慎、賈逵、王肅等人則反對鄭説，認爲社祭人鬼句龍，稷祭人鬼后稷。後儒多以鄭説爲長。近代以來，學者或從鄭説，或另辟新論。凌純聲在《中國古代社之源流》一文中，共列有十六位學者的説法①，大致可以分爲六類：土地神説、圖騰説、聖地説、生殖崇拜説、樹木與森林説、高禖即社説。筆者以爲，"土地神説"最爲合理。"高禖即社説"只是説高禖爲社之一種，不代表社起源於高禖，因而不在討論範圍之内。以下就其他諸説分别評析，並進而論證社祭起源於原始的土地崇拜。

第一節　社祭起源諸説評析

一、圖騰説

　　李則綱最先提出圖騰説，他認爲社是封建社會初期替代圖騰的東西。它的性質和作用，與氏族社會的圖騰一樣。社在古代的時候，曾起到了偉大的政治作用，不少民族英雄曾利用它開拓疆域，團結部屬。在氏族社會裏，所賴以團結社群的，則爲同群之人共同信仰的圖騰。這種圖騰，或爲動物，或爲植物，或爲無生物，他們相信同一圖騰即爲同一血緣。後來土地被分割或合併，社亦隨之被分割或合併，親屬關係中加上了土地的觀念，所以本爲親屬的圖騰神，

---

　　① 凌純聲：《中國古代社之源流》，《"中央研究院"民族學研究所集刊》1964 年第 17 期，第 1、2 頁。

漸漸消失於土地關係裏，句龍和禹作爲社神是由部落圖騰神演變而來。① 換句話説，社最初不是土地之神，而是圖騰神的變形，後來纔與土地之神融合在一起。

本書認爲，社並非圖騰神之變形。甲骨文中的社字爲土，字形皆爲土堆、土塊、石塊之形。如：⬤（《合集》14399）、⬤（《合集》14395）、⬤（《合集》21078）、⬤（《合集》32119）、⬤（《合集》10344），而没有傳説中殷、周的圖騰神之形象，如玄鳥、天黿、熊、龍、蛇等。另外，甲骨文中祭土（社）多與農業相關，如向土（社）祈求豐年，求雨、寧風等，也與圖騰崇拜無關。如：

> 辛丑卜，大貞，今歲受年。二月。癸卯卜，大貞，南土［受］年。貞不其受年。　　《合集》24429
> 其又燎亳土又雨。　　《合集》28108
> 辛巳貞，雨不既，其燎於亳土。　　《屯南》1105 ②
> 丙辰卜，於土寧風。　　《合集》32301

社和土有關，傳世典籍有明文記載，句龍、大禹皆爲配祭之人，本身並非社神。《禮記・郊特牲》云：“社祭土而主陰氣也。”又云：“社所以神地之道也。”③《禮記・祭法》：“共工氏之霸九州也，其子曰后土，能平九州，故祀以爲社。”④《白虎通》云：“故封土立社，示有土也。”⑤《説文》云：“社，地主也。”⑥《漢書・郊祀志》記載略同。⑦ 另外，漢代還把夏禹作爲祭社時的配祭者，《漢書・郊祀志》：“聖漢興，禮儀稍定，已有官社，未立官稷。遂於官社後立官稷，以夏禹配食官社，后稷配食官稷。”⑧以上材料説明，社所祭者爲土神，社的本質就是土地神。句龍作爲后土之官和夏禹一樣，都是因爲有平治水

---

① 參見李則綱：《社與圖騰》，臺灣《大陸雜志》卷三十二第 13 號，1935 年，第 220~223 頁。

② “雨不既”謂久雨不止，故祈禱於諸神祖。參見姚孝遂、肖丁：《小屯南地甲骨考釋》，中華書局 1985 年版，第 81 頁。

③ 《禮記正義》（十三經注疏），中華書局 1980 年版，第 1449 頁。

④ 《禮記正義》（十三經注疏），中華書局 1980 年版，第 1590 頁。

⑤ 陳立：《白虎通疏證》，吳則虞點校，中華書局 1994 年版，第 83 頁。

⑥ 段玉裁：《説文解字注》，上海古籍出版社 1988 年版，第 8 頁。

⑦ 班固：《漢書》，中華書局 1962 年版，第 1191 頁。

⑧ 班固：《漢書》，中華書局 1962 年版，第 1269 頁。

土之大功，死後配祭於社(詳見本書第二章)。

　　出土楚簡中也有大量關於社的記載，在卜筮祭禱類中記載尤多。有的直接稱爲"社"，如包山簡、望山簡的幾枚簡文：

　　　　舉禱社一全豭，舉禱宮、行一白犬、酒食。　包山簡 210 ①
　　　　舉禱社一豭。思攻解日月與不辜。　包山簡 248
　　　　□□於東宅公，社、北子、行□□。　望山簡 115
　　　　□□禱北宗一環，舉禱迷一羭。社□其古脰。　望山簡 125 ②

除了明確稱爲"社"的祭禱簡外，戰國楚簡中還有另外其他幾種稱呼，如"地主""宮地主""野地主"與"侯(后)土""宮侯(后)土"等：

　　　　薦於野地主一羖，宮地主一羖，賽於行一白犬、酒食。　包山簡 207、208
　　　　厭一羖於地主，賽禱行一白犬，歸冠帶於二天子。　包山簡 219
　　　　賽禱宮地主一□　望山簡 109
　　　　舉禱於地主一青犧，先之一璧。　新蔡簡乙二 38、46、39、40 ③
　　　　舉禱太一牂，后土、司命各一牂。　包山簡 237
　　　　舉禱太一佩玉一環，后土、司命各一小環。　望山簡 54
　　　　迻(用)雁會之祝，賽禱宮后土一羧。　包山簡 214
　　　　舉禱宮后土一羧，舉禱行一白犬、酒食，閔於大門一白犬。　包山簡 233

由於卜筮祭禱簡格式相對比較固定，如后土、地主一般都在天神太一之后，所祭禱的神祇之名大多可以通過互校對釋，因而可知，楚簡中的地主、宮地主、野地主、后土、宮后土雖然名稱不同，具體含義可能會有所差別，但所指的都是戰國時期楚地的土地神，散文則可以通稱爲"社"。對於此，陳偉在《包山楚

---

　　①　湖北省荊沙鐵路考古隊：《包山楚簡》，文物出版社 1991 年版，第 33 頁。以下所引該書簡文，只注簡號，不另作注。
　　②　湖北省文物考古研究所、北京大學中文系：《望山楚簡》，中華書局 1995 年版，第 78、79 頁。以下所引該書簡文，只注簡號，不另作注。
　　③　河南省文物考古研究所：《新蔡葛陵楚墓》，大象出版社 2003 年版，第 204 頁。

簡初探》一文中已經指出，敚辭中太或蝕太與非人鬼類神衹一起出現過五次，緊隨其后的神衹，三次作“后土”（簡 212～215、218～219、236～238），另外兩次分別作“社”與“地主”（簡 209～211、218～219），這顯然是在同時禱祠天、地之神。①

從上列楚簡中的例子，我們可以看出，雖然社的名稱有所不同，但無疑都是土地神而非人鬼。迄今爲止，在楚簡中也没有發現把句龍、禹作爲土神祭禱的例子，因而句龍、禹都是祭社時作爲配祭而已，本身並非社神。總而言之，社非圖騰神之變形。

二、聖地説

葛蘭言認爲，節慶不是在河邊的這個地方或山腳的那個地方舉行的，它們始終是在一幕草木繁茂的山川場景中舉行的。中國人相信，河流、山嶽和森林是同一秩序中的神聖力量，並將它們一起祭祀。在有的情況下，如果神聖場景中的某種要素顯得特別突出，那顯然是因爲它看起來能够最生動地體現整體中的神聖力量，湯禱雨於桑林就是比較著名的例子。② 也就是説，社是聖地聖力之象徵。凌純聲亦從其説。③

何星亮認爲，社最初是祭祀圖騰之聖地，而社樹或社石等，則是圖騰象徵物。圖騰聖地不僅用來舉行圖騰儀式，也用來祭祀土地之神。隨着圖騰觀念的逐步淡薄，圖騰聖地主要用來祭祀土地之神。這樣，社便產生了。④ 然而，他在《土地神及其崇拜》一文中又説，中國古代的社神是由土地神發展、演變而來的。社之實質就是土地之神。土丘、石、樹、樹枝、木椿、人形都是土地神的形象。⑤

本書認爲，何星亮的觀點模棱兩可，自相違反，不必多論。甲骨文中，祭土(社)大多數都是單獨進行的。如：“燎於土”（《合集》00456）；“土燎一犬”（《合集》21104）；“癸卯卜，旬其燎土牢”（《合集》30406）。其功能多與農業相關，土(社)的字形就是土塊、石塊的象形，顯然和土地崇拜有關。其神力也

①　陳偉：《包山楚簡初探》，武漢大學出版社 1996 年版，第 164 頁。
②　葛蘭言：《中國古代的節慶與歌謡》，趙丙祥、張宏明譯，廣西師範大學出版社 2005 年版，第 162 頁。
③　凌純聲：《中國古代社之源流》，《“中央研究院”民族學研究所集刊》1964 年第 17 期。
④　何星亮：《圖騰與中國文化》，江蘇人民出版社 2008 年版，第 382、383 頁。
⑤　何星亮：《土地神及其崇拜》，《社會科學戰綫》1992 年第 4 期。

遠低於卜辭中帝、上帝、祖先。土（社）若是聖地聖力之象徵，應當擁有至高無上的權力，而事實上，卜辭中土（社）的權力很普通，甚至低於殷人祖先的權力，更不用説殷人的至上神——"上帝"了，這顯然與聖地聖力之象徵不相稱。

上古時期，社有時會立於山林附近。《吕氏春秋·順民》："天大旱，五年不收，湯乃以身禱於桑林。"高誘注："禱，求也。桑林，桑山之林，能興雲作雨也"。①《淮南子·修務訓》："湯旱，以身禱於桑山之林。"高誘注："桑山之林能興雲致雨，故禱之。"②《帝王世紀》的記載最爲詳細："湯自伐桀後，大旱七年。遂齋戒、剪髮、斷爪，以己爲牲，禱於桑林之社。"③桑山之林之所以具有興雲致雨的能力，正是因爲商人曾立社於此。

立社一般有一定的位置，典籍多有記載。《周禮·小宗伯》："掌建國之神位，右社稷，左宗廟。"鄭注："庫門内，雉門外之左右。"④《周禮·匠人》亦云："左祖右社，面朝後市。"⑤《左傳·閔公二年》："間於兩社，爲公室輔。"杜注："兩社，周社、亳社。兩社之間，朝廷執政所在。"⑥祭社與祭祖是分開的。

其他的神靈也都有固定的位置，與祭社不在同一處。《禮記·祭法》云："燔柴於泰壇，祭天也。瘞埋於泰折，祭地也，用騂犢。埋少牢於泰昭，祭時也。相近於坎壇，祭寒暑也。王宫，祭日也。夜明，祭月也。幽宗，祭星也。雩宗，祭水旱也。四坎壇，祭四方也。"⑦泰壇、泰折、泰昭、坎壇、王宫由於所祭神靈不同，位置自當不在一處，否則没有分説的必要。

總之，無論從社的功能作用、社神權力上，還是立社位置上看，社起源於聖地説都難以成立。聖地説缺乏根據，屬於臆測。與此相近的説法還有"社是舉行巫術儀式的場所"⑧，"社爲古代中國民族社會裏民族團結的中心"⑨，

———————

① 王利器：《吕氏春秋注疏》，巴蜀書社 2002 年版，第 875 頁。

② 何寧：《淮南子集釋》，中華書局 1998 年版，第 1318 頁。

③ 參見李昉等：《太平御覽》卷八十三，中華書局 1960 年版，第 388 頁。

④ 《周禮注疏》（十三經注疏），中華書局 1980 年版，第 766 頁。

⑤ 《周禮注疏》（十三經注疏），中華書局 1980 年版，第 927 頁。

⑥ 《春秋左傳正義》（十三經注疏），中華書局 1980 年版，第 1787 頁。

⑦ 《禮記正義》（十三經注疏），中華書局 1980 年版，第 1588 頁。

⑧ 津田左右吉：《古代中國人之宗教思想》，日本《滿鮮地理歷史研究報告》卷六，1920 年。

⑨ 新美寬：《從魯的亳社説起》，日本《"支那"學》1935 年卷八第 4 號。

“社是原始社會作爲集會所的聖所”①，“社是聚落的標志”②等，都只是對社祭性質的部分揭示，本書不擬一一討論。

三、生殖崇拜説

郭沫若在《釋祖妣》一文中説：“據余所見土、且、士，實同爲牡器之象形。土字金文作🔼，卜辭作🔾，與且字形近。由音而言，土、且，復同在魚部，而土爲古社字，祀於内者爲祖，祀於外者爲社，祖與社二而一也。”③朱芳圃亦有類似的説法。④

本書認爲，甲骨文中的“土”（社）字，其形狀爲🔾、🔼、🔾、🔾、🔾、🔾等⑤，“土”爲“社”之本字。祖先之“祖”字，甲骨文中用“且”，没有示旁，其形狀爲🔾、🔾、🔾、🔾、🔾、🔾、🔾、🔾等⑥，郭、朱二氏所謂的“牡器”，即指此而言。土、且二字兩者相較，其形狀多不類似。趙林認爲，甲骨文中的“土”字與“且”字有兩個基本不同的地方：第一，“土”字的土形中間没有兩畫，而“且”字的中間有兩畫，這兩畫是牡器首身之分的筆畫（牡字從牛從土，後者作⊥，乃土之本字，王國維早已有説）；第二，“土”字的土形四周，經常點有幾點水點，作🔾、🔾、🔾。郭沫若在説“土”“且”兩字的時候，完全忽略了這兩點不同之處，僅從社字從土説字。⑦ 趙林所言極是。不過從字形來看，甲骨文中的“且”字，其字形中間有的有兩畫，有的只有一畫，如🔾（《合集》102）、🔾（《合集》938 正），而它與“土”的顯著區别是，“土”的字形中間没有刻畫，由空圍構成，如🔾（《合集》34184）、🔾（《合集》14395）、🔾（《合集》10344），個别有刻畫者，也是由於綴合之間的空隙造成的，如🔾[《屯南》2247（H50：222+223+224 綴合）]。甲骨文中“土”字字形四周没有水（酒、血）點的要遠多於有水（酒、血）點的。水（酒、血）點，是一種用來表示祭祀方

---

① 藤枝了英：《關於社的原始形態》，日本《“支那”學》1937 年卷十第 2 號。
② 守屋美都雄：《社之研究》，《史學雜志》1950 年第 59 編第 7 號。
③ 郭沫若：《甲骨文字研究·殷契餘論》，《郭沫若全集》（考古編）卷一，科學出版社 1982 年版，第 39 頁。
④ 參見朱芳圃：《甲骨學文字編》，臺灣“商務印書館”1933 年版，第 4 頁。
⑤ 中國科學院考古研究所編：《甲骨文編》，中華書局 1965 年版，第 518、519 頁。
⑥ 中國科學院考古研究所編：《甲骨文編》，中華書局 1965 年版，第 527、528 頁。
⑦ 趙林：《商代的社祭》，臺灣《大陸雜志·史學叢書》第 5 輯第 1 册，第 269 頁。

式或祭品的象徵。

考察金文中的"土"字，字形爲▲（孟鼎）、▲（召卣）、▲（亳鼎）、▲（召伯簋二）、土（公子土斧壺）、▲（此鼎）、▲（舀壺）等①。金文中也有"社"字，字形爲 社（中山王 響 鼎，《集成》2840，戰國晚期），與《説文》古文"社"字"社"相近。金文中的"且"字，孳乳爲祖，字形爲 △（乃孫作且己鼎）、△（且戊觚）、△（且己卣）、△（且戊鼎）、△（戈且丁觚）、△（且己爵）、△（且癸父丁簋）、△（己且觚）、△（亞且乙父己卣）等②，另外還有加示旁的"祖"字，字形爲 祖、祖、祖、禮、禮等③。則"土""且"字之形差別懸絶，是顯而易見的。

故就字形而言，甲骨文中的"土""且"二字相差很大，金文中的"土""社""且""祖"四字字形亦相差甚遠，不可混爲一談。至於古音方面，雖然土、且同在魚部，爲古音第五部，然今考證古文字，當以字形分析爲主，古音、古義爲輔。如果没有字形上的確切證據，自不宜片面取古音在同部爲斷案之確證。考察兩個字是否同源，形、音、義皆説得通，方爲完備。

四、樹木、森林説

石聲淮認爲，"社"造字最初就表祭木的意義。他認爲，古"社"字那個立在土上的"木"字，向我們透露了一個重要的消息——社最初是祭木的，表示對樹的崇拜。這個樹就是許慎講的"各樹其土所宜之木"，現在人們通常認爲社反映人們對土神的敬重，實際上這個意義是後起的。因爲在古"社"字裏，"土"字是表聲的。"社"與"土"發音相近，"土"字只起一個聲符的作用，而"木"纔是表意的意符，它纔是"社"的主人。人們所祭的是木，而不是土。④也就是説，社源於對樹木的崇拜。另外，日本學者出石誠彦⑤、關野雄很早就有相似觀點⑥。

石聲淮所謂的古"社"字，指的是古文"社"字。《説文》云："社，地主也，

---

① 容庚：《金文編》，中華書局 1985 年版，第 881、882 頁。

② 容庚：《金文編》，中華書局 1985 年版，第 923 頁。

③ 容庚：《金文編》，中華書局 1985 年版，第 12、13 頁。

④ 石聲淮、傅道彬：《木的祭祀與木的崇拜》，《華中師院學報》1984 年第 4 期。

⑤ 出石誠彦：《以社爲中心的社稷考》，《早稻田大學哲學年志》卷四，1934 年。

⑥ 關野雄：《中國古代的樹木思想》，《民族學研究》卷十四第 2 期，1949 年。

从示土。《春秋傳》曰：'共工之子句龍爲社神。'《周禮》曰：'二十五家爲社，各樹其土所宜木。'禮古文社。"①許慎説得很明白，"社"字的構成是从示从土的，之所以有"禮"字，是因爲要在土(社)上樹所適宜的樹木。至於爲什麼要樹木，《白虎通·社稷》云："社稷所以有樹何？尊而識之，使民望見即敬之，又所以表功也。"②樹木是爲了標識，以引起人們的敬畏之義。上古之社一般用樹爲社主，《白虎通》引《尚書》逸篇云："大社唯松，東社唯柏，南社唯梓，西社唯栗，北社唯槐。"③《周禮·司徒》云："設其社稷之壝而樹之田主，各以其野之所宜木，遂以名其社與其野。"④

一般的社亦常以所樹之木爲其命名，典籍多有記載。如《莊子·人間世》云："匠石之齊，至於曲轅，見櫟社樹。"郭慶藩集釋："櫟，木名也。社，土神也。祀封土而曰社。社，吐也，言能吐生萬物，故謂之社也。"⑤《史記·封禪書》："高祖初起，禱豐枌榆社。"《集解》張晏曰："枌，白榆也。社在豐東北十五里。或曰枌榆，鄉名，高祖里社也。"⑥這説明"櫟""枌"都是樹名，而社遂以所立之樹命名，並不是説所立之樹就是社神。商湯求雨所禱桑林之社，情況也是如此。

甲骨文中的"土"(社)字，並無从土从木之字形。"土"(社)字的形狀爲 ⌂ 、⌂、⌂、⌂等，象土堆、土塊、石塊之形，蓋土(社)字在甲骨文中爲象形文字，表示其本來面貌就是土。《莊子·人間世》云："匠石之齊，至於曲轅，見櫟社樹。"王先謙注："社，土神，櫟樹，社木。"⑦而从"土"爲聲符，从"木"爲意符，加示旁的古文"禮"字，當爲後起之字，是社字的異文，反映當時人們開始把社樹作爲社神的憑依。

金文中的"社"字，多作 ⊥、⊥ 形，沿承了甲骨文的寫法，只不過中間是填實的，也有古文"社"字，不過較爲少見。其形爲 社(中山王 響 鼎，《集成》2840 ，戰國晚期)。

出土戰國竹簡中的"社"字，多爲帶"示"字旁的，帶"木"旁的不多見。其

① 段玉裁：《説文解字注》，上海古籍出版社 1988 年版，第 8 頁。

② 陳立：《白虎通疏證》，吳則虞點校，中華書局 1994 年版，第 89 頁。

③ 陳立：《白虎通疏證》，吳則虞點校，中華書局 1994 年版，第 90 頁。

④ 《周禮注疏》(十三經注疏)，中華書局 1980 年版，第 702 頁。

⑤ 郭慶藩：《莊子集釋》，王孝魚點校，中華書局 1961 年版，第 170 頁。

⑥ 司馬遷：《史記》，中華書局 1982 年版，第 1378 頁。

⑦ 王先謙：《莊子集解》，沈嘯寰點校，中華書局 1987 年版，第 41 頁。

字形多爲🈂(包山簡 138)、🈂(包山簡 210)、🈂(天卜)、🈂(上博二《子
羔》簡 6)、🈂(新蔡簡甲三 217)、🈂(新蔡簡零 163)①、🈂(望山簡 115)、🈂
(望山簡 125)等，並不從木。與古文"社"字字形相近的主要見於新蔡簡，其
字形爲🈂(新蔡簡甲三 347)、🈂(新蔡簡甲三 285)、🈂(新蔡簡甲三 362)、
🈂(新蔡簡甲三 372)等②。則古文"社"字，當是社字的異形或繁化。石聲淮
的觀點，對不帶木旁的"社"字是無法做出解釋的，因而其"現在人們通常認爲
社反映人們對土神的敬重，實際上這個意義是後起"的觀點，顯然不妥。他在
分析"社"字字形時，完全忽略了甲骨、金文、簡帛中不帶木旁的"社"字，而
只分析古文"社"字，把古文"🈂"字作爲"社"字造字之本義，這種做法和郭
氏、朱氏所犯的錯誤相似。這也再次表明了，單純依靠字音來分析考釋古文字
是片面的，也是危險的。

第二節　社祭起源於土地崇拜

一、社祭起源的文字學闡釋

對社字的意義較早進行系統的文字學分析的，當推東漢時期的許慎。他在
所著《説文》中云："社，地主也，從示土。《春秋傳》曰：'共工之子句龍爲社
神。'《周禮》曰：'二十五家爲社，各樹其土所宜木。'🈂古文社。"段注云："鍇
土下本無聲字，《韻會》所引是也。地主爲社，故字從示土。"③王念孫曰：
"《繋傳》作'從示土聲'，今本無'聲'字，徐鉉以爲社與土聲不相近而削之也。
考社字古音土，故從土得聲。《左傳》閔二年：'間於兩社，爲公室輔。'《漢書
敍傳》：'布歷燕齊，叔亦相魯，民思其政，或金或社。'《白虎通》：'社不謂
之土何？變名爲社，別於衆土也。'合觀數條，皆讀社爲土。則此字之從土聲
明甚。今削去聲字，非是。"桂馥亦同其説。④張舜徽認爲："《尚書·甘誓》：

---

① 滕壬生：《楚系簡帛文字編》（增訂本），湖北教育出版社 2008 年版，第 28、29
頁。
② 滕壬生：《楚系簡帛文字編》（增訂本），湖北教育出版社 2008 年版，第 29 頁。
③ 段玉裁：《説文解字注》，上海古籍出版社 1988 年版，第 8 頁。
④ 桂馥：《説文解字義證》，中華書局 1987 年版，第 19 頁。

‘用命賞於祖，弗用命戮於社。’蓋社、土實即一字，土爲最初古文。”①

　　王念孫、桂馥的説法有别於段氏，皆認爲“社”可以讀爲土，“社”字當从土得聲。也就是説土旁爲“社”字之聲符，相較而言，王、桂之説爲長。張舜徽進一步指出“社”“土”實際上是一個字，“土”是“社”字最初的古文。

　　朱駿聲則别有所解，認爲土旁亦表示意義。他在《説文通訓定聲》中説：“社，地主也。从示土，會意，按土亦聲。”②也就是説，土既表示聲音，也表示意義，是一個聲符兼意符的字。古文“𥙳”字，土旁並不僅僅表示聲音，起到聲符的作用，其本身也表示意義，也就是説古文“𥙳”字是一個形聲兼會意的字。

　　《説文》所舉“社”字及古文“社”字，非“社”字最早造字之本體，學者根據這個字形來分析“社”字的本質含義，往往難以得出令人滿意的答案。戴家祥在提到《説文》的局限性時也説：“許氏以部首統率從屬字的體例，必然把同一偏旁的形聲字，作爲同類性質的範圍。凡是偏旁从木的字，只能作屬木名看待，凡是偏旁从示的字，只能作屬祭名看待，這就必然混淆了物象之本的原始字，與形符加旁的孳乳字的派生關係，同時也堵塞了同聲同義的匯通管道。”③其説可謂一語中的。

　　至於“社”字是如何從“土”字演變而成的，戴家祥認爲：

　　　　人類社會從狩獵經濟發展到農牧經濟，意識到土壤對於人類生存的命運，有着不可思議的主宰力量，因而產生了一種幼稚的可笑的敬畏心理，一系列的祈求活動，便接連而來。由於長期的生產實踐，逐漸認識到土壤之神與土壤本身，不可一概而論，於是塑造了與本族有血緣關係的特殊人物，作爲社神，把自然神人格化了，這是祖先崇拜發展的結果。這樣下去，不得不把原來的土字，加上形義符號“示”，以區别於土壤之土，於是出現了从示土聲的形聲字。④

　　①　張舜徽：《説文解字約注》卷一，中州書畫社1983年版，第18頁。
　　②　朱駿聲：《説文通訓定聲》，中華書局1984年版，第415頁。
　　③　戴家祥：《“社”“杜”“土”古本一字考》，《古文字研究》第15輯，中華書局1986年版，第189頁。
　　④　戴家祥：《“社”“杜”“土”古本一字考》，《古文字研究》第15輯，中華書局1986年版，第190、191頁。

戴家祥論述了原始人們從崇拜土地本身到信奉土地之神的逐漸發展過程，"社"爲後起之字，是"土"字的孳乳。應該補充的是，最原始的土、且、牢、燎等字，都是象形文字，後來纔演變爲形聲字，也反映了文字發展的孳乳寖多，表達的意義也越來越豐富，客觀上要求加上别的偏旁以區别於原來的意思。

甲骨文中"土"字，形體多種多樣，有代表性的主要有這樣幾種：（《合集》14395）、（《合集》10344）、（《合集》21103）、（《合集》21075）、（《屯南》3664）、（《英藏》1168 反）、（《合集》9744）、（《合集》9745）、（《合集》9746）等。

羅振玉曰："古金文作，此作者，契刻不能作粗筆，故爲匡郭也。"王國維亦曰："土字作者，下一象地，上象土壤也。盂鼎'受民受疆土'作，此作者，卜辭用刀鍥不能作肥筆，故空其中作。"①對於王氏觀點，魏建震認爲："一上所從之部分爲土壤之形，對上引《合集》21075、8474、6057，《粹》22 等片可以説得通，而對《合集》8484、6047 和金文中的土字之形，則不太可通。土塊若爲極細長之形狀，或爲中間粗而底極細小之狀，則很難立於大地之上。"②筆者以爲，王氏所論，主要是針對甲骨文中的土字來説的，而非金文。《合集》8484 的字形爲，《合集》6047 的字形爲、，從字形上來看，《合集》8484 上半部分雖然殘缺，但大致輪廓還是象土壤之形，而《合集》6047 的字形則是非常清楚的，王氏所論是完全講得通的。

甲骨文"土(社)"字四周的小點究竟有什麽含義，學者們有不同的看法，大致可以分爲三種：第一種，孫海波認爲是"揚塵之形"，金祥恒同其説③；第二種，丁山認爲，甲骨文"社"字（即"土"）之上，常帶點滴之物，以血祭之典考之，社主上之點，實象滴血以祭④，彭裕商與其説略有所别，認爲是用血釁社⑤；第

---

① 羅振玉：《增訂殷虚書契考釋》，《甲骨文獻集成》第 7 册，四川大學出版社 2001 年版，第 94 頁。王國維：《戩壽堂所藏殷墟文字考釋》，《甲骨文獻集成》第 1 册，四川大學出版社 2001 年版，第 27 頁。

② 魏建震：《先秦社祀研究》，人民出版社 2008 年版，第 38 頁。

③ 參見金祥恒：《釋》，《甲骨文獻集成》第 12 册，四川大學出版社 2001 年版，第 297 頁。原載《中國文字》第 17 册，1965 年。

④ 丁山：《中國古代宗教與神話考》，上海文藝出版社 1988 年版，第 501 頁。

⑤ 參見彭裕商：《卜辭中的"土""河""嶽"》，《甲骨文獻集成》第 30 册，四川大學出版社 2001 年版，第 394~397 頁。原載《古文字研究論文集》，《四川大學學報叢刊》第 10 輯，1982 年。

三種，白川静認爲是酒滴，表示對社主行灌禮①，魏建震略同其説②。筆者以爲，這三種説法皆有可能。

甲骨文中，"土"字之形無點的要占大部分，有點的只占一小部分。就甲骨文中"土"（社）字之形而言，"土"爲土壤、土塊、土堆、石塊的説法皆有道理，也有很大的推測性，在没有更多證據的情況下，似乎很難確切説哪一種説法已成定論。

金文中"土"（社）字之形更趨多樣化，字形爲 （孟鼎）、（召卣）、（亳鼎）、（召伯簋二）、（公子土斧壺）、（此鼎）、（曶壺）等③。學者們對金文"土"字字形的解釋略有不同，有的認爲是地上草木之形，有的認爲是土堆，有的認爲是地上石塊之形：

高田忠周曰："諸篆下横是平地象，●即象地所吐物體也。其唯作│者亦同意，要●亦草木形，故變作"十"象有枝也，一變 ～者，此亦象地載。"林義光同其説。④

白川静《説文新義》曰："象土堆積地上之形，然土並非自然積土之形也。"⑤

高鴻縉曰："按此字驗之甲文◇、◇、◇殆象土塊形，一則地之通象也，土本爲地初文，不以一表之者，嫌於一二之一也，不以◇表之者，徒土塊不足以賅地也。羅振玉曰：'契刻不能作粗筆，故爲匡郭也。'是也，隷篆又由粗筆變横直矣。知土爲地之初文者，甲文無地字，凡祭地皆曰祭土。金文無地字，凡稱地皆以土。古經言'高天厚地'，則謂'皇天后土'，秦小篆始加也。……然則土、地，古今字也。秦漢以後始分化爲二，土爲泥土，地爲天地，孰知於古不然，惟◇爲土塊之形，一屬地之通象，故◇

---

①　參見席涵静：《先秦社祀之研究》，臺灣衆望文化事業有限公司1992年版，第30頁。按：以圭瓚酌鬱鬯灌地以降神，謂之祼，常用於宗廟祭祀。《周禮·大宗伯》："以肆、獻、祼享先王。"鄭玄注："祼之言灌，灌以鬱鬯，謂始獻尸求神時也。"鬱鬯，酒名。行灌禮時用之。以秬黍釀之，和以鬱金香草。

②　魏建震：《先秦社祀研究》，人民出版社2008年版，第41頁。

③　容庚：《金文編》，中華書局1985年版，第881、882頁。

④　周法高主編：《金文詁林》，香港中文大學出版社1979年版，第7422、7423頁。

⑤　魏建震：《先秦社祀研究》，人民出版社2008年版，第30頁。

爲指事字名詞。"①

　　在文獻中，土、社也是可以相通的。《大雅·綿》："乃立塚土。"《傳》云："塚土，大社也。"②《禮記·禮運》："命降於社之謂殽地。"鄭注："社，土地之主也。"③《公羊傳·僖公三十一年》："諸侯祭土。"何休注："土，謂社也。"④

　　總而言之，由上述對社字的文字學分析可知："社"之初文是"土"，甲骨文中的"土"(社)字字形較爲原始，作 𝄞，象土地的實物之形。原始人類由於認識水平低下，更容易直接崇拜實物本身，也就是自然崇拜。延至西周時期，金文中的"土"字有的仍然保持了甲骨文中"土"字字形風格作 𝄞，象地上之土壇。有的"土"字字形已經發生較大變化作 𝄞，𝄞 更接近於後來的社主，也就是所謂的"祭土""塚土""封土爲社"，而有別於一般的泥土之土了，並且晚期的金文中還出現了加示旁的"社"字，如 𝄞(中山王 𝄞 鼎，《集成》2840，戰國晚期)。這表明商周時期，"土"字孳乳爲"社"字，是長期逐步演變的結果。

二、社祭起源的宗教學分析

　　自然崇拜是世界各民族歷史上普遍存在過的宗教形式之一。它始自原始時代，而延續至今，是人類歷史上流傳時間最長的宗教形式之一。自然崇拜的對象是神靈化的自然現象、自然力和自然物。中國的社祭，源於人類對土地的自然崇拜，由於土地在人們生活中占有極其重要的地位，自然而然地引起古人對土地的極大的關注。

　　18世紀末，法國學者沃爾内和杜畢伊第一次系統地闡述了一系列有關宗教起源和發展的理論，認爲宗教和神產生的原因在於人們對自然力的束手無策。19世紀初，在沃爾内和杜畢伊提出的自然神話理論的基礎上，宗教領域形成了有史以來第一個最大的學派——自然神話學派。他們認爲，神話和宗教中的神，都是自然物和自然現象的人格化。因此，最早的宗教形式是自然崇拜。⑤"社"字在甲骨文中爲"土"，其字形很像土堆或土塊，因而有理由相信最原始的社神崇拜是源於實物崇拜，也就是直接對土地本身的崇拜。

---

① 周法高主編：《金文詁林》，香港中文大學出版社1979年版，第7424頁。
② 陳奐：《詩毛氏傳疏》卷十三，中國書店1984年版，第21頁。
③ 《禮記正義》(十三經注疏)，中華書局1980年版，第1418頁。
④ 《春秋公羊傳注疏》(十三經注疏)，中華書局1980年版，第2263頁。
⑤ 施密特：《比較宗教史》，肖師毅等譯，臺灣輔仁書局1948年版，第49、50頁。

文獻所記載的社神崇拜，已經超越了純自然崇拜的階段，是原始土地崇拜的進一步發展。《白虎通·社稷》曰：“王者所以有社稷何？爲天下求福報功。人非土不立，非穀不食，土地廣博，不可徧敬也。五穀衆多，不可一一祭也。故封土立社，示有土也。”①《孝經·援神契》云：“社者，土地之神，能生五穀。”又云：“社者，土地之主。”又云：“社者，五土之總神。土地廣博，不可遍敬，故封土爲社，以報功也。”②以上材料很好地解釋了立社的原因，社作爲祭祀的對象，雖然體現了土地的自然屬性，但已不是整個的廣袤土地本身，而是土地實體的象徵物——封土。

“人非土不立，非穀不食”，原始先民認識到土地的生產與他們的生存息息相關，他們的穩定生活和種族繁衍，都需要土地爲他們提供持續不斷的食物。因而先民懷着感激之情，通過祭祀的方式報答土地的載養之功。土地的神力主要體現在其具有強大的生殖能力，人們之所以崇拜社神，也就是因爲崇拜這種生殖力。當人們認識到土地生產與人自身生產或許有某種聯繫時，爲了提高土地的生殖力，他們經常通過巫術儀式來達到這一目的。

中非的巴干達人非常強烈地相信兩性交媾與大地生產之間有着密切關係，妻子如果不能懷孕，一般都会被休弃，認爲其妨礙了丈夫果園中的生產。相反，如果有一對夫妻生了雙胞兒女，這就表明他們的生殖力超乎尋常，巴干達人便相信這兩口子也有使植物園的果樹豐產的相應能力。在孿生嬰兒出生後不久，就舉行一次儀式，這種儀式的目的很清楚，就是想把這一對夫婦的生育能力傳給那園內的果樹。③ 帕帕爾人在向地裏播下種子的前四天，丈夫一律同妻子分居，目的是要保證在下種的前夜，他們能夠充分地縱情恣慾，甚至有人被指定在第一批種子下土的時刻同時進行性行爲。④ 後人向高禖神祈求生子，高禖神作爲社神的一種，正體現了土地神的生殖力。

據吳秋林研究，貴州這塊土地上的土地信仰文化遺存相當豐富，按照時間的先後和土地信仰的性質，最爲古老的當是布依族的社神類型的土地信仰，其次是水族的石崇拜轉化型土地信仰，再次是苗族、侗族類社神性質的

① 陳立：《白虎通疏證》，吳則虞點校，中華書局 1994 年版，第 83 頁。
② 安居香山、中村璋八輯：《緯書集成》（中），河北人民出版社 1994 年版，第 970 頁。
③ 弗雷澤：《金枝》，徐育新、汪培基、張澤石譯，新世界出版社 2006 年版，第 138 頁。
④ 弗雷澤：《金枝》，徐育新、汪培基、張澤石譯，新世界出版社 2006 年版，第 136 頁。

土地信仰，接着是屯堡人類型的土地信仰、其他漢族人的土地信仰、多民族信仰融匯型的土地信仰以及土家族儺文化型的土地信仰。布依族主要是祭祀"鮑更嫡"（寨神和土地神）、"叮寫"（他們不認同漢族人説的"土地廟"，而稱爲"社"或者"社廟"，每年三月對它的祭祀稱爲"祭社"），土地廟裏供奉的只是一塊或兩塊石頭，這種石頭一般是人形石頭，如人形的鐘乳石，祭祀完畢之後可以分酒、分肉。貴州南部水族地區，其崇拜的主要對象是石頭，在水族村附近的屬於這個村寨守護神靈的"石菩薩"，也是一種土地信仰轉化而來的類土地信仰文化表現。苗族、侗族的土地信仰文化表現亦有比較古老的文化意象，在他們的土地廟中，放置的多是人形石頭，與布依族的"社神"類似，但他們又没有明確的"社神"概念，所以我們稱苗族和侗族的土地信仰文化類型爲"類社神性質的土地信仰"。屯堡人類型的土地信仰是中國土地信仰文化最爲直接和典型的表現，也是中國幾千年的土地信仰文化發展的最後定型。在一些多民族雜居的村寨的土地廟旁，既有漢族的土地神靈，也有苗族、侗族的"祭凳"，還有水族"拜廟"信仰中出現的"貫洞"。這種多民族信仰共處一地的現象，並不是簡單的"聚會"，而是土地信仰文化的一種融匯性質的表現。①

中國先民認爲人類的生活全由土地提供，所以把由土地神發展演變而來的社神看成非自然人，是土地、自然神祇的代表。社被尊爲神之後，信奉膜拜者又賦予社神更多的德行與職能。如在先秦時，出兵打仗要祭社，以祈求社神的保護。新邑落成、水旱災害要祭社，以祓除不祥。疾病也可能是社神作祟引起的，要進行禱告。而訴訟、盟社則是緣於社神的威懾力和公正性。

總之，西周時期周人曾對宗教制度進行改革，在祀典趨於完備的同時，祭祀儀式則逐漸系統化、制度化。宗教對於周人確實是十分重要的，不過周的政教合一是宗教寄托在政治上，而非政治寄托在宗教上。周人宗教的合於理性，似乎不是一般宗教所能企及的，不過政治色彩太濃，到周之季世，人亡政息，宗教信仰也就不振了。東漢以後，帝王及士大夫表面上雖然接受着圜立方澤山川社稷的系統，但内心的信仰早已不是這麽一回事，只有殘存的"置社"尚在社會活躍着，變爲城隍和土地的信仰。社神的職能也趨於衰落，只保留了原始土地神的自然職能。

---

① 吳秋林：《中國土地信仰的文化人類學研究》，《宗教學研究》2013 年第 3 期。

第二章 社 祭 制 度

先秦時期的社祭制度隨時代變化而有所變化。夏、商、周三代已有社之設置，但是夏代社祭制度著録有限，難於考證。商代由於大量甲骨資料出土，其内容包含許多社祭的信息，結合典籍記載，尚可窺見一二。周代傳世文獻記載較爲翔實，近年來又有大量簡帛資料的出土，據之尚能勾畫出一個輪廓。因此本章主要從社主、社尸、社配、祭法的演變、祭品的演變五個方面，探討商周時期社祭制度的演變及其特點。

第一節 社 主

先民在祭祀社神時，爲了真切感受到社神的存在，以便祭祀祈禱，便尋找各種可觸可感的實體作爲社神的代表，這種實體就是社主。社主是社神憑依的對象，也是社神的標志。歷史上曾經充當社主實體的主要有土、石、木幾種，《淮南子·齊俗訓》所謂"有虞氏之祀(禮)，其社用土"，"夏后氏[之禮]，其社用松"，"殷人之禮，其社用石"，"周人之禮，其社用栗"①。下面分別加以介紹，以便對此有一個較爲全面的了解。

一、以土爲社主

社的本質是土地神，所以用土堆作爲社神的標志是很自然的事。甲骨卜辭中，"土"字之形象多爲土堆、土丘之形，如▲(《合集》34186)、▲(《屯南》

---

① 王念孫云："'有虞氏之祀，'祀'當爲'禮'，此涉下文'祀中霤'而誤也。有虞氏之禮，總下三事而言，不專指祭祀。下文'夏后氏之禮'(今本脱'之禮'二字，據下文補)、'殷人之禮'、'周人之禮'，皆其證。"參氏著《讀書雜志》，江蘇古籍出版社2000年版，第858頁。

961)、🔲(《合集》9745)等。陳夢家認爲，武丁卜辭"土"作🔲或🔲，象土塊之形。後世之社於地上立圜丘象之。① 祭土即祭社，典籍中亦有記載。《公羊傳·僖公三十一年》："諸侯祭土。"何休注："土，謂社也。"②封有聚土之意，《禮記·檀弓》："於是封之，崇四尺。"鄭注："築(聚)土曰封。"③聚起來的土堆就是社，社神自然以土堆爲社主。《公羊傳·哀公四年》："社者封也。"何休注："封土爲社。"④《淮南子·齊俗訓》："有虞氏之祀，其社用土。"高誘注："封土爲社。"二者的記載是一致的。⑤《管子·輕重戊》亦曰："有虞之王，燒曾藪，斬群害，以爲民利，封土爲社，置木爲閭，始民知禮也。"⑥由此可知，社主用土在有虞氏時期，這個時期先民直接以土地作爲崇拜對象，把土堆、土丘作爲社主，當是一種較爲樸素的認識，尚保留有原始社會的遺風。

以土爲社主有一個問題，就是土堆長期暴露在風雨之中，很容易被風蝕或被雨水沖垮，因爲古代的社是不用什麼東西遮蔽的，目的是能夠與天地之氣相通。《白虎通·社稷》："社無屋何？達天地氣。故《禮記·郊特牲》曰：'天子大社，必受霜露風雨，以達天地之氣。'"⑦另外，與木主、石主相比，土主不便於移動和搬遷，所以後世逐漸用石主來替代土主。由於土堆作爲社主不可能長期保留下來，所以現在的考古遺址發掘中，很難找到這種類型的社祀遺址。

二、以石爲社主

先秦時期社主是否用石，古代學者有過爭論。《周禮·小宗伯》："若大師，則帥有司而立軍社。"鄭注："社之主蓋用石爲之。"賈公彥疏：

> 案許慎云："今山陽俗祠有石主。"彼雖施於神祠，要有石主，主類其社，其社既以土爲壇，石是土之類，故鄭注社主蓋以石爲之。無正文，故云"蓋"以疑之也。⑧

---

① 陳夢家：《殷虛卜辭綜述》，中華書局 1988 年版，第 583 頁。

② 《春秋公羊傳注疏》(十三經注疏)，中華書局 1980 年版，第 2263 頁。

③ 孫希旦：《禮記集解》，中華書局 1989 年版，第 169 頁。按：《禮記正義》"築"爲"聚"。

④ 《春秋公羊傳注疏》(十三經注疏)，中華書局 1980 年版，第 2347 頁。

⑤ 何寧：《淮南子集釋》，中華書局 1998 年版，第 789 頁。

⑥ 黎翔鳳：《管子校注》，梁運華整理，中華書局 2004 年版，第 1507 頁。

⑦ 陳立：《白虎通疏證》，吳則虞點校，中華書局 1994 年版，第 89 頁。

⑧ 《周禮注疏》(十三經注疏)，中華書局 1980 年版，第 767 頁。

明人丘濬則認爲，軍社社主當用石：

> 社之主樹以木，出師則不可載以行。意者，當時壇壝之上則樹以木，而又以石爲主，如喪之車然。遇有征行，則奉之以車而行乎？後世遂因之不用木而用石也，不然則是臨行旋爲之，故曰"有司立軍社"，謂之"立"者，前故未有也。①

這就是説，軍社之主若是樹木，出征的時候便無法載於齋車上。社壇上當立有樹木，而又別以石爲社主，遇有戰事便可載以行，或者是臨時用石作爲社主。

宋人陳祥道對軍社用石主提出了懷疑，他在《禮書》"社主"條下説：

> 《周禮·小宗伯》："若大師則帥有司而立軍社，奉主車。"《春秋傳》曰："軍行祓社釁鼓，祝奉以從。"鄭氏曰："社之主蓋用石爲之。"唐神龍中議立社主，韋叔夏等引《吕氏春秋》及鄭玄義以爲社主用石，又後魏天平中，太社石主遷於社宫，是社主用石矣。又檢舊社主長一尺六寸，方一尺七寸，在《禮》無文。按《韓詩外傳》云："天子大社方五丈，諸侯半之。"蓋以五是土數，故壇方五丈，其社主準五數，長五尺，唯陰之二數，方二尺，剡其上以象物生，方其下以體地體，埋其半以根在土中，而本末均也。蓋石，地類也。先儒謂社主石爲之，其長不過尺五寸，其短以寸計之。唐之時舊主一尺六寸，方一尺六寸，蓋有所傳然也，而議者謂宜長五尺，方二尺，埋其半於土中，此臆論也。古者天子、諸侯有載社之禮，而陳侯嘗擁社以見鄭子展，果埋其半則不可迎而載，果石長五尺，方二尺則不可取而擁。②

陳氏認爲，石主長不過一尺五寸，唐時社主長一尺六寸，當有所傳，並非不可信，韋叔夏等人説法純屬臆測，依照他們的説法，石主長五尺，寬二尺，埋其半於土中的話，石主將非常沉重，天子、諸侯無法載之，陳侯也抱不動。清人

---

① 秦蕙田：《五禮通考》卷四十二，文淵閣《四庫全書》第 135 册，臺灣"商務印書館" 1986 年版，第 1058、1059 頁。

② 陳祥道：《禮書》卷九十二，文淵閣《四庫全書》第 130 册，臺灣"商務印書館"1986 年版，第 580 頁。

秦蕙田同意陳説而略有修正，認爲古代用樹木以依神，臨祭則用後世木主。①
清人黄以周則認爲古代當是木石兼用，石主也可奉可擁，只不過形制可能要小
一點②，今人錢玄亦從黄説③。黄氏之説可從。

以石爲社主，已爲近代的考古學所證實。《淮南子·齊俗訓》云："殷人之
禮，其社用石。"④卜辭中"土"字字形也有象石塊之形的，如 （《合集》
21078）、（《合集》34120）、（《合集》21103）等。江蘇銅山丘灣古遺址的發
掘⑤，證明殷人祭社用石的説法是有根據的。1977 年，在連雲港市西南 9000
米的將軍崖，發現了一處古代岩畫遺跡。在這片平坦山地上，中心立有三塊巨
石。當地農民講，從前還有一塊大石擠在一起，前些年被搬掉了。這個遺址的
立石情況與丘灣遺址非常近似，應當也是社祀遺跡。同丘灣遺址一樣，中間最
大的一塊石頭當是社主。⑥

在近代一些民族中，仍有以石作爲土地神或社神的情況。例如，黔東南苗
族的土地祠中，供祭的土地菩薩共三尊，多以長方形自然石爲象徵。海南美孚
黎的土地廟中，地上或桌上放着特殊形態的石頭一至三塊，以最大的一塊代表
土地神，以小的代表他的妻子。有些地區仿漢人習慣，在這些石頭上掛着小紅
布條。仡佬族每個村寨的土地廟內置有一兩塊石頭，作爲土主的象徵，旁供香
盆一個。廣西環江縣壯族的土地廟裏供奉兩塊石頭，作爲土地神的形象。廣西
南丹縣大瑶的土地廟內置一石爲神的象徵。金秀大瑶山的花藍瑶的社神形象爲
三塊長方形巨石，盤瑶和山子瑶也以石塊爲社王形象。⑦

臺灣有些地方的社神也以石爲象徵。如排灣人的社壇，至今尚有石壇和石
主。卑南族的知本社也多以石爲社神象徵。臺東魯凱族大南社壇上亦有石主。
平埔番的西拉雅人的社中祀陽石。⑧

----

① 秦蕙田：《五禮通考》卷四十二，文淵閣《四庫全書》第 135 册，臺灣"商務印書館"
1986 年版，第 1060 頁。
② 黄以周：《禮書通故》，中華書局 2007 年版，第 668 頁。
③ 錢玄：《三禮詞典》，江蘇古籍出版社 1998 年版，第 416~418 頁。
④ 何寧：《淮南子集釋》，中華書局 1998 年版，第 789 頁。
⑤ 南京博物院：《江蘇銅山丘灣古遺址的發掘》，《考古》1973 年第 2 期。
⑥ 俞偉超：《連雲港將軍崖東夷社祀遺跡的推定》，《先秦兩漢考古學論文集》，文物
出版社 1985 年版，第 59 頁。
⑦ 參見何星亮：《土地神及其崇拜》，《社會科學戰綫》1992 年第 4 期。
⑧ 參見凌純聲：《中國祖廟的起源》，《"中央研究院"民族學研究所集刊》1959 年第 7
期，第 146~149 頁。

　　總之，從先秦到近代，從漢族到各少數民族，都曾經使用石塊作爲土地神的象徵，分佈比較廣泛，不僅僅局限於我國的東部。

三、以木爲社主

　　先秦時期以樹木作爲社主是十分普遍的，木社主往往是自然生長的樹木。社之立大抵依於叢林，棘木叢茂，亦有神靈，以感初民，則社亦得有主，所謂社主。①《墨子·明鬼》："昔者虞夏商周三代之聖王，其始建國營都日，必擇國之正壇置以爲宗廟；必擇木之修茂者，立以爲菆位（社）。"②《淮南子·齊俗訓》："夏后氏［之禮］，其社用松"，"周人之禮其社用栗"。③《莊子·人間世》云："匠石之齊，至於曲轅，見櫟社樹。"④《史記·封禪書》："高祖初起，禱豐枌榆社。"⑤從以上材料可知，國家建都之日，總會選擇樹林茂密之處作爲立社之地，因時代不同，社壇所立之樹也不同，夏人以松，周人以栗，這裏指的當是天子社，地方上當有不同，也有以櫟、枌榆爲社主的。

　　選擇樹木作爲社主，有兩個主要原因：一是爲了標識，以引起人們的敬畏。《白虎通·社稷》云："社稷所以有樹何？尊而識之，使民望見即敬之，又所以表功也。"⑥並且一般的社都設在樹林之中，《白虎通》引《尚書》逸篇亦云："大社唯松，東社唯柏，南社唯梓，西社唯栗，北社唯槐。"⑦二是樹木象徵土生萬物。劉向《五經通義》云："天子太社、王社，諸侯國社、侯社，制度奈何？曰：社皆有垣無屋，樹其中以木，有木者，土主生萬物，萬物莫善於木，故樹木也。"⑧

　　《論語·八佾》："哀公問社於宰我。宰我對曰：'夏后氏以松，殷人以柏，周人以栗，曰：使民戰栗。'"劉寶楠《正義》曰：

---

①　參見姜亮夫：《哀公問社辯》，《古史學論文集》，上海古籍出版社 1996 年版，第226 頁。

②　王念孫認爲，"位"當爲"社"字之誤。參氏著《讀書雜志》，江蘇古籍出版社 2000年版，第 587 頁。

③　何寧：《淮南子集釋》，中華書局 1998 年版，第 788、789 頁。

④　郭慶藩：《莊子集釋》，王孝魚點校，中華書局 1961 年版，第 170 頁。

⑤　司馬遷：《史記》，中華書局 1982 年版，第 1378 頁。

⑥　陳立：《白虎通疏證》，吳則虞點校，中華書局 1994 年版，第 89 頁。

⑦　陳立：《白虎通疏證》，吳則虞點校，中華書局 1994 年版，第 90 頁。

⑧　轉引自馬國翰輯：《玉函山房輯佚書》，《續修四庫全書》第 1203 冊，上海古籍出版社 2002 年版，第 298 頁。

　　夏后氏社樹、社主皆用松，殷人社樹、社主皆用柏，周人社樹、社主
皆用栗也。俞氏正燮《癸巳類稿》：“侯國社主用木依京師，凡主皆然也。”
《大司徒》云：“設其社稷之壝而樹之田主，各以其野之所宜木。”明周社樹
非栗。……俞氏之意，以松、柏、栗爲社主所用之木，其社樹則各以其土
之所宜，不與社主同用一木，其義視鄭爲長。①

劉氏、俞氏之論當屬臆測，社樹之外別立社木爲社主之説，經無明文。《周
禮·封人》云：“掌設王之社壝，爲畿封而樹之。”②《莊子·人間世》云：“見櫟
社樹。”③《淮南子·説林訓》云：“侮人之鬼者，過社而搖其枝。”④《白虎通》引
《周官》曰：“司徒班社而樹之，各以土地所宜。”⑤社樹爲社神之所依，不當別
立主。古人“種樹”亦説“樹木”而不説“樹樹”，則“木”即是“樹”，如上引《五
經通義》“樹其中以木，有木者，土主生萬物，萬物莫善於木，故樹木也”。
《漢書·五行志》云：“昌邑王國社有枯樹復生枝葉。”⑥《漢書·眭弘傳》：“是
時昌邑有枯社木臥復生。”顏師古注：“社木，社主之樹也。”⑦皆其證。
　　以木爲社主，典籍記載有“樹木”“束木”兩種説法。《韓非子·外儲説右
上》云：“君亦見夫爲社者乎？樹木而塗之，鼠穿其間，堀穴托其中，熏之則
恐焚木，灌之則恐塗阤，此社鼠之所以不得也。”⑧《晏子春秋·問上》：“夫
社，束木而塗之，鼠因往托焉，熏之則恐燒其木，灌之則恐敗其塗，此鼠所以
不可得殺者，以社故也。”孫星衍云：“《韓非》‘束’作‘樹’，‘塗’當爲‘涂’，
‘塗’即‘牆’也。”⑨筆者以爲，當以《韓非子》所載爲是，孫説甚確。“樹木”之
“木”若是木主，熏時拿去即可，何怕熏之？之所以怕熏，自是因爲社樹無法
移動。“束木”恐怕也不是束木片的意思。古代立社，非亡國之社都不屋（覆
蓋），社主若是木片的話，長期暴露於風雨之中，自然很容易腐朽，又怎可以
爲社主？

①　劉寶楠：《論語正義》，高流水點校，中華書局 1990 年版，第 119、120 頁。
②　《周禮注疏》（十三經注疏），中華書局 1980 年版，第 720 頁。
③　郭慶藩：《莊子集釋》，王孝魚點校，中華書局 1961 年版，第 170 頁。
④　何寧：《淮南子集釋》，中華書局 1998 年版，第 1232 頁。
⑤　陳立：《白虎通疏證》，吳則虞點校，中華書局 1994 年版，第 90 頁。
⑥　班固：《漢書》，中華書局 1962 年版，第 1412 頁。
⑦　班固：《漢書》，中華書局 1962 年版，第 3153 頁。
⑧　王先慎：《韓非子集解》，鍾哲點校，中華書局 1998 年版，第 322 頁。
⑨　吳則虞：《晏子春秋集釋》，中華書局 1982 年版，第 196、197 頁。

社樹是社神的憑依，也是社神的象徵。《吕氏春秋·順民》："天大旱，五年不收，湯乃以身禱於桑林。"①《淮南子·修務訓》："湯旱，以身禱於桑山之林。"高誘注："桑山之林能興雲致雨，故禱之。"②《左傳·襄公十年》載晉侯因享桑林之樂而生疾，"卜桑林見"③，説的是桑林作爲社主的象徵，可以致雲雨，亦可以使人生病。《漢書·五行志》："山陽橐茅鄉社有大槐樹。"④《漢書·郊祀志》："高祖禱於枌榆社。"顏師古注："以此樹爲社神，因以立名也。"⑤"爲"字，明社樹本非社神也，這裏的社樹，實際上就是社神憑依的社主。⑥ 由此可見，上古時期社樹與社神並無差異，社樹就是社神。社樹聚集了所有造物主的美德及土地的肥沃。社樹從土壤中茁壯成長，正是土地生命力的體現。在亡國之社的祭壇上，社樹被移除以表示該社已亡。況且在亡國之社上要加蓋建築，顯然不能把一棵樹蓋在屋子裏面。

另外，有些學者認爲，社主還有以人或以尸爲之者。⑦ 人爲社主，當是社神完全人格化之後，出現的時代比較晚，在先秦時期不見於典籍記載。以尸爲主則混淆了尸與主的區別，本章下節將詳細討論社祭之尸，這裏不再贅述。

總之，先秦社會上自天子、下至庶民都可祭社，社神崇拜是先民的一種普遍信仰，加上我國疆域遼闊，風俗各異，社的形制自然也不可能整齊劃一，另外時代不同，所用社主也不會完全一樣。土、石、木等多種形式的社主可能都曾在不同時期、不同場合採用過。不過當以木主最爲普遍，樹木是生命和活力的象徵，又充滿神秘性。

第二節　社　尸

先秦時期舉行祭祀，是人神之間的互動，與後世直接向實物性神主祭獻不

---

① 王利器：《吕氏春秋注疏》，巴蜀書社 2002 年版，第 875 頁。

② 何寧：《淮南子集釋》，中華書局 1998 年版，第 1318 頁。

③ 《春秋左傳正義》（十三經注疏），中華書局 1980 年版，第 1947 頁。

④ 班固：《漢書》，中華書局 1962 年版，第 1413 頁。

⑤ 班固：《漢書》，中華書局 1962 年版，第 1210 頁。

⑥ 《晉書》卷四十九引阮脩曰："若社而爲樹，伐樹則社移；樹而爲社，伐樹則社亡矣。"中華書局 1974 年版，第 1366 頁。

⑦ 參見何星亮：《土地神及其崇拜》，《社會科學戰綫》1992 年第 4 期。楊琳：《古代社主的類型》，《中國典籍與文化》1998 年第 3 期。

同。聯繫神人之間關係的，除了一些神職人員，如祝、宗、巫之外，最重要的就是尸。尸是神像，代表着神。尸與人爲禮，也就是神與人爲禮。尸對主祭人的祝福，也就是神對主祭人的祝福，神意通過尸來傳達。《白虎通》："祭所以有尸者，鬼神聽之無聲，視之無形，升自阼階，仰視榱桷，俯視几筵，其器存，其人亡，虛無寂寞，思慕哀傷，無所寫泄，故坐尸而食之，毁損其饌，欣然若親之飽，尸醉若神之醉矣。"①雖然説的是祖先之尸，作爲社尸也應是這樣。②

一、尸名分析

《説文》："尸，陳也。象臥之形。"段注："陳，列也。《小雅・祈父》傳曰：'尸，陳也。'按凡祭祀之尸訓主。《郊特牲》曰：'尸，陳也。'注曰：'此尸神象，當從主訓之，言陳非也。'玉裁謂：'祭祀之尸本象神而陳之。而祭者因主之，二義實相因而生也。'"③

容庚對《説文》"尸，陳也。象臥之形"的説法提出了質疑。他認爲，尸金文作"𠂤"，象屈膝之形意。東方之人其狀如此，後假夷爲尸，而尸之意晦。祭祀之尸，其陳之而祭，有似於尸（筆者按，指"屍體"之"屍"），故亦以尸名之。《論語》"寢不尸"，苟尸爲象臥之形，孔子何爲寢不尸，知尸非象臥之形。④ 李孝定從其説，並進一步指出，"尸"許君訓爲"臥"者，蓋涉假尸爲屍而混。《論語》"寢不尸"之"尸"，蓋已假爲屍。寢貴欹側，勿四肢展伸如屍之陳，即俗所謂"挺屍"也。⑤ "尸"字，甲骨文作"𠂤""𠂤"形，舊多釋爲"人"或"夷"，卜辭之中"人""夷"亦作此形，所以造成對此字理解上的混亂。郭沫若釋"𠂤"爲"尸"，没有解説。董作賓説："《説文》：'夷，東方之人也，從大從弓。'古文夷作仁從尸，尸亦人字。《周禮》注：'夷之言尸也者，謂夷即尸之假

---

① 轉引自秦蕙田：《五禮通考》卷六十二，文淵閣《四庫全書》第 136 册，臺灣"商務印書館"1986 年版，第 425、426 頁。
② 參見拙著《先秦社尸考》，《殷都學刊》2011 年第 2 期。
③ 段玉裁：《説文解字注》，上海古籍出版社 1988 年版，第 399 頁。
④ 參見容庚：《金文編》，中華書局 1985 年版，第 602 頁。
⑤ 參見李孝定：《甲骨文字集釋》，《"中央研究院"歷史語言研究所專刊之五十》，1970 年，第 2745、2746 頁。

借也，金文中東夷、淮夷皆作♂。'"①從甲骨、金文字形上來看，尸皆無臥之形，容庚、董作賓、李孝定之説可從。

夏、商、周三代"立尸"之禮有所不同。《禮記·郊特牲》："古者尸無事則立，有事而後坐也。"鄭玄注："古謂夏時也。"②《禮記·禮器》："夏立尸而卒祭，殷坐尸，周旅酬六尸。"孔疏："夏祭乃有尸，但立，猶質，言尸是人，人不可久坐神坐，故尸唯飲食暫坐。若不飲食時，則尸倚立，以至祭竟也。殷因夏之有立尸，而損其不坐之禮，益爲恒坐之法也，是殷轉文也。言尸本象神，神宜安坐，不辯有事與無事皆坐也。殷但坐尸，未有旅酬之禮，而周益之也。"③這一段簡明扼要地概括了夏、商、周三代"立尸"之禮的演變與損益。

有學者認爲，殷周兩代宗廟祭禮，尸受祭與不受祭時皆坐。此所謂坐，不是席地坐，而是居處之坐。出土所見戰國簡牘符節中，"處"字寫作♂，即"凥"字，所從"几"即段所説"下基也"，《禮器》所謂"坐尸"，是尸坐於几。④先秦典籍中，從没有"尸坐於几"的説法，"几"都是用來憑依的，《儀禮·少牢饋食禮》《儀禮·特牲饋食禮》均有記載。古時人席地而坐，無論主人、尸、祝都是這樣，席子的層數，表明了身份、貴賤的不同，無論是舉行吉禮、喪禮、嘉禮還是賓禮都是如此。席地而坐，時間久了，自然會很疲憊，所以要憑几休息。甲骨文中的"尸"字，也没有從"几"的，以後出戰國文字斷定甲骨文，也不十分恰當。竹簡"♂"字，表明的正是人席地而坐、憑几休息的含義。

饒宗頤指出，卜辭之中有"立尸""賓尸"的記載，"殷有卜尸之禮"，並作了十分翔實的考證。⑤ 卜辭之中確有很多"立尸""延尸""賓尸"的辭例：

(1)[辛巳卜，宁貞]，宙翌甲申立尸。
　　辛巳卜，宁貞，勿隹翌甲申立尸。
　　辛巳卜，宁貞，立尸。
　　辛[巳卜]，宁貞，勿立尸。　　《合集》5516
(2)貞於大賓延尸。　　《合集》830

---

① 轉引自李孝定：《甲骨文字集釋》，《"中央研究院"歷史語言研究所專刊之五十》，1970年，第2745頁。

② 《禮記正義》(十三經注疏)，中華書局1980年版，第1457頁。

③ 《禮記正義》(十三經注疏)，中華書局1980年版，第1439頁。

④ 參見葛英會：《説祭祀立尸卜辭》，《殷都學刊》2000年第1期。

⑤ 饒宗頤：《殷代貞卜人物通考》，香港大學出版社1959年版，第294頁。

(3) 貞於丁亥延尸。　《合集》833

(4) □延尸　《合集》835

(5) 戊寅卜，貞於祊賓延尸。七月。　《合集》831

(6) 戊寅卜，[貞]於祊賓，[延]尸。七月。　《合集》832

辭例(1)中的"立尸"，指的是反復貞問，是否要在甲申的第二日"立尸"，這與夏禮的立尸而祭的"立尸"意思並不一樣。上揭辭例(2)(3)(4)的"延尸"就是禮書所載的"祝延尸"之禮，見於《儀禮·特牲饋食禮》《儀禮·少牢饋食禮》。① 上揭辭例(5)(6)的"賓尸"，一般是在祭祀之後舉行的，天子、諸侯參與的在第二天舉行，稱爲"繹"，大夫、士參與的則在當天舉行，稱爲"賓"。這時爲尸之人不再是神像，主人把其當作賓客進行款待。

從甲骨卜辭之中，尚看不出所立之"尸"是天神、地祇之尸，還是祖先人鬼之尸，但商代無疑已有尸的存在。

二、祭必立尸

先秦時期，祭必立尸。杜佑《通典》曰："自周以前，天地、宗廟、社稷一切祭享，凡皆立尸。秦漢以降，中華則無矣。"② 朱熹答門人用之問"祭用尸之意"，曰："古人祭祀無不用尸，非惟祭祀家先用尸，祭外神亦用尸，不知祭天地如何，想惟此不敢爲尸。"③ 陳祥道《禮書》亦云："古者事死如生，事亡如事存，故祭祀必立尸。"④ 秦蕙田《五禮通考》云："古人祭必立尸，其不立者三事：曰薦，如薦新、薦寢廟，無田則薦是也；曰厭，如殤祭之陰厭、陽厭是也；曰奠，如喪奠、朔奠、釋奠是也。後世祭不立尸，强名曰祭，實爲薦、爲厭、爲奠而已。"⑤

天神、地祇之屬都要立尸，社祭自然也不例外。《周禮·節服氏》："郊祀

---

① "延"，曹錦炎認爲是"陳"的意思，即陳設尸主，參氏著《說卜辭中的延尸》，《徐中舒先生百年誕辰紀念文集》，巴蜀書社1998年版，第54頁。

② 杜佑：《通典》，王文錦、王永興、劉俊文、徐庭雲、謝方點校，中華書局1988年版，第1355頁。

③ 黎靖德編：《朱子語類》卷九十，王星賢點校，中華書局1986年版，第2309頁。

④ 陳祥道：《禮書》卷七十四，文淵閣《四庫全書》第130冊，臺灣"商務印書館"1986年版，第482頁。

⑤ 秦蕙田：《五禮通考》卷六十二，文淵閣《四庫全書》第136冊，臺灣"商務印書館"1986年版，第427頁。

裘冕，二人執戈，送逆尸從車。"①《國語・晉語》："宣子以告。祀夏郊，董伯
爲尸。"②這是郊祭立尸。《周禮・士師》："若祭勝國之社稷，則爲之尸。祀五
帝，則沃尸。"③《周禮・守祧》："若將祭祀，則各以其服授尸。"《禮記・曲禮》
孔疏云："天子祭天地、社稷、山川、四方、百物及七祀之屬，皆有尸也。故
《鳧鷖》並云'公尸'。推此而言，諸侯祭社稷，境内山川，及大夫有采地祭五
祀，皆有尸也。《虞夏傳》云：'舜入唐郊，以丹朱爲尸。'"④

《詩經・鳧鷖》："鳧鷖在渼，公尸來燕來宗。既燕於宗，福禄攸降。公尸
燕飲，福禄來崇。"鄭箋：

> 渼，水外之高者也，有痤垤之象，喻祭社稷山川之尸，其來燕也，有
> 尊主人之意。既，盡也。宗，社宗也。群臣下及民，盡有祭社之禮而燕飲
> 焉，爲福禄所下也。今王祭社，又以尸燕，福禄之來，乃重厚也。天子以
> 下其社神同，故云然。⑤

以上典籍記載説明，不僅祭祀先祖人鬼用尸，祭天神、地祇之屬皆用尸。
《儀禮》一書所見，僅士、大夫祭祀其先祖人鬼用尸，不見祭祀天神、地祇用
尸，這可能是由於上古禮典有佚失，而非祭祀外神不用尸也。社作爲人們日常
祭祀的最重要的神靈之一，自然也要立尸。《詩經》祭祀社稷以"公"爲尸，《士
師》以刑官爲尸，都是由身份比較尊貴的人充任。

作爲神象之尸，正祭開始的時候纔會出現。《禮記・郊特牲》："郊血，大
饗腥，三獻爓，一獻孰。"孔疏引《禮器》曰：

> 崔氏云："周禮之法，郊天燔柴爲始，宗廟以祼地爲始，社稷以血爲
> 始，小祀黐辜爲始。"此云"郊血，大饗腥，三獻爓，一獻孰"者，謂正祭
> 之時，薦於尸坐之前也。⑥

這是迎尸之後的正祭之禮，表示神已經降臨。在此之前有致神的儀節，在此之

---

① 《周禮注疏》(十三經注疏)，中華書局 1980 年版，第 851 頁。
② 徐元誥：《國語集解》，王樹民、沈長雲點校，中華書局 2002 年版，第 437 頁。
③ 《周禮注疏》(十三經注疏)，中華書局 1980 年版，第 875 頁。
④ 《禮記正義》(十三經注疏)，中華書局 1980 年版，第 1248 頁。
⑤ 《毛詩正義》(十三經注疏)，中華書局 1980 年版，第 538 頁。
⑥ 《禮記正義》(十三經注疏)，中華書局 1980 年版，第 1445 頁。

後有陳饌的儀節。《禮記·郊特牲》孔疏引熊氏云："凡大祭並有三始。祭天以樂爲致神始，以禋爲歆神始，以血爲陳饌始。祭地以樂爲致神始，以血爲歆神始，以腥爲陳饌始。祭宗廟亦以樂爲致神始，以祼爲歆神始，以腥爲陳饌始。"①祭社亦用樂致神，其樂與大地同，此在迎尸之前。

《通典》記有"享尸正祭之禮"，其云："祭日之晨，天子及尸皆服絺冕。樂則《大司樂》云：'奏泰蔟，歌應鐘，舞《咸池》，以祭地祇。'用三獻。其禮：取血先瘞於所祭之處，以爲祭始。次則禮神以玉，時尸前薦爓肉及脯醢豆籩，王則酌大罍中酒以獻尸，所謂朝踐之獻，是爲一獻也。至薦熟時，宗伯亦攝后酌以亞獻，所謂再獻。② 尸食訖，賓長酌酳尸，謂之三獻。"③

祭社立尸當以尊者爲之。《穀梁傳·莊公二十三年》："夏，公如齊觀社，常事曰視，非常曰觀。觀，無事之辭也。以是爲尸女也。"范寧注："尸，主也。主爲女往爾，以觀社爲辭。"④《左傳·莊公二十三年》："夏，公如齊觀社。"杜預注："齊因祭社搜軍實，故公往觀之。"⑤《公羊傳·莊公二十三年》："夏，公如齊觀社。何以書？譏。何譏爾？諸侯越竟觀社，非禮也。"何休注："觀祭社。諱淫言觀社者，與親納幣同義。"⑥從三注對"觀社"的解釋來看，范寧與何休其實是相同的。何休的更明了，"觀社"是藉口，主要是爲了納幣於齊女，諸侯無親自納幣之禮，所以要諱言。范寧也是這個意思，"觀社"是藉口，主要目的是爲了齊女。但由於用"尸女"而不是"主女"，所以容易造成理解上的混淆。魏建震認爲，春秋時期齊國祭社之尸是由女性來充任的。⑦ 其實從《公羊傳》緊接的下文就可理解，"夏，公入齊逆女。何以書？親迎禮也"，徐彥疏："魯侯如齊，本實淫通，非爲親迎而往。但《春秋》之意，以其大惡不可言之，要以言其逆女，使若得禮，善而書日矣。是以注云'諱淫，故使若以得禮書也'。欲道莊公夫人未至於國而行婦事，既非正禮明矣。"⑧范寧的"主

① 《禮記正義》（十三經注疏），中華書局 1980 年版，第 1457、1458 頁。

② 魏建震在"攝"後斷句，誤，天子之後無預外神。參氏著《先秦社祀研究》，人民出版社 2008 年版，第 246 頁。

③ 杜佑：《通典》，王文錦、王永興、劉俊文、徐庭雲、謝方點校，中華書局 1988 年版，第 1265 頁。

④ 《春秋穀梁傳注疏》（十三經注疏），中華書局 1980 年版，第 1386 頁。

⑤ 《春秋左傳正義》（十三經注疏），中華書局 1980 年版，第 1778 頁。

⑥ 《春秋公羊傳注疏》（十三經注疏），中華書局 1980 年版，第 2237 頁。

⑦ 魏建震：《先秦社祀研究》，人民出版社 2008 年版，第 246 頁。

⑧ 《春秋公羊傳注疏》（十三經注疏），中華書局 1980 年版，第 2237 頁。

女"之"女"就是指莊公夫人，也就是姜氏。

《國語·晉語》曰："晉祀夏郊，董伯爲尸。"《虞夏傳》曰："舜祀唐郊，丹朱爲尸。""周公祭泰山，以召公爲尸。"①《禮記·曾子問》曰："卿大夫將爲尸於公。"②則凡尸皆貴者。《詩經·鳧鷖》之"公尸"，《周禮·士師》之"刑官"，皆爲貴者，是社神的象徵。齊國祭社之尸，似不當以女性充任爲合理，魏説不可從。

三、爲尸條件

尸不同於祝、巫、貞人、卜人等神職人員，不是固定的，每次祭祀，都會臨時占卜由誰來充當尸，因而爲神之尸是需要一定條件的。尸的身份應當是比較高貴的，不像一般的女巫，大旱求雨時甚至可以被焚死。③ 作爲神的代表，主人對尸一般都是禮遇有加。《禮記·曲禮》："爲君尸者，大夫士見之則下之。君知所以爲尸者，則自下之。"④《禮記·祭義》："是故孝子臨尸而不怍，君牽牲，夫人奠盎。君獻尸，夫人薦豆。"⑤《禮記·祭統》："君爲東上，冕而摠干，率其群臣，以樂皇尸。諸侯之祭也，與境内樂之。冕而摠干，率其群臣，以樂皇尸。"⑥

不是什麼人都可以爲尸的，爲尸要有一定條件，這從祖先之尸就可知道。《公羊傳·宣公八年》，何休注："祭必有尸者，節神也。禮，天子以卿爲尸，諸侯以大夫爲尸，卿大夫以下以孫爲尸。"⑦《禮記·曲禮》："《禮》曰：'君子抱孫不抱子。'此言孫可以爲王父尸，子不可以爲父尸。"鄭注："以孫與祖昭穆同。"⑧《禮記·祭統》："夫祭之道，孫爲王父尸。所使爲尸者，於祭者子行也。父北面而事之，所以明子事父之道也。此父子之倫也。"鄭注："子行，猶子列也。祭祖則用孫列，皆取於同姓之嫡孫也。"⑨

---

① 秦蕙田：《五禮通考》卷五，文淵閣《四庫全書》第 135 册，臺灣"商務印書館"1986年版，第 214 頁。
② 《禮記正義》(十三經注疏)，中華書局 1980 年版，第 1401 頁。
③ 《左傳·僖公二十一年》。
④ 《禮記正義》(十三經注疏)，中華書局 1980 年版，第 1248 頁。
⑤ 《禮記正義》(十三經注疏)，中華書局 1980 年版，第 1593 頁。
⑥ 《禮記正義》(十三經注疏)，中華書局 1980 年版，第 1604 頁。
⑦ 《春秋公羊傳注疏》(十三經注疏)，中華書局 1980 年版，第 2280 頁。
⑧ 《禮記正義》(十三經注疏)，中華書局 1980 年版，第 1248 頁。
⑨ 《禮記正義》(十三經注疏)，中華書局 1980 年版，第 1605 頁。

《禮記·曾子問》引孔子曰："祭成喪者必有尸,尸必以孫。孫幼,則使人抱之。無孫,則取於同姓可也。"①《儀禮·特牲饋食禮》,鄭注:"尸,所祭者之孫也。祖之尸,則主人乃宗子。禰之尸,則主人乃父道。事神之禮,廟中而已。"②《禮記·曲禮》:"爲人子者,祭祀不爲尸。"鄭注:"尊者之處,爲其失子之道。然則尸卜筮無父者。"③《通典》:"天子宗廟之祭,以公卿大夫孫行者爲尸。一云:天子不以公爲尸,諸侯不以卿爲尸,爲其太尊,嫌敵君。故天子以卿爲尸,諸侯以大夫爲尸。卿大夫不以臣爲尸,俱以孫者,避君也。天子、諸侯雖以卿大夫爲尸,皆取同姓之嫡也。"④

從上引典籍可以看出,爲祖先鬼神之尸要有這樣幾個條件:其一,天子、諸侯以卿大夫孫行者爲尸,並且必須是同姓卿大夫之嫡子;其二,大夫、士不能以臣爲尸,以孫爲尸當是親生之孫。大夫、士若無孫,則取同姓之嫡孫,並且所選之嫡孫沒有父親。其三,天子、諸侯所選之尸必須有爵位,大夫、士則可以無爵位。這些都是作爲祖先鬼神之尸的條件。由於以上條件的限制,所以能夠作尸的候選人並不是很多。但不能據此論斷,所有祭祀之尸都必須以孫爲之。⑤

社神相對於祖先神(内神)而言屬於外神,作爲社尸不完全受上述條件的限制。《詩經·大雅·既醉》孔疏引《石渠論》云:"周公祭天,用太公爲尸。"⑥《禮記·曲禮》孔疏:"天子祭天地、社稷、山川、四方、百物祭七祀之屬,皆有尸也。故《鳧鷖》並云公尸外神之屬,不問異姓、同姓,但卜吉則可爲尸。《左氏》說'晉祀夏郊,以董伯爲尸'。《虞夏傳》云:'舜入唐郊,以丹朱爲尸。'是祭天有尸也。許慎引《魯郊禮》曰'祝延帝尸'。"⑦《春秋傳》曰:"周公祭泰山,以召公爲尸。"《周禮·士師》:"若祭勝國之社稷,則爲之尸。"鄭玄注:"以刑官爲尸,略之也。周謂亡殷之社爲亳社。"⑧晉國爲姬姓,郊祭所用

---

① 《禮記正義》(十三經注疏),中華書局1980年版,第1399頁。

② 《儀禮注疏》(十三經注疏),中華書局1980年版,第1184頁。

③ 《禮記正義》(十三經注疏),中華書局1980年版,第1234頁。

④ 杜佑:《通典》,王文錦、王永興、劉俊文、徐庭雲、謝方點校,中華書局1988年版,第1354頁。

⑤ 方述鑫認爲,所有祭祀之尸都必須以孫爲之。參氏著《殷墟卜辭中所見的"尸"》,《考古與文物》2000年第5期。

⑥ 《毛詩正義》(十三經注疏),中華書局1980年版,第536頁。

⑦ 《禮記正義》(十三經注疏),中華書局1980年版,第1248頁。

⑧ 《周禮注疏》(十三經注疏),中華書局1980年版,第875頁。

之尸董伯爲妘姓。舜爲嬀姓，郊祭所用之尸丹朱爲祁姓。周公爲姬姓，祭天所用之尸太公爲姜姓，祭泰山所用之尸召公爲姬姓。可見祭祀天神、地祇之屬並非以嫡孫或孫之倫。

由此可知，作爲社尸有兩個條件：第一，爲尸之人占卜須吉，不必考慮與主祭之人是否同姓；第二，爲尸之人應當尊貴。

亡國之社尚用"刑官"爲尸，則大社、王社、國社、侯社有王或諸侯所親祭，所用之尸當更爲尊貴。《禮記·祭法》："大夫以下成群立社，曰置社。"鄭注："大夫不得特立社。"①置社屬於官方所立之社②，由大夫主祭，所用之尸當爲有爵之官吏。《穀梁傳》"公如齊觀社"，有學者認爲這是通淫於社之尸女，也有學者認爲社尸由女子充任③，這些説法均不可信。

第三節 社 配

在學術史上，學者們對社祭的主體是五土之總神還是人鬼，曾經有過激烈的爭論。以鄭玄及其弟子爲一派，堅持社祭的主體是五土之總神，句龍因有平治水土之功而配祭於社；以許慎、王肅等人爲另一派，則認爲社祭的主體是上公，人鬼而已。這一問題，本書在緒論中已做過簡要的論述。從社的演變過程來看，句龍配祭於社，當是土地神人格化與人神格化相互作用的結果。《左傳·昭公二十九年》云：

> 獻子曰："社稷五祀，誰氏之五官也？"對曰："少皞氏有四叔，曰重、曰該、曰修、曰熙，實能金、木及水。使重爲句芒，該爲蓐收，修及熙爲玄冥，世不失職，遂濟窮桑，此其三祀也。顓頊氏有子曰犁，爲祝融；共工氏有子曰句龍，爲后土，此其二祀也。后土爲社；稷，田正也。有烈山氏之子曰柱，爲稷，自夏以上祀之。周棄亦爲稷，自商以來祀之。"④

---

① 《禮記正義》(十三經注疏)，中華書局1980年版，第1589頁。
② 參見楊華：《戰國秦漢時期的里社與私社》，《天津師範大學學報》2006年第1期。
③ 參見郭沫若：《釋祖妣》，《甲骨文字研究》，科學出版社1982年版，第59頁。聞一多：《高唐神女傳説之分析》，見氏著《神話與詩》，華東師範大學出版社1997年版，第102頁。魏建震：《先秦社祀研究》，人民出版社2008年版，第246頁。
④ 《春秋左傳正義》(十三經注疏)，中華書局1980年版，第2124頁。

這就是説，句龍與重、該、修、熙、黎一樣，是配食於五行之神的。王者祭金、木、水、火、土之神，而以這些人爲神之配，並非專祭這些人。"后土"爲土官之名，也是土地之神，所以也是社之神。句龍爲后土的配食者，自然也就是社的配食者。句龍作爲后土之官，亦名后土，所以典籍常常以句龍的官名"后土"來代替句龍，其實兩者名同而實異。如：

> 厲山氏之有天下也，其子曰農，能殖百穀。夏之衰也，周棄繼之，故祀以爲稷。共工氏之霸九州也，其子曰后土，能平九州，故祀以爲社。(《禮記·祭法》)①
> 昔烈山氏之有天下也，其子曰柱，能殖百穀百蔬。夏之興也，周棄繼之，故祀以爲稷。共工氏之伯九有也，其子曰后土，能平九土，故祀以爲社。(《國語·魯語上》)②

從以上材料可以看出，句龍作爲后土之官，能治九州五土，故配食於社之神。作爲配祭者，其功德足以堪之，人們纔會在祭祀神靈的時候以之爲配祭。如句龍由於土功而配食於社，周棄由於農功而配食於稷。當配食者的功德與其所配之神不相符的時候，也會被撤換下來，如原來配食於稷的柱或農，就被換成周人的始祖棄，句龍也是一樣，只是由於後世之人的功勞没有比得上他的，纔没有被換掉。③

配祭的原則，典籍有明文記載。《禮記·祭法》云："夫聖王之制祭祀也，法施於民則祀之，以死勤事則祀之，以勞定國則祀之，能禦大災則祀之，能捍大患則祀之。"④《國語·魯語》亦有類似記載。⑤ 句龍、周棄作爲配祭則是符合

---

① 孫希旦：《禮記集解》，中華書局1989年版，第1204頁。
② 參見徐元誥：《國語集解》，王樹民、沈長雲點校，中華書局2002年版，第155、156頁。按：《國語》與《禮記》所記文字略有不同，《禮記·祭法》爲"厲山""百穀""霸九州""九州"之處，《國語·魯語上》爲"烈山""百穀百蔬""伯九有""九土"。差別較大的是"周棄"作爲配祭的時間，《禮記·祭法》爲"夏之衰也"，《左傳》爲"自商以來"，而《國語·魯語上》則爲"夏之興也"，三者相較從其二，當以《禮記·祭法》的記載爲準。
③ 《史記·殷本紀》"湯既勝夏，欲遷其社，不可"條下，孔安國《集解》曰："欲變置社稷，而後世無及句龍者，故不可而止。"
④ 孫希旦：《禮記集解》，中華書局1989年版，第1204頁。
⑤ 徐元誥：《國語集解》，王樹民、沈長雲點校，中華書局2002年版，第154、155頁。

"法施於民"這個原則的,《潛夫論·五德志》所謂:"共工氏有子曰句龍,能平九土,故號后土,死而爲社,天下祀之。"①無論是古代的英雄還是先祖、先公、聖賢,都必須有功德於民,纔會被人民祭祀,有"功德於民"是原則的核心。句龍、祝融等都是原始部落的部族首領,因爲有巨大的功勞,而被後人祭祀,他們的業績也被放大和神化。

句龍是如何平治九州的,典籍缺乏具體的記載,對共工氏卻有不同的記載。共工在神話傳説中是一個頗有争議的人物。《尚書·堯典》:"帝曰:'疇咨若予采?'驩兜曰:'都!共工方鳩僝功。'帝曰:'吁!静言,庸違,象恭滔天。'"②《尚書·堯典》:"流共工於幽州,放驩兜於崇山,竄三苗於三危,殛鯀於羽山,四罪而天下咸服。"③這是説共工善於花言巧語,陽奉陰違,貌似恭敬,其實對老天也輕慢不敬,在堯時曾遭到流放。《韓非子·外儲説右上》:"堯欲傳天下於舜,鯀諫曰:'不祥哉!孰以天下而傳之於匹夫乎?'堯不聽,舉兵而誅殺鯀於羽山之郊。共工又諫曰:'孰以天下而傳之於匹夫乎?'堯不聽,又舉兵而流共工於幽州之都。於是天下莫敢言無傳天下於舜。"④這解釋了共工被流放的原因是向堯建議不要把天下傳給舜。《荀子·議兵》"禹伐共工"⑤,則記述了共工曾遭到禹的征伐。

《吕氏春秋·蕩兵》:"共工氏固次作難矣,五帝固相與争矣。遞興遞廢勝者用事。"⑥《淮南子·原道訓》:"昔共工之力,觸不周之山,使地東南傾,與高辛争爲帝,遂潛於淵,宗族殘滅,繼嗣絶祀。"⑦《淮南子·天文訓》:"昔者,共工與顓頊争爲帝,怒而觸不周之山,天柱折,地維絶。天傾西北,故日月星辰移焉。"⑧《淮南子·兵略訓》:"顓頊嘗與共工争矣。"⑨這幾條材料描述的是關於共工争帝位的故事,只不過競争對手不同,一爲帝嚳高辛氏,二爲顓

① 王符:《潛夫論箋校正》,王繼培箋,彭鐸校正,中華書局1985年版,第397頁。
② 孫星衍:《尚書今古文注疏》,陳抗、盛冬鈴點校,中華書局2004年版,第24、25頁。
③ 孫星衍:《尚書今古文注疏》,陳抗、盛冬鈴點校,中華書局2004年版,第56、57頁。
④ 王先慎:《韓非子集解》,鍾哲點校,中華書局1998年版,第324頁。
⑤ 王先謙:《荀子集解》,沈嘯寰、王星賢點校,中華書局1988年版,第280頁。
⑥ 王利器:《吕氏春秋注疏》,巴蜀書社2002年版,第707頁。
⑦ 何寧:《淮南子集釋》,中華書局1998年版,第44、45頁。
⑧ 何寧:《淮南子集釋》,中華書局1998年版,第167頁。
⑨ 何寧:《淮南子集釋》,中華書局1998年版,第1044頁。

項高陽氏。共工由於爭帝位失敗而導致嚴重的後果：一是宗族的殘滅，二是地勢的西高東低。

共工的事跡多與洪水相關。《淮南子·本經訓》："舜之時，共工振滔洪水，以薄空桑。龍門未開，呂梁未發，江淮遍流，四海溟涬。民皆上丘陵，赴樹木。舜乃使禹疏三江五湖，辟伊闕，導廛澗。"①《淮南子·兵略訓》《荀子·成相》《潛夫論·五德志》《史記·律書》《國語·周語》篇均有類似的記載。

總之，雖典籍記載有不同，但共工氏應該是一個强大的部族首領，由於爭奪部族聯盟的首領地位，而與其他部族發動了戰爭，戰事非常慘烈，最後戰敗，部族也遭受了重創。共工是一個不得勢的英雄人物，最後自己也可能被處死和放逐。至於反對舜繼承帝位，與帝嚳、顓頊爭帝位，遭到禹的驅逐，可能是由於文獻材料來源於不同的古部族，或者是由於口頭流傳發生的訛誤。另外有一點可信的就是，共工部族應該是一個善於治理洪水的部族，這點從其名號，其子句龍平水土，其從孫四嶽幫助禹治理洪水就可清楚。至於共工是不是一個善諛，用洪水危害人類的人，則無從考訂，不能排除後來的儒家爲了美化堯舜等聖賢人物而對共工形象進行了捏造。《吕氏春秋·蕩兵》所謂"遞興遞廢勝者用事"，勝者用事的結果，則可能把一切過錯都歸咎於戰敗者。

由於治理水土有功而配食於社的，還有禹。《史記·封禪書》："自禹興而修社祀，后稷稼穡，故有稷祠，郊社所從來尚矣。"②《淮南子·氾論訓》："牛馬有功，猶不可忘，又況人乎？此聖人所以重仁襲恩。禹勞天下而死爲社，后稷作稼穡而死爲稷。"③《漢書·郊祀志下》："聖漢興，禮儀稍定，已有官社，未立官稷。遂於官社後立官稷，以夏禹配食官社，后稷配食官稷。"④禹的功勞十分大，制服洪水對於當時的人們來説無疑有再造之恩，人民爲了答謝，在禹死後，像句龍一樣把他作爲社的配祀。漢代，禹的地位被進一步抬升，成爲官社的配食者。

禹的治水功績影響深遠，載於典籍，銘於金石。《尚書·立政》："其克詰爾戎兵，以陟禹之跡，方行天下，至於海表，罔有不服。"⑤《詩經·文王有

---

① 何寧：《淮南子集釋》，中華書局 1998 年版，第 577、578 頁。
② 司馬遷：《史記》，中華書局 1982 年版，第 1357 頁。
③ 何寧：《淮南子集釋》，中華書局 1998 年版，第 985 頁。
④ 班固：《漢書》，中華書局 1962 年版，第 1269 頁。
⑤ 孫星衍：《尚書今古文注疏》，陳抗、盛冬鈴點校，中華書局 2004 年版，第 477頁。

聲》："豐水東注，維禹之績。"①《詩經·殷武》："天命多辟，設都於禹之績。"②《逸周書·商誓》："在昔后稷，惟上帝之言，克播百穀，登禹之績。"③《詩經·閟宮》："奄有下土，續禹之緒。"④《詩經·長發》："洪水芒芒，禹敷下土方。"⑤"跡"與"績"可以相通，顧頡剛早就指出：

> "登禹之績"自是"陟禹之跡"的異文，這可確證"禹績"便是"禹跡"了。(《左傳》哀公元年說少康"復禹之績"，此"績"字亦即"跡"字，猶言疆土也。)⑥

銘文也有這方面的記載：

> 虩虩成唐，有嚴在帝所，薄受天命，劑伐夏后，敗厥靈師。……咸有九州，處禹之都。　叔尸鎛，《集成》285，春秋晚期
> 丕顯朕皇祖受天命，鼏宅禹跡十又二公在帝之壞。　秦公簋，《集成》4315，春秋早期

銘文中的"帝"當指天帝，不過與《夏本紀》中的帝舜、帝堯並無很大矛盾，上古人王的行爲往往標榜受命於天，無論是禹伐三苗還是湯伐夏桀，莫不如此，銘文中的天帝與禹的事跡乃是人間帝王與禹的事跡的反映。

以上記述禹治水事跡的文獻與銘文，時間上都不早於春秋，所以顧頡剛說從春秋上溯到西周，禹是神性人物，後來"他的故事經過一番歷史安排"，"我們所以深信他治水之故，乃是受了《孟子》《禹貢》等書的影響"。⑦ 對這些口耳相傳的史事，每個時代的人們總是要用自己的理解和通行的表達方式復述，經

---

① 《毛詩正義》(十三經注疏)，中華書局 1980 年版，第 526 頁。
② 《毛詩正義》(十三經注疏)，中華書局 1980 年版，第 628 頁。
③ 黃懷信、張懋鎔、田旭東：《逸周書彙校集注》，上海古籍出版社 1995 年版，第481 頁。
④ 《毛詩正義》(十三經注疏)，中華書局 1980 年版，第 614 頁。
⑤ 《毛詩正義》(十三經注疏)，中華書局 1980 年版，第 626 頁。
⑥ 顧頡剛、童書業：《鯀禹的傳說》，《古史辨》第 7 冊(下)，上海古籍出版社 1981年版，第 149 頁。
⑦ 顧頡剛：《討論古史答胡劉二先生》，《古史辨》第 1 冊，上海古籍出版社 1981 年版，第 111 頁。

過長期流傳，到載之於典籍、銘之於金石的時候，可能再次經過加工整理，早已不是"原始文本"了，所以説傳説不是信史。但在這些記載中是否包含了真實的史素，是認清歷史的關鍵。

西周時期遂公盨的發現爲我們提供了新的資料。① 它不僅將大禹治水的事跡向前推進到西周時期，而且通過與典籍對比研究，可知《尚書·禹貢》《史記·夏本紀》的相關記載是可信的，顧頡剛認爲"深信大禹治水"是受了《孟子》《禹貢》等書的影響是不足爲據的。其銘文爲：

> 天命禹敷土，墮山浚川，乃厘方藝征，降民監德，乃自作配享，民成
> 父母……②

此銘文與典籍《尚書·禹貢》《史記·夏本紀》的記載大致相同，文字雖略有不同，但都是使用通假字或異文的原因，意思是一樣的，"乃自作配享"也是説的大禹接受天命，作爲配享。這和大禹死後，先民把他作爲社的配食性質相類。

禹的功績與句龍的相似，都是平治水土，禹的父親鯀與句龍的父親共工遭遇相似，因而有的學者認爲句龍就是禹，共工氏也就是鯀。③ 此説雖然有一定的道理，但是存在一些問題：首先，在文獻記載中，共工、鯀常同時並載，如《韓非子·外儲説右上》篇、《國語·周語》篇、《尚書·堯典》篇，若是一人，何必並載；其次，從傳説資料上看，共工氏的時代當早於鯀；最後，根據《國語·周語》的記載，禹平治水土成功，共工的從孫四嶽曾給予了幫助，兩者姓氏也不同，當屬於不同的部族。

延至漢代，地方上開始把一般人作爲社之配祀。《後漢書·孔融傳》："郡

---

① 爲行文方便，"遂"字從周鳳五釋。周鳳五：《遂公盨名初探》，《華學》第 6 輯，紫禁城出版社 2003 年版。遂公盨拓片見《華學》第 6 輯扉頁。

② 詳細釋文參周鳳五：《遂公盨名初探》，《華學》第 6 輯，紫禁城出版社 2003 年版，第 7~9 頁。

③ 參見顧頡剛、童書業：《鯀禹的傳説》，《古史辨》第 7 册（下），上海古籍出版社 1981 年版，第 155、156 頁。楊寬：《禹、句龍與夏侯、后土》，《古史辨》第 7 册（上），上海古籍出版社 1981 年版，第 353~357 頁。丁山：《中國古代宗教與神話考》，上海文藝出版社 1988 年版，第 30~43 頁。馮時：《夏社考》，中國社會科學院考古研究所編：《21 世紀中國考古學與世界考古學》，中國社會科學出版社 2002 年版，第 223~231 頁。

人甄子然、臨孝存知名早卒，融恨不及之，乃命配食縣社。"①《後漢書·宋登傳》："病免，卒於家，汝陰人配社祠之。"②也有以人爲社神的，如《史記·季布欒布列傳》："燕齊之間皆爲欒布立社，號曰欒公社。"③

總之，從先秦延至漢代，社經歷了土地等自然神逐步人化，英雄人物、先公先王逐步神化的過程。

第四節 祭法的演變

先秦時期祭社的方式多種多樣，周人對殷人祭社的方式有所承繼，亦有所變革，使周代的天神、地祇、人鬼的祭祀更爲系統化、條理化、簡明化。結合甲骨資料，徵之典籍文獻，本節主要探討從商至周祭社方法的演變。

一、燎祭

燎祭習見於甲骨卜辭，如：

燎於土。 《合集》456
燎於土宰。 《合集》7359
☐燎土不介其雨。 《合集》14393 反
甲辰卜，爭翌乙巳燎於土牛。
燎於土虫羊又豕。 《合集》14395 正
土燎一犬。 《合集》21104

"燎"字，卜辭作"※""※""※""※"，象積薪焚燒之形。《說文》："尞，柴祭天也。从火从昚。昚，古文慎字。祭天所以慎也。"段注："示部柴下曰：'燒柴尞祭天也。'是柴、尞二篆爲轉注也。燒柴而祭謂之柴，亦謂之尞，亦謂之祡。木部曰：'祡、柴祭天神。'"④羅振玉亦曰："今此字實从木立火上。木旁

---

① 范曄：《後漢書》，中華書局 1965 年版，第 2263 頁。
② 范曄：《後漢書》，中華書局 1965 年版，第 2557 頁。
③ 司馬遷：《史記》，中華書局 1982 年版，第 2734 頁。
④ 段玉裁：《說文解字注》，上海古籍出版社 1988 年版，第 480 頁。

諸點，象火焰上騰之狀。"①王國維、屈萬里、李孝定皆從其説。②

在甲骨文中，燎祭除用於祭社外，亦用於祭祀天神和人鬼，略舉幾例如下：

> 貞燎於土方帝。　　《合集》14305
> ▨燎於土方帝。　　《合集》14306
> 乙丑卜，爭貞，亦呼雀燎於云火。　　《合集》1051 正
> 燎於云雨。　　《屯南》770
> 癸丑卜，又燎於六云六豕卯六羊。　　《合集》33273
> 勿燎於高妣己。　　《合集》710
> 貞，其又於高祖燎九牛。　　《合集》32302
> 癸卯貞，其又於高祖燎六牛。　　《合集》32302

延至周代，燎祭則不再用於祭社，而專用於祀天神。《周禮·大宗伯》："以禋祀祀昊天上帝，以實柴祀日、月、星、辰，以槱燎祀司中、司命、風師、雨師。"賈疏："禋祀中有玉帛牲牷三事，實柴中則無玉，惟有牲幣，槱燎中但止有牲，故鄭云實牲體焉。據三祀有其玉帛，惟昊天具之，實柴則有帛無玉。"清儒金鶚認爲，禋之言煙，又爲精意以享，故知其但以幣帛加柴上而燔之，不貴多品，又取其氣之潔清也。實柴，謂以牲體加於柴上，祭日月非全炁，當取體之貴者燔之。日月星辰亦燔幣，然所以異於禋祀者，在牲不在幣。槱燎則有柴有牲無幣，而用柴獨多。孫詒讓認爲，此經天神地示人鬼三祭，每祭之中，皆先言大祀。次及中小祀，禮有隆而殺。其隆者得以下兼，殺者則不能上儳。若祭天神，則禋祀亦兼實柴，實柴、槱燎不能兼禋祀也。③ 三者對於"禋""實柴""槱燎"所論，見解雖有不同，但總體來講都認爲這些祭祀是焚燒薪柴以祀天神。

---

①　羅振玉：《增訂殷虛書契考釋》，《甲骨文獻集成》第 7 冊，四川大學出版社 2001 年版，第 97 頁。

②　參見王國維：《戩壽堂所藏殷墟文字考釋》，《甲骨文獻集成》第 1 冊，四川大學出版社 2001 年版，第 27 頁。屈萬里：《殷虛文字甲編考釋》（上），《屈萬里全集》第 6 冊，臺灣聯經出版事業公司 1983 年版，第 6、7 頁。李孝定：《甲骨文字集釋》，《"中央研究院"歷史語言研究所專刊之五十》，1970 年，第 3144 頁。

③　參見孫詒讓：《周禮正義》，王文錦、陳玉霞點校，中華書局 1987 年版，第 1300~1302 頁。

典籍之中，柴祭用於祭祀天神，不用於祭祀山川。《尚書·堯典》："歲二月，東巡守，至於岱宗，柴，望秩於山川，肆覲東后。"孫星衍疏："《禮器》注引《孝經説》曰：'封乎泰山，考績燔燎。禪乎梁甫，刻石紀號。'《後漢書·張純傳》純奏曰'歲二月，東巡狩，至於岱宗，柴'，則對封禪之意也。"[1]皮錫瑞云："鄭君《王制》注：'柴祭天，告至也。'《正義》曰：'謂燔柴以祭上天而告至。其祭天之後，乃望祀山川。'"[2]是孫、皮之説略同，皆認爲"柴"是祀天神而非山川。[3]《爾雅·釋天》亦云："祭天曰燔柴，祭地曰瘞薶，祭山曰庪縣。"是祭天用柴、祭山用庪縣(懸)，兩者所用祭法不同之明證。

商代燔燎之祭可用於天神、地示、人鬼。到了周代，燔燎之祭只用於祀天神，祭地示、享人鬼皆不再使用，這顯然是周人對殷人祭祀方法的變革。

二、宜祭

宜字，甲骨文中多作"𗀀""𗀀""𗀀""𗀀"之形，是一種祭祀方法。商代亦曾用於祭社。如：

> 貞燎於土一牛宜宰。　《合集》14396
> 乙丑卜，又燎於土羌宜小宰。　《合集》32118
> 癸亥卜，又土燎羌一小宰宜　《合集》32120
> 庚申卜，又土燎羌宜宰　《屯南》961

"𗀀"，羅振玉、王國維皆釋爲"俎"，容庚、商承祚釋爲"宜"，郭沫若從羅説，後改釋爲"宜"，金祥恒仍釋爲"俎"。唐蘭認爲"宜""俎"是同源的，王藴智從其説。于豪亮則認爲甲骨文、金文中的"𗀀"字均應釋作"宜"，主張把"宜""俎"區別開來。[4]

"𗀀"作爲祭法，釋爲"宜"字更爲合理，後世有大事(軍事征伐)時祭社曰

---

[1]　孫星衍：《尚書今古文注疏》，陳抗、盛冬鈴點校，中華書局2004年版，第43頁。

[2]　皮錫瑞：《今文尚書考證》，中華書局1989年版，第55頁。

[3]　魏建震引《尚書·堯典》文"東巡守，至於岱宗，柴"認爲，燎祭，傳世文獻中又稱爲"柴"，除了祭天之外，還用作祭祀山神。按，此説誤，不可從。參氏著《先秦社祀研究》，人民出版社2008年版，第94頁。

[4]　參見張新俊：《甲骨文中所見的俎祭》，《甲骨文獻集成》第30冊，四川大學出版社2001年版，第588頁。原載《殷都學刊》1999年增刊。

“宜”。《爾雅·釋天》：“起大事動大衆，必先有事乎社而後出，謂之宜。”《禮記·王制》：“天子將出，類乎上帝，宜乎社，造乎禰。”①《周禮·大祝》：“大師，宜於社，造於祖，設軍社，類上帝。”又曰：“大會同。造於廟，宜於社。”②則類、宜、造相對爲文，當有所别，宜祭爲軍事征伐祭社的專稱(詳見本書第三章)。若釋爲“俎”，則《儀禮》之《少牢饋食禮》《特牲饋食禮》用俎陳肉以祭祀祖先人鬼，並且《儀禮》之《士昏禮》《燕禮》《士相見禮》諸篇亦皆用“俎”，其作用是盛肉之器，而不是祭法。

宜祭在卜辭之中，亦可用於天象和祖先人鬼的祭祀：

〼翌乙未宜，暘日。 《合集》6157
〼日無風，之日宜，雨。 《合集》13358
〼争貞，翌乙卯其宜暘日，乙亥宜，允暘日，昃霧於西，六月。《合集》13312
丙辰卜，貞，其宜於妣辛一牛。 《合集》23399
宜妣母牛。 《合集》22235
貞祏大甲於宜。 《英藏》21

另外，宜祭在卜辭之中，還可用於祭河，如《合集》326、10094、14536等；祭嶽，如《合集》33292、34208、34225等；祭洹泉，如《合集》34165。

宜祭在商代使用較爲廣泛，祭社多用羌與宰。延至周代，宜祭則專用於軍事征伐時祭社。相對於商代，“宜”法的祭祀對象和使用範圍明顯縮小。

三、沈祭

沈祭，在甲骨文中亦用於祭社，但辭例不多：

貞，燎於土三小宰，卯一牛，沈十牛。 《合集》779 正
貞，燎於土三小宰，卯一牛，沈十牛。 《合集》780

“沈”字，甲骨文作“”“”之形。羅振玉認爲，此象沈牛於水中，殆即貍沈

① 《禮記正義》(十三經注疏)，中華書局1980年版，第1332頁。
② 《周禮注疏》(十三經注疏)，中華書局1980年版，第811頁。

之沈字，此爲本字，《周禮》作沈，乃借字也。孫海波、屈萬里皆從其説①；唐蘭認爲是"泮"之古文②；李孝定認爲是"湛"字③；姚孝遂贊同羅説，認爲契文"沈"字作 𦨶 或 𣲱，所從之"牛"或正或倒。 𣲱 形與篆文"沈"字所從之 𠂤 形近致譌，陳夢家也認爲羅氏釋"沈"，雖在字形上無根據，但還是近理的。篆文形譌者很多，不爲無據。④ 羅説可從。

沈祭在卜辭之中更多用於祭祀河，如：

> 壬申貞，求禾於河，燎三牛，沈三牛。　　《合集》33278
> 河□沈二牛。　《合集》34207
> 河燎三牢，沈牛三。　《合集》34248

《左傳・昭公二十四年》："王子朝用成周之寶珪於河。"⑤《左傳・定公三年》："蔡侯歸及漢，執玉而沈。"⑥《管子・形式篇》亦有類似記載。卜辭之中多見沈牲未見沈玉，並且所沈之牲多用牛。

《周禮・大宗伯》："以血祭祭社稷、五祀、五嶽，以貍沈祭山、林、川、澤。"孫詒讓疏："此經地示三祭，血祭與天神禋祀象儗，貍沈與天神實柴相儗。凡貍沈者無血祭，而血祭見有貍。"⑦孫氏的意思是説隆可以兼殺，祭社亦可以兼用貍沈。《孝經・援神契》云："社者，五土之總神。"⑧五土便包括山林

---

① 參見羅振玉：《殷虚書契考釋》，《甲骨文獻集成》第 7 冊，四川大學出版社 2001 年版，第 33 頁。中國科學院考古研究所編：《甲骨文編》，中華書局 1965 年版，第 439 頁。屈萬里：《殷虛文字甲編考釋》(上)，《屈萬里全集》第 6 冊，臺灣聯經出版事業公司 1983 年版，第 106 頁。

② 參見唐蘭：《天壤閣甲骨文存考釋》，《甲骨文獻集成》第 2 冊，四川大學出版社 2001 年版，第 486 頁。

③ 參見李孝定：《甲骨文字集釋》，《"中央研究院"歷史語言研究所專刊之五十》，1970 年，第 3388 頁。

④ 參見于省吾主編：《甲骨文字詁林》，中華書局 1996 年版，第 1528 頁。陳夢家：《殷虛卜辭綜述》，中華書局 1988 年版，第 597 頁。

⑤ 《春秋左傳正義》(十三經注疏)，中華書局 1980 年版，第 2106 頁。

⑥ "珪於河"或作"沈於河"，參見《春秋左傳正義》(十三經注疏)，中華書局 1980 年版，第 2133 頁。

⑦ 孫詒讓：《周禮正義》，王文錦、陳玉霞點校，中華書局 1987 年版，第 1315 頁。

⑧ 安居香山、中村璋八輯：《緯書集成》(中)，河北人民出版社 1994 年版，第 970 頁。

川澤，因而山林川澤在廣義上也屬於社。所以祭社自然也可以用沈祭。

沈祭在商代用於祭祀社與河，到了周代仍然用於祭祀社。這表明周人對商人的祭法有所承繼，只不過在周代祭社是以血祭爲主，沈祭更多地用於祭祀河與川澤。

四、血祭、埋祭、鼓祭

血祭，依據《類纂》統計，卜辭之中共有 12 條，且多數不知所祭對象。連劭名認爲，甲骨文中盟、皿、血三個字，雖然字形上的區別非常明顯，但在使用時卻常常混淆，"盟"與"皿"在卜辭中一般都與"血"字表示的含義一致。①若連說不誤的話，則卜辭之血祭，主要用於祭祀祖先人鬼，未見用於祭社：

> 庚午貞，秋大雋☐於帝五玉臣血☐　《合集》34148
> 丁未貞，其大御王自上甲血用白豭九，三示。　《合集》32330
> ☐來庚寅酚血三羊，於册伐二十☐三十牢。　《合集》22229
> ☐卜，王告父辛大甲血酚三十☐　《合集》19923
> 甲寅卜，貞三卜用血三羊册伐二十☐三十牢三十報三卯於妣庚。
> 《合集》22231

延至周代，用血祭社，典籍有明文。《周禮・大宗伯》："以血祭祭社稷、五祀、五嶽"。賈疏："先薦血以歆神。"《通典》引崔靈恩《三禮義宗》云："祭地以瘞血爲先，然後行正祭。"清儒金鶚認爲，血祭是以血滴於地，就像用鬱鬯灌地一樣。血祭不是薦血，血無形質，也不與牲幣一同瘞埋。血祭與禋祀正對，皆爲歆神之始。孫詒讓略同金說，但認爲應當先薦血而後有灌血。② 血祭與釁禮是既有區別又有聯繫的，對於血祭制度，學者多有探討③，此不贅述。

血祭在商代主要用於祭祀祖先神鬼，延至周代則用於祭社之正禮。與祭天之禋祀、祭人鬼之祼祭，並爲歆神之始。

埋祭，甲骨文中已有。埋字，卜辭作"[字]""[字]""[字]"之形。羅振玉說：

---

① 連劭名：《甲骨刻辭中的血祭》，《古文字研究》第 16 輯，中華書局 1989 年版，第 49 頁。

② 孫詒讓：《周禮正義》，王文錦、陳玉霞點校，中華書局 1987 年版，第 1317 頁。

③ 參看楊華：《新出簡帛與禮制研究》，臺灣古籍出版有限公司 2007 年版，第 183～224 頁。

“《周禮·大宗伯》：‘以貍沈祭山林川澤。’此字象掘地及泉，當爲貍之本字。貍爲借字。或又从犬。”吳其昌、饒宗頤、屈萬里略同其説。① 裘錫圭則認爲，“Ｕ”是坎的初文，“〔字〕”是从牛之坎，讀爲坎牛，“〔字〕”讀爲坎羊，“〔字〕”讀爲坎犬。姚孝遂肯定羅説，並指出裘説雖然更爲合理，但由於卜辭中有的有賓語，如《合集》16197“〔字〕三犬”，似亦不能讀作“坎犬三犬”。② 卜辭之中，埋祭一般用於祭河：

　　　　燎於河一宰埋二宰。　《合集》14559
　　　　□埋於河二宰四月。　《合集》14609
　　　　□埋於河。　《合集》14612
　　　　□河二宰埋三□　《英藏》1162
　　　　戊午卜，王燎於瀧三宰埋三宰　《合集》14362

　　延至周代，埋祭多用於祭地示之神。《周禮·大宗伯》：“以血祭祭社稷、五祀、五嶽，以貍沈祭山、林、川、澤。”孫詒讓認爲，地示三祭，血祭得兼貍，猶禋祀得兼實柴，凡瘞埋爲祭地示之通法。《儀禮·覲禮》云：“祭地瘞。”《禮記·祭法》：“瘞埋於泰折，祭地也。”《爾雅·釋天》：“祭地曰瘞埋。”《吕氏春秋·任地》云：“有年瘞土，無年瘞土。”大地與社稷、五祀並有貍。然而瘞埋是大地下兼之縟節，不可以當血祭之正禮。血祭薦血之時雖不貍牲，而薦血之後有瘞埋之禮。③《禮記·祭法》孫希旦疏則説，祭宗廟始於灌（裸），祭天神始於燔柴，祭地祇始於瘞埋，皆用之以降神也。④ 孫希旦的説法不可從，降神之禮皆用樂。《周禮·大司樂》：“乃奏黃鍾，歌大吕，舞《雲門》，以祀天神。乃奏大蔟，歌應鍾，舞《咸池》，以祭地示。乃奏夷則，歌小吕，舞《大

---

① 參見羅振玉：《殷虛書契考釋》，《甲骨文獻集成》第 7 册，四川大學出版社 2001 年版，第 33 頁。吳其昌：《殷虛書契解詁》，《甲骨文獻集成》第 8 册，四川大學出版社 2001 年版，第 193 頁。饒宗頤：《殷代貞卜人物通考》，香港大學出版社 1959 年版，第 560 頁。屈萬里：《殷虛文字甲編考釋》（上），《屈萬里全集》第 6 册，臺灣聯經出版事業公司 1983 年版，第 227 頁。
② 參見裘錫圭：《甲骨文字考釋》，《古文字研究》第 4 輯，中華書局 1980 年版，第 162、163 頁。于省吾主編：《甲骨文字詁林》，中華書局 1996 年版，第 1531 頁。
③ 孫詒讓：《周禮正義》，王文錦、陳玉霞點校，中華書局 1987 年版，第 1315 頁。
④ 孫希旦：《禮記集解》，中華書局 1989 年版，第 1194 頁。

濩》，以享先妣。乃奏無射，歌夾鍾，舞《大武》，以享先祖。"①歆神之禮，天神則用禋祀，地示則用血祭，人鬼則用祼享，與降神禮節自不相同。

埋祭在商代主要用於祭祀河，到了周代則成爲祭地示的通法，社自然也包括在内。祭祀的對象和使用範圍相對於商代明顯擴大。

鼓祭，甲骨文中已有，作"𛁥""𛁥""𛁥""𛁥"之形。王襄、郭沫若、唐蘭、楊樹達、屈萬里皆釋爲"鼓"之初文。屈萬里進一步指出，"鼓"爲動詞時，當是鼓樂以祭之義。② 卜辭之中，多用於祭祀先祖，不用於祭社。卜辭如下：

　　庚子貞，其告鼓於大乙六牛惟龜祝。　　《合集》32418
　　癸丑卜，史貞，其尊鼓告於唐一牛。　　《合集》1291
　　貞王夢不惟鼓。　　《合集》17417 正
　　☑貞令鼓婦☑　　《合集》13943

到了周代，有日蝕和水旱之災則用鼓祭社，以攘除不祥。《左傳・莊公二十五年》："日有食之，於是乎用幣於社，伐鼓於朝。"又曰："'秋，大水。鼓，用牲於社、於門'，亦非常也。凡天災，有幣無牲。非日月之眚，不鼓。"③《左傳・文公十五年》："六月，辛丑，朔，日有食之，鼓，用牲於社，非禮也。"④天子也用鼓祭社，《周禮・鼓人》："以靈鼓鼓社稷。"鄭注："靈鼓，六面鼓也。社祭，祭地祇也。"⑤周代鼓祭非地示所專用，祭天神、享人鬼也用鼓，《周禮・鼓人》曰："以雷鼓鼓神祀。"鄭注："雷鼓，八面鼓也。神祀，祀天神也。"又曰："以路鼓鼓鬼享。"鄭注："路鼓，四面鼓也。鬼享，享宗廟也。"⑥

---

① 《周禮注疏》(十三經注疏)，中華書局 1980 年版，第 788、789 頁。
② 參見王襄：《簠室殷契類纂》，《甲骨文獻集成》第 14 册，四川大學出版社 2001 年版，第 415 頁。郭沫若：《甲骨文研究》，《郭沫若全集》(考古編)第 1 卷，科學出版社 1982 年版，第 99 頁。唐蘭：《殷墟文字記》，中華書局 1981 年版，第 63 頁。楊樹達：《卜辭求義》，科學出版社 1954 年版，第 11 頁。屈萬里：《殷虛文字甲編考釋》(上)，《屈萬里全集》第 6 册，臺灣聯經出版事業公司 1983 年版，第 145 頁。
③ 《春秋左傳正義》(十三經注疏)，中華書局 1980 年版，第 1780 頁。
④ 《春秋左傳正義》(十三經注疏)，中華書局 1980 年版，第 1855 頁。
⑤ 《周禮注疏》(十三經注疏)，中華書局 1980 年版，第 720 頁。
⑥ 《周禮注疏》(十三經注疏)，中華書局 1980 年版，第 720 頁。

五、侑祭、御祭、卯祭、歲祭、伐祭、乇祭

侑祭、御祭、卯祭、歲祭、伐祭、乇祭在商代都可用於祭社，主要有以下辭例：

> 癸丑卜，其侑亳土叀裯　《合集》28106
> 其侑亳土。吉　《合集》28110
> 於亳土御。　《合集》32675
> 癸巳卜，御於土。　《合集》30525
> □午卜，方帝三豕又犬，卯於土宰，求雨。　《合集》12855
> 貞，燎於土三小宰，卯一牛，沈十牛。　《合集》780
> 戊子卜，其又歲亳土三小[宰]。　《合集》28109
> □□，貞又伐於土羌☒　《合集》32119
> 戊申，其乇於土牛。　《合集》34190

“侑”字，卜辭作“屮”。孫詒讓、葉玉森釋爲“之”；胡厚宣認爲，屮是武丁時期常見的祭名，推之或當爲“侑”之借字；饒宗頤與胡氏觀點略同，並指出屮作爲祭名可釋爲“侑”，也可釋爲“祐”；李孝定、張秉權釋爲“有”，黃錫全同其說。[1]　“屮”因所在辭例語境不同，其意思也不一樣，是不是一字多義，目前尚無法確定。

“御”字，卜辭作“𦥯”“𥛮”“𤘈”諸形。羅振玉釋爲“御馬”之“御”。[2] 王國維認爲，假爲“御”字，《説文》：“御，祭也。”董作賓、吳其昌皆同王國維説，

---

①　參見孫詒讓：《殷契舉例》，《甲骨文獻集成》第 7 冊，四川大學出版社 2001 年版，第 173 頁。葉玉森：《殷虛書契前編集釋》，《甲骨文獻集成》第 7 冊，四川大學出版社 2001 年版，第 246 頁。胡厚宣：《甲骨學商史論叢初集》，齊魯大學國學研究所 1944 年版，第 703 頁。饒宗頤：《殷代貞卜人物通考》，香港大學出版社 1959 年版，第 125、126 頁。李孝定：《甲骨文字集釋》，《“中央研究院”歷史語言研究所專刊之五十》，1970 年，第 2262 頁。張秉權：《殷虛文字丙編》，《甲骨文獻集成》第 4 冊，四川大學出版社 2001 年版，第 39 頁。黃錫全：《甲骨文“屮”字試探》，《古文字研究》第 6 輯，中華書局 1981 年版，第 196~204 頁。
②　參見羅振玉：《增訂殷虛書契考釋》，《甲骨文獻集成》第 7 冊，四川大學出版社 2001 年版，第 125 頁。

吳其昌進一步指出，"御"作爲祀名，有進、享之義。① 楊樹達亦同王説，並進一步指出，甲骨文用此字爲祭名者，往往有攘除災禍之義寓於其中②，陳夢家同其説③。裘錫圭認爲，卜辭的"卸"字，大多數是用作祭名的，從文例上看也應該是祭名，當讀爲"御"，是御除災殃的一種祭祀。御祭似可包括"禬"和"禳"，這些字也有攘除災害之意。④《左傳》襄公十年，宋公享晉侯以桑林之樂而得病，大臣也想祭亳社以攘除疾病，這有可能是殷代的遺風。楊、陳、裘之説可從。御祭在卜辭中也用於祭祀祖先。

卯祭，《説文》："卯，冒也。二月萬物冒地而出，象開門之形，故二月爲天門。"段注："卯之爲言茂也，言萬物茂也。"⑤從許慎《説文》與段注，皆看不出卯是一種祭法。王國維認爲，卜辭屢言卯幾牛，卯義未詳，與燎、瘗、沈等同爲用牲之名。以音言之，則古音卯、劉同部，柳、留等字，篆文從丣者，古文皆從卯，疑"卯"即"劉"之假借字，"劉"的意思就是"殺"⑥，饒宗頤從其説⑦。郭沫若認爲，卯是對剖，近人屈萬里、白川静皆從其説。⑧ 吳其昌認爲，"卯"之始義，爲雙刀對植之形，故由名詞而引申爲動詞，其義得又轉爲殺也。⑨ 丁驌認爲是窖藏，並進一步指出，祭事之言卯，亦埋祭物之一法也。洪家義認爲，卯是剖開牲體。⑩ 筆者以爲，訓爲殺牲之法更爲可信。卯祭在商代也用於祭祀人鬼、天神與河、嶽。如：

---

①　參見王國維：《戩壽堂所藏殷墟文字考釋》，《甲骨文獻集成》第 1 冊，四川大學出版社 2001 年版，第 32 頁。董作賓：《殷歷譜》，《甲骨文獻集成》第 31 冊，四川大學出版社 2001 年版，第 20 頁。吳其昌：《殷虚書契解詁》，《甲骨文獻集成》第 8 冊，四川大學出版社 2001 年版，第 124 頁。

②　楊樹達：《積微居甲文説》，上海古籍出版社 1986 年版，第 30 頁。

③　陳夢家：《殷虚卜辭綜述》，中華書局 1988 年版，第 494 頁。

④　裘錫圭：《讀安陽新出土的牛胛骨及其刻辭》，《考古》1972 年第 5 期。

⑤　段玉裁：《説文解字注》，上海古籍出版社 1988 年版，第 745 頁。

⑥　王國維：《戩壽堂所藏殷墟文字考釋》，《甲骨文獻集成》第 1 冊，四川大學出版社 2001 年版，第 29 頁。

⑦　饒宗頤：《殷代貞卜人物通考》，香港大學出版社 1959 年版，第 140 頁。

⑧　參見席涵静：《先秦社祀之研究》，臺灣衆望文化事業有限公司 1992 年版，第 134 頁。

⑨　參見吳其昌：《殷虚書契解詁》，《甲骨文獻集成》第 8 冊，四川大學出版社 2001 年版，第 164 頁。

⑩　參見丁驌：《讀契記》，《中國文字》(新 10 期)，臺灣藝文印書館 1985 年版，第 73 頁。洪家義：《令命的分化》，《古文字研究》第 10 輯，中華書局 1983 年版，第 123、124 頁。

甲午卜，侑於父丁犬百羊卯十牛。　《合集》32698
戊寅卜，燎白犬卯牛於妣庚。　《英藏》1912
癸巳卜，乇於父丁犬百羊卯十牛。　《屯南》503
貞方帝卯一牛有穀。　《合集》14300
河燎卯三牛。嶽燎卯二牛。　《合集》34207

歲字，甲骨文作“”“”，象斧鉞之形。孫詒讓、郭沫若皆釋爲戊，唐蘭同其説，並認爲是割牲以祭也。① 甲骨文中亦用於祭祀先祖，如“辛卯卜，行貞，王賓父丁歲牢無憂”(《合集》22729)。“伐”，卜辭作“”“”，象以戈割頭之形。羅振玉認爲是用樂舞祭祀；郭沫若認爲“伐”是干舞，並引《墨子·明鬼》“吉日丁卯，周代祝社方”，説“周代”爲“用伐”之訛；吳其昌認爲“伐”爲用人之祭，商承祚、陳夢家皆從其説。② “伐”爲殺人之祭，卜辭之中主要殺羌人以祭社，吳説可從。伐祭在卜辭之中多用於祭祀先祖人鬼，如《合集》901、902等。乇祭亦爲殺牲法，卜辭之中用於祭社，更多用於祭祀先祖人鬼，如《合集》32349、32699，《屯南》900等。

卯、歲、伐、乇這些殺牲祭祀方法在周代可能已經不再施行。近年來，楚地出土了幾批簡牘資料，其中新蔡葛陵裏就有關於祭祀社所用的祭法，用“䣃”來表示。資料如下：

薳己之述，䣃於濯、辰二牯，禱二□　新蔡簡甲三343-1
司城均之述，䣃於洛鄳，二社二牯，禱□　新蔡簡甲三349
亳良之述，䣃於郹於二社，二牯□　新蔡簡甲三347-1
亳二社，一豢、一豬，䣃於楙□　新蔡簡甲三414、412

劉釗認爲，“䣃”字就是“刏”字的異體，應該讀爲“刏”。賈連敏指出，䣃(刏)

① 參見唐蘭：《天壤閣甲骨文存考釋》，《甲骨文獻集成》第2册，四川大學出版社2001年版，第479、480頁。

② 參見羅振玉：《殷虚書契考釋》，《甲骨文獻集成》第7册，四川大學出版社2001年版，第50頁。郭沫若：《殷契粹編》，科學出版社1965年版，第637頁。吳其昌：《殷虚書契解詁》，《甲骨文獻集成》第8册，四川大學出版社2001年版，第163、164頁。商承祚：《殷契佚存考釋》，《甲骨文獻集成》第1册，四川大學出版社2001年版，第448頁。陳夢家：《殷虚卜辭綜述》，中華書局1988年版，第281頁。

是"以刀刺割犧牲，流血而釁"，同時又認爲"刉、割、刲皆謂割犧牲血祭"。劉釗認爲，"刉衈"即指行祭禮前殺牲取血以塗祭器。于成龍認爲，衈爲釁禮。楊華認爲，新蔡卜筮祭禱簡中所記録的衈禮，並非釁禮，而是一種殺牲取血的血祭儀式，並對用血制度有詳細的探討。① 衈爲殺牲之説可從，與卜辭文祭社所用的卯祭、伐祭、歲祭意思大致相當。

通過以上的分析可以得出關於祭法演變的如下結論：

其一，祭法的變革方面，如燎祭，在商代可以廣泛用於祭祀天神、地祇（包括社）、人鬼，在周代則專用於祭祀天神。

其二，祭法的承繼方面，如宜祭，在商代用於祭祀社與祖先人鬼，在周代仍用於祭社。沈祭，在商代用於祭社與河，在周代仍用於祭祀社與川澤。

其三，祭法的創新與突破方面，如血祭，在商代主要用來祭祖先人鬼，而未見用於祭社，在周代則用於祭社正禮。埋祭，在商代主要用於祭河，在周代則用於祭社。鼓祭，在商代主要用於祭祀祖先人鬼，在周代則用於祭社，雖然也用於天神、人鬼，但細節方面有所不同。

其四，有些祭法，如侑祭、御祭，周代可能仍然沿用，囿於材料限制，無法具體考證。有些祭法如卯祭、伐祭、歲祭、毛祭，在周代可能已經不再使用，或者爲別的祭法所替代，如見於出土簡帛的衈祭，見於文獻的衈祭、刉祭、刲祭。

總的來説，相對於商代，周代的祭社方法顯得更爲簡明，更有條理，更具系統性，體現了等級差異。並因天神、地示、人鬼之差别，而採取不同的祭祀方式。

第五節　祭品的演變

商周時期，社祭所用祭品的種類與數量是不一樣的。商代祭社所用的祭品數量較大，而且没有嚴格的限制，殺人祭祀是常見的現象。周代祭社，對祭品數量和品種都有嚴格的要求，等級化和制度化的特點較爲明顯。

一、牛、羊、豕、犬

商代祭社多用牛、羊、豕、犬（狗），如：

---

① 參見楊華：《新出簡帛與禮制研究》，臺灣古籍出版有限公司 2007 年版，第 186 頁。

其方虞亳土叀牛。　　《合集》28111

其燎於土三小宰，卯一牛，沈十牛。　　《合集》780

貞燎於土一牛宜宰　　《合集》14396

□戌[卜]，生十一月其土三十牛。　　《合集》21106

燎於土叀羊又豕。　　《合集》14395 正

乙亥卜，田率，燎土豕、稷豕、河豕、嶽[豕]　　《合集》34185

土燎宰，四戈虒，四戈猴。　　《合集》34120

土燎一犬。　　《合集》21104

從上面的卜辭可以看出，商代祭社用牛的數量没有嚴格限制，或一牛，或十牛，有時甚至三十牛。或用羊，或用豕，或用犬，有時甚至八豕（《合集》34120）。至兩周時期，官方祭社用牲有嚴格的規定，《禮記·王制》："天子社稷皆大牢。諸侯社稷皆少牢。"①大牢是牛、羊、豕各一。少牢是羊、豕各一。《尚書·召誥》："越翼日戊午，乃社於新邑，牛一，羊一，豕一。"孔安國傳："告立社稷之位，用太牢也。"②漢代亦沿襲這種制度，《漢書·郊祀志》："高祖十年春，有司請令縣常以春二月及臘祠[社]稷以羊彘，民里社各自裁以祠。"③《後漢書·祭祀志》："建武二年，立太社稷於洛陽，在宗廟之右，方壇，無屋，有牆門而已。二月八月及臘，一歲三祠，皆太牢具，使有司祠……縣郡置社稷，太守、令長侍祠，牲用羊豕。"④郡縣祭社用少牢與周代之諸侯相當。

周代典籍没有殺犬祭社的記載。《周禮·大宗伯》："以貍辜祭四方百物。"鄭司農云："披磔牲以祭，若今時磔狗祭以止風。"⑤殺犬而祭一般用於止風。與典籍不同的是，出土新蔡楚簡中則可能有用犬祭社的例子，如新蔡簡乙四74、零252、乙二16、零486，等等（詳見本書第五章）。

祈禱祭社，祭品數量則不像正祭要求得那麼嚴格，一般不用牢禮。《逸周書·嘗麥解》："維四年孟夏，王初祈禱於宗廟，乃嘗麥於太祖。是月，王命大正正刑書。……大宗、少宗、少秘於社，各牡羊一牡豕三。"⑥這是爲了修正

---

①　《禮記正義》（十三經注疏），中華書局 1980 年版，第 1337 頁。

②　《尚書正義》（十三經注疏），中華書局 1980 年版，第 211 頁。

③　班固：《漢書》，中華書局 1962 年版，第 1212 頁。

④　范曄：《後漢書》，中華書局 1965 年版，第 3200 頁。

⑤　《周禮注疏》（十三經注疏），中華書局 1980 年版，第 758 頁。

⑥　黃懷信：《逸周書校補注譯》，西北大學出版社 1996 年版，第 313 頁。

刑書，而祈禱於宗廟、神宮和社，並祭獻犧牲，各用一隻公羊、三口公豬。

　　《韓非子·外儲説右下》記載，秦襄王生病，里人爲之祈禱殺牛，王病愈又殺牛爲之塞禱祭社。① 出土的戰國楚簡中亦有賽（塞）禱疾病祭社，或用牛、或用豕的例子，如天星觀簡的"特牛"②，包山簡210、234的"豬"。出土的漢簡中甚至有用雞祭社的例子，如孔家坡漢簡227貳～228貳："今日庚午爲雞血社，此無殃邪。雄□……獻其大者，一度南向；東向度二。西爲雞棲，雞不亡。""雞血社"，整理者認爲是用血祭社③，其實是殺公雞取血以祭社，以被除災禍，達到使雞不亡失的目的。

二、牢與宰

　　甲骨文中，大牢之牢作"🐂"形，小牢之宰作"🐑"形，卜辭之中皆可用於祭社，如：

　　　戊子卜，其又歲於亳土三小[宰]，十小宰。　　《合集》28109
　　　☐亳土叀小宰。　　《合集》28113
　　　燎於土宰。　　《合集》7359
　　　□辰卜，燎土三宰，四方宰。　　《合集》21103
　　　癸卯卜，旬其燎土牢。　　《合集》30406
　　　癸卯貞，甲辰燎於土大牢。　　《合集》34189

《説文》："牢，閑也，養牛馬圈也。从牛冬省，取其四周帀也。"胡厚宣認爲，牛稱"牢"，又稱"大牢"；羊稱"宰"，又稱"小宰"；凡戴有"大"字者，必作"牢"，凡戴有"小"字者，必作"宰"。④ 吳其昌從其説。⑤ 陳夢家認爲，牢、圈、檻、閑爲畜養之所，同時亦爲監獄之名。⑥ 張秉權認爲，牢和牛、宰和羊

---

　　① 按，"塞"與"賽"通。
　　② 滕壬生：《楚系簡帛文字編》（增訂本），湖北教育出版社2008年版，第94頁。
　　③ 湖北省文物考古研究所、隨州市考古隊：《隨州孔家坡漢墓簡牘》，文物出版社2006年版，第159頁。
　　④ 胡厚宣：《釋牢》，《歷史語言研究所集刊》第8册，中華書局1987年版，第155～157頁。
　　⑤ 參見吳其昌：《殷虛書契解詁》，《甲骨文獻集成》第8册，四川大學出版社2001年版，第153頁。
　　⑥ 陳夢家：《殷虛卜辭綜述》，中華書局1988年版，第556頁。

的分别，不在於數目或種類上的不同，而是牢或窜中特意護養着的牛或羊，是專門供祭祀之用的，所以稱爲"牢"或"窜"①，姚孝遂從其説②。相較而言，陳、張之説更可信。

商代祭社用牢數量和種類皆不固定：或用三小窜、四方窜，或用三小窜、十小窜；或用窜，或用小窜；或用牢，或用大牢。而周代用牢祭社則比較固定，《禮記・王制》："天子社稷皆大牢，諸侯社稷皆少牢。"③大牢即牛、羊、豕三牲各一，具備而言；少牢即小牢，指羊、豕二牲各一，具備而言。《國語・楚語》："天子舉以大牢。"韋昭注："大牢，牛羊豕也。"④《山海經・西山經》："大牢。"郭璞注："牛羊豕爲大牢。"⑤《淮南子・修務訓》高誘注、《周禮・宰夫》、《儀禮・少牢饋食禮》鄭玄注與此略同。漢儒對"牢"的解釋也許並非卜辭牢、窜之本義，但有可能更接近周代用牲的實際情況。

三、人祭

殺人祭祀是商代較爲普遍的現象，祭社亦不例外。如：

乙丑卜，又燎於土羌宜小窜。　　《合集》32118
□□，貞又伐於土羌☒　《合集》32119
乙丑卜，又燎於土羌一小窜宜。　《合集》32120
庚申卜，又土燎羌宜窜。　《屯南》961

"羌"字，卜辭作"𦫳""𦫳""𦫳"等形，象雙手被縛之形。董作賓、商承祚、孫海波釋爲羌⑥，屈萬里、饒宗頤、姚孝遂皆同其説，王玉哲贊同釋爲羌，並指

---

①　張秉權：《祭祀卜辭中的犧牲》，《甲骨文獻集成》第 30 册，四川大學出版社 2001 年版，第 359 頁。

②　姚孝遂、肖丁：《小屯南地甲骨考釋》，中華書局 1985 年版，第 87 頁。

③　《禮記正義》(十三經注疏)，中華書局 1980 年版，第 1337 頁。

④　徐元誥：《國語集解》，王樹民、沈長雲點校，中華書局 2002 年版，第 516 頁。

⑤　袁珂：《山海經校注》，巴蜀書社 1993 年版，第 38 頁。

⑥　參見董作賓：《獲白麟解》，《董作賓先生全集》(甲編)，臺灣藝文印書館 1977 年版，第 593 頁。商承祚：《殷契佚存考釋》，《甲骨文獻集成》第 1 册，四川大學出版社 2001 年版，第 455 頁。孫海波：《誠齋甲骨文字考釋》，《甲骨文獻集成》第 3 册，四川大學出版社 2001 年版，第 173 頁。

出𦥑是人，絕不是狗。① 郭沫若、李旦丘釋爲狗，楊樹達從其説。② 陳夢家認爲，俘獲羌人的用途可分爲兩類，一是做從事勞作的奴隸，二是在祭祀中殺掉以爲犧牲。殷王於祭祀時用羌（即殺羌人）以獻於其祖先，而卜辭所記用人之祭僅限於羌人、羌伯及少數的其他方伯，在此待遇中，所殺的羌實同於作爲犧牲的牛、羊、豕。③"羌"，卜辭釋爲"羌"字可從，祭社用羌人，或用伐（殺頭）的方法，或用燎（火燒）的方法，與牛、羊、豕用於祭祀沒有分別，用"羌"常和宜小牢同時使用，陳説可從。用人爲犧牲祭社在商代是很常見的。江蘇丘灣遺址的發掘，證明商人祭社用人是可信的。④

延至周代，作爲商的繼承之國——宋國，亦保留有先祖遺風。《左傳·僖公十九年》："夏，宋公使邾文公用鄫子於次睢之社，欲以屬東夷。"杜預注："睢水受汴，東經陳留、梁、譙、沛、彭城縣入泗，此水次有妖神，東夷皆社祀之，蓋殺人而用祭。"孔穎達也説，使邾文公用鄫子於次睢之社，既不言始，明知舊俗用之。對此，司馬子魚批評説：

　　　　小事不用大牲，而況敢用人乎？祭祀，以爲人也。民，神之主也。用人，其誰饗之？齊桓公存三亡國以屬諸侯，義士猶曰薄德。今一會而虐二國之君，又用諸淫昏之鬼。將以求霸，不亦難乎？得死爲幸！⑤

可見殺人祭社已不符合時代要求，人的地位開始大大提高，周人有鑒於殷的滅亡，開始重視德治。《禮記·表記》："周人尊禮尚施，事鬼敬神而遠之，近人

---

① 參見屈萬里：《殷虛文字甲編考釋》（上），《屈萬里全集》第 6 册，臺灣聯經出版事業公司 1983 年版，第 92 頁。饒宗頤：《殷代貞卜人物通考》，香港大學出版社 1959 年版，第 179、180 頁。姚孝遂：《甲骨刻辭狩獵考》，《古文字研究》第 6 輯，中華書局 1981 年版，第 55 頁。王玉哲：《試論商代"兄終弟及"的繼統法與殷商前期的社會性質》，《南開大學學報》1956 年第 1 期。

② 參見郭沫若：《殷契粹編》，科學出版社 1965 年版，第 423、424 頁。李旦丘：《鐵雲藏龜零拾》，《甲骨文獻集成》第 3 册，四川大學出版社 2001 年版，第 129、130 頁。楊樹達：《耐林廎甲文説》，科學出版社 1954 年版，第 8 頁。

③ 參見陳夢家：《殷虛卜辭綜述》，中華書局 1988 年版，第 423 頁。

④ 俞偉超：《銅山丘灣商代社祀遺跡的推定》，《考古》1973 年第 5 期。

⑤ 《春秋左傳正義》（十三經注疏），中華書局 1980 年版，第 1810 頁。

而忠焉。"作爲宋國的公子①，司馬子魚有可能知道這是故國舊俗，但由於深受周代禮制影響，也反對這種殺人祭社的行爲。

《左傳·昭公十年》："秋，七月，平子伐莒，取郠，獻俘，始用人於亳社。"杜預注："以人祭殷社。"②魯國亳社是殷人亡國之社，周代作爲戒社，用以警惕天子、諸侯（詳見本書第三章）和團結殷民六族。③ "始"字説明，魯國原先祭亳社並不用人，這次殺俘虜祭亳社可能是爲了威嚇莒人。魯大夫臧武仲在齊國聽到這件事時批評説：

> 周公其不饗魯祭乎！周公饗義，魯無義。《詩》曰："德音孔昭，視民不佻。"佻之謂甚矣，而壹用之，將誰福哉！④

平子殺俘虜祭亳社，是一種逆時代潮流的行爲，因而大夫臧武仲對此激烈批評，認爲魯國無義無德，把人當作畜生祭祀，祖先神鬼是不會享受這種祭祀的，也不會降福於魯。春秋時期這兩次用人祭社都和商有關係，雖然這種行爲已不合當時的道德規範，但卻與卜辭記載相合，很有可能是沿襲殷人殺殉之陋習。

是否用人祭社，春秋三傳所記頗有不同，漢儒范寧、何休皆不相信殺人以祭社。《穀梁傳·僖公十九年》："己酉，邾人執鄫子，用之……用之者，叩其鼻以衈社也。"范寧注："衈者，釁也，取鼻血以釁祭社器。"⑤《公羊傳·僖公十九年》："己酉，邾婁人執鄫子用之。惡乎用之？用之社也。其用之社奈何？蓋叩其鼻以血社也。"何休注："惡無道也。不言社者，本無用人之道，言用之已重矣，故絶其所用處也。"⑥《公羊傳》甚至傳文都用一"蓋"字，看來漢代經師和注疏家們都已不明"用人祭社"的含義，只能做出推測，認爲不是殺人，只是用鼻血來祭社。這與《左傳》所説不同。文獻中所祭之社都和商有關係，一爲其原有之社（亳社），一爲其原族之遺民（宋人，商之後裔），這些都説明

---

① "司馬子魚"，席涵静以爲是"魯國大夫"，不知何所據。參氏著《先秦社祀之研究》，臺灣衆望文化事業有限公司 1992 年版，第 153 頁。按：其説誤，"子魚"是宋公子目夷，司馬是其官職，"司馬子魚"當是宋國大夫，《漢書·古今人表》有載。
② 《春秋左傳正義》（十三經注疏），中華書局 1980 年版，第 2059 頁。
③ 殷民六族：條氏、徐氏、蕭氏、索氏、長勺氏、尾勺氏。
④ 《春秋左傳正義》（十三經注疏），中華書局 1980 年版，第 2059 頁。
⑤ 《春秋穀梁傳注疏》（十三經注疏），中華書局 1980 年版，第 2399 頁。
⑥ 《春秋公羊傳注疏》（十三經注疏），中華書局 1980 年版，第 2256 頁。

這種用人祭社是商人的舊俗，除此兩例之外，没有别的社用人祭祀的記載。《左傳·昭公十年》"獻俘祭社"也和卜辭之中用俘虜的羌人祭社相合。商人祭社或燎或伐，皆是殺人爲祭，上文丘灣遺址也證實了殺人祭社這一說法，因而"用人祭社"，可以確定就是"殺人祭社"。

總之，通過對商周時期祭品的演變分析，可得出這樣的結論：

其一，牛、羊、豕都是商周祭社所用的主要犧牲，這些犧牲都是較早被人類馴化的，可以豢養得很肥美，也可以爲祭祀提供穩定的數量。

其二，商周時期雖然都用牢祭社，但所用牢的含義並不相同。商人用牢數量不固定，且牢和宰可能有所不同且關係複雜。周代則有大牢和少牢的區別，大牢指牛、羊、豕具備，少牢指羊、豕具備，兩者界定較爲明確，數量是固定的，且一般只用於正祭，非正祭或用牛、或用豕、或用羊。

其三，商代用人祭社很普遍，不僅用於祭社，也用於祭祖先鬼神，是殷人重祀尊神，"率民以事神，先鬼而後禮"的體現。[1] 周代一般不用人祭社，但在宋國可能還遺留商人用人祭社的舊俗。商人殺人祭社與屠宰一般牲畜無别，説明殷人祭祀風俗還比較野蠻，人的地位不高。周代用人祭社，則會遭到强烈的譴責，説明人的地位開始提高，統治者更重視德治。

總之，殷人比較重視祭品的豐厚，周人則比較重視祭祀的禮儀與禮義，而且祭祀天神、地示、人鬼都有一定的系統。

第六節　楚簡中的社祭禮儀

作爲國之大典，天子、諸侯祭祀社稷，當有一定的祭祀儀式。《通典》卷四十五"社稷"条，對此有比較完整的記載：

> 禮神之玉，蓋用兩圭有邸。其牲，《王制》云："天子祭社稷皆太牢，諸侯祭社稷皆少牢。"皆黝色。用黑幣。日用甲。祭日之晨，王及尸皆服絺冕。樂則《大司樂》云："奏太蔟，歌應鍾，舞《咸池》，以祭地祇。"用三獻。其禮：取血先瘞於所祭之處，以爲祭始。次則禮神以玉，時尸前薦燔肉及脯醢籩豆，王則酌大罍中酒以獻尸，所謂朝踐之獻，是

---

[1] 《禮記·表記》。

爲一獻也。至薦熟時，宗伯亦攝後酌以亞獻，所謂再獻。尸食訖，賓長酌酳尸，謂之三獻。①

儘管《通典》所歸納的是天子祭祀社稷的儀節，但大體上也適用於諸侯。而大夫與庶民，在具體禮節上則可能有所簡化。祭社儀節包括筮日、用牲、用玉、血祭、用樂、薦籩豆與獻酒。出土楚簡中有很多關於祭社的內容，其祭祀儀節與之大致相近，關於"用牲、血祭""用玉"（參見本書第四章），此不贅述，其他儀節則試說如下。

一、筮日

祭社之前，當有筮日之儀。所謂筮日，也就是通過卜筮，提前占卜什麼日子祭社比較合適，這就是擇日。宋人李如圭云："筮日者，孝子不知鬼神降格之期，故因卜筮以請，敬之至也。"②《禮記·曲禮》："爲日，假爾泰龜有常，假爾泰筮有常。卜筮不過三，卜筮不相襲。"擇日要麼用卜，要麼用筮，不能都用，一般不超過三次。《儀禮·少牢饋食禮》對筮日的儀節有詳細的記載：

> 筮於廟門之外。主人朝服，西面於門東。史朝服，左執筮，右抽上韇，兼與筮執之，東面受命於主人。主人曰："孝孫某，來日丁亥，用薦歲事於皇祖伯某，以某妃配某氏，尚饗！"史曰："諾。"西面於門西，抽下韇，左執筮，右兼執韇以擊筮。遂述命曰："假爾大筮有常。孝孫某，來日丁亥，用薦歲事於皇祖伯某，以某妃配某氏，尚饗！"乃釋韇，立筮。卦者在左坐，卦以木。卒筮，乃書卦於木，示主人，乃退占。吉，則史韇筮，史兼執筮與卦以告於主人："占曰從。"乃官戒，宗人命滌，宰命爲酒，乃退。若不吉，則及遠日，又筮日如初。③

當然，《儀禮·少牢饋食禮》所記是大夫卜筮祭祖之日，卜筮祭社之日的儀節當與之相似，都是吉禮筮日，命詞可能會有所不同，所筮祭祀之日也有不

---

① 杜佑：《通典》，王文錦、王永興、劉俊文、徐庭雲、謝方點校，中華書局 1988 年版，第 1265 頁。

② 胡培翬：《儀禮正義》，段熙仲點校，江蘇古籍出版社 1993 年版，第 2083 頁。

③ 《儀禮注疏》（十三經注疏本），中華書局 1980 年版，第 1196、1197 頁。

同，祭祖(内事)用柔日，祭社(外事)則用剛日。① 在包山楚簡中，卜筮的日期比較詳細，筮日採用了多種占具，或用筮、或用卜，有很多例子，如：

宋客盛公擭(聘)於楚之[歲]，荆尸之月，乙未之日，雁會以夬否爲左尹邵貞⋯⋯以其古(故)敓之。[舉]禱於宫[地]宔(主)一羖(殺)。
包山簡 202

東周之客許呈[歸][胙]於栽郢之[歲]，遠夕之月，癸卯之日，苛光以長惻爲右(左)尹邵貞⋯⋯[薦]於野[地]宔(主)一[豠]，宫[地]宔(主)一[豠]。 包山簡 207

東周之客許呈[歸][胙]於栽郢之[歲]，夏尸之月，乙丑之日，五生以丞惠爲左尹邵貞⋯⋯舉禱蝕太一全豢，舉禱社一全猎，舉禱宫行一白犬，酒食。 包山簡 210

東周之客許呈[歸][胙]於栽郢之[歲]，夏尸之月，乙丑之日，盬吉以保家爲左尹邵貞⋯⋯賽禱太佩玉一環，侯(后)土、司命、司禍各一少環，大水佩玉一環，二天子。 包山簡 212~213

東周之客許呈[歸][胙]於栽郢之[歲]，囊月己酉之日，許吉以保家爲左尹邵貞⋯⋯厭一[豠]於[地]宔(主)。 包山簡 219

大司馬邵𩰫徉楚邦之帀(師)徒以救郙之[歲]，荆尸之月，己卯之日，五生以丞惠(德)爲子左尹邵貞⋯⋯[舉]禱宫侯(后)土一羖，[舉]禱行一白犬、酉飤，於大門一白犬。五生占之曰：吉。 包山簡 233

大司馬邵𩰫徉楚邦之帀(師)徒以救郙之[歲]，荆尸之月，己卯之日，盬吉以保家爲子左尹邵貞⋯⋯[舉]禱[太]一牂，侯(后)土、司命各一牂。 包山簡 237

大司馬邵𩰫徉楚邦之帀(師)徒以救郙之[歲]，荆尸之月，己卯之日，觀絅以長靁(靈)爲子左尹邵貞⋯⋯[舉]禱[太]一膚，侯(后)土、司命各一牂。 包山簡 243

大司馬邵𩰫徉楚邦之帀(師)徒以救郙之[歲]，荆尸之月，己卯之日，許吉以駁靁(靈)爲子左尹邵貞⋯⋯[舉]禱社一猎。 包山簡 248

從上面的例子可以看出，筮日都有翔實的年月日記録，如"宋客盛公擭

---

① 内事謂冠昏祭祀，出郊爲外事，謂征伐、巡守之等。若然，甲丙戊庚壬爲剛日，乙丁己辛癸爲柔日。

(聘)於楚之[歲]”，“東周之客許呈[歸][胙]於栽郢之[歲]”，“大司馬邵骵
徉楚邦之帀(師)徒以救郙之[歲]”，楚國用這些重要的事件紀年；月份則有
“荆尸”“遠夕”“夏尸”“爨月”①；占卜之日都在柔日，如“乙未”“癸卯”“乙
丑”“己酉”“己卯”。

　　占卜之人有“雁會”“苟光”“五生”“鹽吉”“許吉”“觀綳”，占具或用卜，
如“長惻”“保家”“長靈”“駁靈”，或用筮，如“央否”“承德”，用卜多於用筮。
同一日，卜筮的次數也不一定，如“夏尸乙丑”之日有兩次，卜、筮並用。“荆
尸己卯”之日用筮一次，用卜三次，大事卜，小事筮。《曲禮》云：“卜筮不過
三，卜筮不相襲。”鄭注：“卜不吉則又筮，筮不吉則又卜，是瀆龜策也。晉獻
公卜取驪姬不吉，公曰‘筮之’是也。”如果用龜卜不吉利的話，就不能用筮再
占卜了，反之亦然。上引簡文連續卜筮四次皆得吉兆，只是墓主人尤不能確
信，所以雖吉尤筮，墓主人的做法已經不限於占卜三次，也不局限於一種卜
具。

　　楚簡中也有許多筮日祭社的記載，都説明了祭社之前要先筮日，選擇好月
份日子，然後舉行正式的祭祀。如：

　　　秋三月擇良月良日，舉禱大地主一羖，纓之吉玉。　　秦家嘴 M99 簡 11
　　　擇良日賽禱宫地主一羖。　　天星觀簡 142
　　　擇良日冬夕至嘗社，特牛饋之。　　天星觀簡 155

　　關於祭社的“良日”，注疏家一般認爲宜用剛日，也就是“甲日”。《禮記·
郊特牲》：“日用甲，用日之始也。”鄭注：“國中之神，莫貴於社。”孔穎達正義
云：“社是國中之貴神，甲是旬日之初始，故用之也。”②顧炎武在《日知録》
“社用甲日”條下云：

　　　《月令》“擇元日，命民社”，注：“祀社用甲日。”據《郊特牲》文，“日
　　用甲”，用日之始也。《正義》曰：“《召誥》‘戊午乃社於新邑’。用戊者，
　　周公告營，洛邑位成，非常祭也。”《墨子》云“吉日丁卯，周代祝社”，疑
　　不可信。漢用午，魏用未，晉用酉，各因其運。潘尼《皇太子社》詩：“孟

---

　　①　按：楚“荆尸”爲秦曆正月，“遠夕”爲十二月，“夏尸”爲二月，“爨月”爲八月，
具體内容及意思可參看陳偉：《包山楚簡初探》，武漢大學出版社 1996 年版，第 2 頁。
　　②　朱彬：《禮記訓纂》，中華書局 1996 年版，第 391 頁。

月涉初詢，吉日惟上酉。"則不但用酉，又用孟月。唐武后長壽元年制：
"更以九月爲社。"玄宗開元十八年詔："移社日就千秋節。"皆失古人用甲
之義矣。①

顧炎武所説當可信，楚簡中就有這樣的例子：

> 甲申之夕，賽禱宫地主一羖，賽禱行一白犬。　秦家嘴 M99 簡 1
> 東周之客許呈[歸][胙]於栽郢之[歲]，爨月己酉之日，許吉以保家
> 爲左尹邵貞，以其下心而疾，少𢜜，[恒]貞吉。甲寅之日，良瘥，又
> 敓，[太]見琥，以其古（故）敓之。……厭一[羖]於[地]宝（主）。
> 包山簡 218～219

可見，戰國時期楚國祭社所用日期正是甲日，這與《禮記·郊特牲》"祭社用甲
日"的原則基本是相合的。

二、用樂

祭社之禮中，有用樂之儀節。《周禮·春官·大司樂》："乃奏大蔟，歌應
鍾，舞《咸池》，以祭地示。"鄭注："大蔟，陽聲第二，應鍾爲之合。《咸池》，
《大咸》也。地祇，所祭於北郊，謂神州之神及社稷。"孫詒讓正義："《鼓人》
'以路鼓鼓社稷'。社祭與神祀、鬼享連文，乃祭地之通稱。《大司樂》以地該
社，《鼓人》以社該地，彼此互見。"②也就是説祭祀天地、社稷、祖先都有樂
舞。楚簡中亦有例可援：

> 舉禱社特牛，樂之　天星觀簡 115
> ☐樂之，百之，贛（貢）。[舉]禱於子西君戠牛，樂☐　新蔡簡甲一 27
> ☐中戠牛，樂之，就禱☐　新蔡簡甲三 14
> 之，贛（貢），樂之。辛酉之日禱之。☐　新蔡簡甲三 46
> ☐戠牛，樂之。就禱户一羊；就禱行一犬；就禱門☐　新蔡簡甲三 56
> ☐鐘樂之。是日☐　新蔡簡甲三 98

---

① 顧炎武：《日知録集釋》，黄汝成集釋，欒保群、吕宗力校點，上海古籍出版社
2006 年版，第 359 頁。
② 孫詒讓：《周禮正義》，王文錦、陳玉霞點校，中華書局 1987 年版，第 1747 頁。

□鐘樂之，［舉］禱子西君、文夫人各戠牛饋，鐘樂之。定占之曰：吉。氏（是）月之□　　新蔡簡甲三 200

□［舉］禱卲（昭）王大牢，樂之，百，贛（貢）。□　　新蔡簡乙 2

雖然簡文殘泐，所祭對象有些不是很明確，但仍可以看出無論是祭社、祭祖（子西君、文夫人、昭王）、祭五祀（户、行、門），都要用樂。

三、薦籩豆與獻酒

社祀正禮中尚有薦籩豆與獻酒的儀節。《詩經》中的《載芟》和《良耜》都是關於祭祀社稷的詩歌。《載芟》"爲酒爲醴"，《良耜》"殺時犉牡，有捄其角"，就是獻酒、薦籩豆的環節。① 楚簡中亦有這樣的例子：

公北、地主各一青犠，司命、司禍各一鹿，舉禱薦之。或□　　新蔡簡乙一 15

□巳之昏薦且禱之地主。八月辛酉　　新蔡簡乙三 60、乙二 13

薦於野地主一殺，宫地主一殺，賽於行一白犬、酒食。　　包山簡 207、208

舉禱蝕太一全豢，舉禱社一全猎，舉禱宫行一白犬，酒食。　　包山簡 210

獻二社，一牛、一□　　新蔡簡甲三 354

簡文中所薦的"犠""殺""猎""牛"等物，當是用作熟食，用籩盛放。而行禮時多以"菹""醢"爲配，"菹""醢"又多盛之於豆中，因此在這類祭祀時當有獻籩豆之儀節。而簡文中"酒食"的記載，則説明在祭社活動中有"獻酒"的儀節。

總之，通過梳理楚簡中的社祭禮儀可知，其禮儀中的環節與傳世典籍的記載基本是相符的，都是祭祀之前通過筮日以擇"良辰吉日"，祭祀開始用樂舞以降神，祭祀過程中用樂舞以樂神尸，血祭以享神，薦籩豆，獻犠、獻玉、獻酒食，其目的就是以祈豐收，以報神功。

---

① 《載芟》，《毛詩序》云："春籍田而祈社稷也。"《良耜》，《毛詩序》云："秋報社稷也。"這兩首均爲祭祀社稷的詩歌。

第三章　軍社與亳社

先秦時期，戰争頻仍。部族與部族之間，諸侯國與諸侯國之間，華夏民族與苗夷民族之間，都有過激烈殘酷的戰争。如傳説中炎帝與黄帝之間的"阪泉"之戰，黄帝與蚩尤之間的"涿鹿"之戰，舜伐三苗。① 延至三代，湯伐有夏，文王伐崇，武王伐紂。② 至於春秋、戰國時期，諸侯國之間的征伐愈演愈烈，"國之大事，在祀與戎"已成爲各國之間的共識。③ 爲了適應戰争的需要，軍社便應運而生。

亳社是商被推翻之後，周人對商社的一種稱呼。典籍之中，亳社又被稱爲亡國之社、戒社，主要用以提醒周王和諸侯要以此爲戒，勤勉從政，愛護百姓。從漢至清，學者對亳社的性質均無異議。近年來，有學者對亳社及其性質提出了質疑，筆者以爲尚有商榷之餘地，本章將詳細討論這兩種社。

第一節　軍　　社

典籍對於軍社的記載，隻鱗片爪，難窺全貌。以往學者的研究，主要是匯集典籍對於軍社的記載，如宋人陳祥道的《禮書》、清人江永的《禮書綱目》、秦蕙田的《五禮通考》等。對軍社進行系統梳理的是清代經學大師孫詒讓，他在《周禮正義》一書中，對於軍社所處的位置、軍社的來源都有獨到見解，頗有新意。而現代學者對於軍社的討論並未超出經傳注疏的藩籬。④ 20 世紀對

---

① 《史記・五帝本紀》。
② 《戰國策・秦策一》。
③ 《左傳・成公十三年》。
④ 參見席涵静：《先秦社祀之研究》，臺灣衆望文化事業有限公司 1992 年版，第 61、62 頁。魏建震：《先秦社祀研究》，人民出版社 2008 年版，第 222、223 頁。

西北地區的考古發掘，出土了大批漢簡，其中包含了許多與軍社有關的信息，勞榦、陳直、謝桂華曾從民社的角度有過論述。① 而結合出土資料與禮書記載，從軍事角度進行對比研究，還没有學者着手進行。因而有必要在總結前賢研究成果的基礎上，對軍社制度的演變及其作用，作一系統的考察。

一、軍社制度

《周禮·小宗伯》："若大師，則帥有司而立軍社，奉主車。"鄭玄注："社主曰軍社，遷主曰祖。《春秋傳》曰：'軍行祓社釁鼓，祝奉以從。'《曾子問》曰：'天子巡守，以遷廟主行，載於齊車，言必有尊也。'"②《周禮·量人》"軍社之所里"條，鄭玄注："軍社，社主在軍者。里，居也。"③《周禮·大司寇》"菹戮於社"條，鄭玄注："社，謂社主在軍者也。"④《周禮·大祝》"設軍社"條，賈公彦疏："設軍社者，此則據社在軍中，故云設軍社。"宋儒鄭鍔曰：

> 古者大師，則先有事於社與廟，然後載社主與遷廟之主以行。不用命戮於社，故載社主將以行戮。用命賞於祖，故載廟之主將以行賞。小宗伯掌社稷宗廟之禮，宜載以行，乃言"立"者，蓋社本不在軍，因用師始立之。立者，出於一時之故。廟主爲尊，載之以行，不敢忽也，故言奉，奉以言其肅欽之至，帥有司者，蓋帥太祝也。⑤

由此可知，所謂"軍社"，指的是在軍中的"社主"，這個社主是臨時有軍事行動用齋車載以行的，並不是原來軍中就設有的。軍事行動結束後，社主與遷廟之主都要返回到原處，而所立的軍社便不復存在了。有學者認爲，軍社原來不是載社主，而是把故鄉的土本身載在軍車上帶去。征服了新的土地，就在那個地方用帶來的土修築新的社壇，這樣做纔能把新的土地變成對征服者有用的具

---

① 參見勞榦：《居延漢簡·考釋之部》"社"條，《"中央研究院"歷史語言研究所專刊之四十》，1960 年，第 66、67 頁。陳直：《居延漢簡研究》"漢晉社祭通考條"，天津古籍出版社 1986 年版，第 76~79 頁。謝桂華：《西北漢簡所見祠社稷考補》，《簡帛研究》(二〇〇四)，廣西師範大學出版社 2006 年版，第 258~271 頁。

② 《周禮注疏》(十三經注疏)，中華書局 1980 年版，第 767 頁。

③ 《周禮注疏》(十三經注疏)，中華書局 1980 年版，第 842 頁。

④ 《周禮注疏》(十三經注疏)，中華書局 1980 年版，第 871 頁。

⑤ 參見秦蕙田：《五禮通考》卷四十二，文淵閣《四庫全書》第 135 册，臺灣"商務印書館"1986 年版，第 1057 頁。

備秩序的土地，這種觀念和儀禮，主要在軍社制度裏傳到了後世。① 這種説法
亦有道理，可備一説。

　　軍社隨軍而動，軍隊行動時，則和遷主一起載於齋車之上。軍隊駐紮時，
軍社與遷主則有相對固定的位置。《孔叢子‧儒服篇》説出師之禮云："以齋車
載遷廟之主及社主行，大司馬職奉之。凡行主皆每舍奠焉，而後就館。主車止
於中門之外，外門之內。廟主居於道左，社主居於道右。已克敵人，設奠以反
主、反社主如初迎之禮。"清人孫詒讓則持不同意見，他認爲："當於中門内、
内門外左右設主位。"又認爲："社則爲壇位於軍舍之右，祖則爲幄次於軍社之
左。"②由社、祖廟在國中的位置來看，此種説法可從。孫氏關於在駐紮之地軍
社立壇的説法，居延漢簡有例可援：

　　　　建武八年三月己丑朔，張掖居延都尉譖行丞事，城騎千人躬告勸農掾
　　禹，謂官縣令以春祠社稷，今擇吉日，如牒書到，令丞循行謹修治社稷，
　　令鮮明，令丞以下當　　居延新簡 T20.4A ③
　　　　八月廿四日丁卯齋　　居延新簡 F22.155
　　　　八月廿六日己巳，直成可祠社稷　　居延新簡 F22.156 ④

漢代的邊郡地區軍隊駐紮的地方是立有軍社的。軍社中不但有社壇，還有稷
壇。社祭分爲春、秋兩次舉行，但春社和秋社祭祀的時間問題，文獻記載稍有
混亂。春社有二月和三月兩種説法，秋社也有八月、九月不同的記載。從簡文
來看，是在三月和八月，這與先秦軍社臨時而立、祭祀無常數是不同的（參見
本書第四章）。另外，先秦軍社是沒有稷壇的，《左傳‧定公四年》："社稷不
動，祝不出竟，官之制也。"孔穎達疏："然則彼軍行，唯有社無稷。今社稷俱
動，故知謂國遷也。"⑤

　　從簡文來看，漢代的軍社祭祀時間爲春三月與秋八月。但在這兩個月份的

　　① 　小南一郎：《亳社考》，《殷虚博物苑苑刊》（創刊號），中國社會科學出版社 1989
年版，第 74、75 頁。
　　② 　孫詒讓：《周禮正義》，王文錦、陳玉霞點校，中華書局 1987 年版，第 1447 頁。
　　③ 　甘肅省文物考古研究所、甘肅省博物館、中國文物研究所、中國社會科學院歷史
研究所：《居延新簡——甲渠候官與第四燧》，中華書局 1994 年版，第 29 頁。
　　④ 　甘肅省文物考古研究所、甘肅省博物館、中國文物研究所、中國社會科學院歷史
研究所：《居延新簡——甲渠候官與第四燧》，中華書局 1994 年版，第 215 頁。
　　⑤ 　《春秋左傳正義》（十三經注疏），中華書局 1980 年版，第 2134 頁。

哪一天，則是不固定的，要根據當年的具體情況，運用擇吉術確定軍社祭祀的具體日子。選擇的權利在郡太守府或者都尉府手中。他們選定吉日之後，下達給各侯官侯部，然後在選定的日子裏進行祭祀活動。下邊兩支簡中的"今擇吉日"就反映了這一問題：

> 建武五年八月甲辰朔戊申，張掖居延城司馬武，以近秩次行都尉文書事，以居延倉長印封丞邯，告勸農掾襄史尚，謂官縣以令秋祠社稷，今擇吉日，如牒書到，令丞循行謹修治社稷，令鮮明，令丞以下當
> 居延新簡 F22. 153A ①
> □□農掾戒謂官縣，以令祠社稷，今擇吉日，如牒書到，皆修治社□
> 居延新簡 C35 ②

關於軍社的來源有兩種説法：一爲王社，晉人摯虞持這種意見。他認爲，軍事征伐所宜之社是王社。大社爲群姓祈報，祈報有固定的時候，社主是不可以遷的，被社釁鼓之社是大社。二爲大社，清儒孫詒讓持這種意見。他認爲，《詩經·皇矣》傳及《司馬法》宜社皆於塚社，則軍社就是載大社之主。③

《詩經·綿》："乃立塚土，戎丑攸行。"毛傳："塚土，大社也。起大事，動大衆，必先有事乎社而後出，謂之宜。美大王之社，遂爲大社也。"孔穎達疏：

> 乃立其國諸侯之社，後遂爲王之大社。直此社者，爲動大衆，所以告之而行也。大王遷，得人心、制度之美。及文王興，用之爲天子之法也……此時大王實爲諸侯，其作門、社，固爲諸侯之制。諸侯之法異於天子，文王爲天子之法，不得同於大王，而云致門、遂社者，大王門、社必不得同於天子，但以殷代尚質，未必曲有等級，文王因其制度，增而長之，以爲天子之制。④

---

① 甘肅省文物考古研究所、甘肅省博物館、中國文物研究所、中國社會科學院歷史研究所：《居延新簡——甲渠候官與第四燧》，中華書局 1994 年版，第 215 頁。
② 甘肅省文物考古研究所、甘肅省博物館、中國文物研究所、中國社會科學院歷史研究所：《居延新簡——甲渠候官與第四燧》，中華書局 1994 年版，第 243 頁。
③ 孫詒讓：《周禮正義》，王文錦、陳玉霞點校，中華書局 1987 年版，第 1448 頁。
④ 《毛詩正義》(十三經注疏)，中華書局 1980 年版，第 511 頁。

西周軍社來源於岐山之社，岐山之社原爲西周之國社，當時西周還是一個諸侯國。姬昌號稱西伯，臣服於商。岐山之社還不是王之大社，照理應該不能稱爲大社，這只是對大王得人心的一種贊美，因而把大王之社稱爲大社，實際上仍然是諸侯之社。孔穎達的解釋是，殷代尚質，等級制度尚不完善，等到文王時，西周國力開始强盛，文王對原有立社制度進行改革，岐山之社就成爲後來西周大社的前身。若傳文、注、疏不誤的話，則後來周王的軍社社主自是大社的社主。可以説同一種社主擁有兩種用途，因作用不同而有不同的名字：一種作用是爲群姓祈報，社壇立於國中穩定不變；另一種作用是主刑戮，社壇是臨時而爲之。

據此可以推論，湯在伐桀之前，定都於亳，亳社應該是先商爲諸侯時的國社。先周之社來自岐山之社，先商的軍社當亦來自亳地之社。甲骨文中就有關於亳社的記載：

> 於亳土御。　　《合集》32675
> 其又亳土。　　《合集》28110
> 辛巳貞，雨不既，其燎於亳土。　　《屯南》665
> 戊子卜，其又歲於亳土三小(窂)，十小窂。　　《合集》28109

亳社是商人原居住地的土地神和保護神，商人遷徙、征伐的時候，也會把"亳社"帶到遷徙、征伐之地，如作爲商人後裔的宋國的"亳社"，原統治區域魯國因有殷商遺民而保有的"亳社"。祭社源於農業民族遠古時期對土地生殖力的崇拜，是對自然物、自然力本身的崇拜，但也不斷增加新的功能，軍事功能應該是比較早的。《尚書·甘誓》就有"用命賞於祖，弗用命戮於社"的記載，這是述及軍社最古老的例子之一。天子出征攜有社神與祖神，兩位尊神均保佑天子的權威，但表現的方面卻有不同。以公正無私與嚴苛爲名的社神，天子可以責罰；以仁慈善良與寬容爲名的祖神，天子可以賞賜。社神與祖神的功能相輔相成，寬嚴相濟。

出軍征伐之先，必先有告祭之事於社及祖，然後纔可以載社主與遷廟主，祭社稱之爲"宜"。《爾雅·釋天》云："起大事，動大衆，必先有事乎社，而後謂之宜。"①《禮記·王制》云："天子將出，類乎上帝，宜乎社，造乎禰。諸侯將出，宜乎社，造乎禰。"鄭玄注："類、宜、造，皆祭名，其禮亡。"又云：

---

① 《爾雅注疏》(十三經注疏)，中華書局 1980 年版，第 2610 頁。

"天子將出征，類乎上帝，宜乎社，造乎禰，禡於所征之地。"鄭玄注："禡，師祭也，爲兵禱，其禮亦亡。"①《周禮·大祝》云："大師，宜於社，造於祖，設軍社，類上帝，國將有事於四望，及軍歸獻於社，則前祝。"②天子與諸侯軍事征伐之前都要舉行"宜"社。

"宜"祭的具體禮儀已不可得而知，如鄭玄所云"其禮亡"。"宜"社當有釁主行爲和用牲。《周禮·大司馬》："若大師，則掌其戒令，涖大卜，帥執事涖釁主及軍器。"鄭玄注："主，謂遷廟之主及社主在軍者也。軍器，鼓鐸之屬。凡師既受甲，迎主於廟及社主，祝奉以從，殺牲以血塗主及軍器，皆神之。"《左傳·定公四年》："君以軍行，祓社釁鼓，祝奉以從。"杜預注："師出，先事祓禱於社，謂之宜社。於是殺牲，以血塗鼓鼙，爲釁鼓。"杜預認爲"祓社"就是"宜社"，"釁鼓"似乎專指以血塗鼓鼙。孫詒讓則別有所解，他認爲祓社就是釁主，釁鼓即此釁軍器之事也。③　"祓社"應該就是"宜社"，社主、遷主還有軍鼓之類都要釁，目的是要使其充滿神性，以保證軍事的勝利。

"宜社"所用牲肉稱爲脤。《左傳·成公十三年》："公及諸侯朝王，遂從劉康公、成肅公會晉侯伐秦。成子受脤於社，不敬。"杜預注："脤，宜社之肉也，盛以脤器，故曰脤。宜，出兵祭社之名。"④《周禮·掌蜃》："祭祀共蜃器之蜃。"鄭玄注："蜃，大蛤。蜃之器以蜃飾，因名焉。"⑤《左傳·閔公元年》梁餘子養曰："帥師者，受命於廟，受脤於社。"杜預注："脤，宜社之肉，盛以脤器。"⑥"宜"社所用爲何牲，經文無明文。清儒孫詒讓依據《周禮·小子》"而掌珥於社稷""釁邦器及軍器"之例認爲，釁主蓋當用犬羊，釁軍器則用貑豚。⑦　依此，則"宜"社之牲，可能爲犬、羊、豕。居延漢簡中亦有用牲方面的記載：

　　　　□□肥豬社稷□□□□酒曰昔　居延新簡 F22.832 ⑧

① 《禮記正義》(十三經注疏)，中華書局1980年版，第1332、1333頁。
② 《周禮注疏》(十三經注疏)，中華書局1980年版，第811頁。
③ 孫詒讓：《周禮正義》，王文錦、陳玉霞點校，中華書局1987年版，第2353頁。
④ 《春秋左傳正義》(十三經注疏)，中華書局1980年版，第1911頁。
⑤ 《周禮注疏》(十三經注疏)，中華書局1980年版，第748頁。
⑥ 《春秋左傳正義》(十三經注疏)，中華書局1980年版，第1788頁。
⑦ 孫詒讓：《周禮正義》，王文錦、陳玉霞點校，中華書局1987年版，第2353頁。
⑧ 甘肅省文物考古研究所、甘肅省博物館、中國文物研究所、中國社會科學院歷史研究所：《居延新簡——甲渠候官與第四燧》，中華書局1994年版，第235頁。

對祠具 雞一 黍米一斗 稷米一斗 酒二斗 鹽少半升　　居延簡 10.39 ①

除了豬、雞之外，可能還有羊。《漢書·郊祀志》云："高祖十年春，有司請令縣常以春二月及臘祠稷以羊豕，民里社各自裁以祠。"②《後漢書·祭祀志》亦云："建武二年，立太社稷於洛陽，在宗廟之右，方壇，無屋，有牆門而已。二月八月及臘，一歲三祠，皆太牢具，使有司祠……縣郡置社稷，太守、令長侍祠，牲用羊豕。"③

一個值得注意的問題是，漢代的軍社有高低兩種不同的層次，一種是由普通戍卒組成的社，另一種是由較高級別的軍官和戍吏所組成的"吏社"。普通戍卒的社，以候部爲單位，祭祀物品由戍卒以兌分子的形式來籌集，這和先秦軍社有所不同。如居延漢簡中的記載：

對祠具 雞一 黍米一斗 稷米一斗 酒二斗 鹽少半升　　居延簡 10.39
☐八月戊午社計　　居延簡 40.9 ④
☐☐☐餔食肩相代社☐　　居延簡 478.7 ⑤
八月庚戌，甲渠候長以私印行候文書事，告尉謂第四候長憲等寫移 居延新簡 F22.158　檄到，憲等循行修治社稷令鮮明，當侍祠者齋戒，以謹敬鮮明約省爲 居延新簡 F22.159　　如故府書律令 居延新簡 F22.160 ⑥

籌集的物品有雞、黍米、稷米、酒、鹽，有的還用餔食來代替，籌集的這些物品都要進行統計，如居延簡 40.9。由於第四候長憲，修治社稷、齋戒、祭祀態度等符合府書要求，所以由其負責社祭的準備工作，這是參加者通過兌分子的形式組成的基層軍社，一般的戍卒都可以參加。

吏社是較高級別的軍社，是軍官和戍吏根據俸禄多少，通過兌錢來組成的社，如下簡：

---

① 中國社會科學院考古研究所：《居延漢簡甲乙編》，中華書局 1980 年版，第 7 頁。
② 班固：《漢書》，中華書局 1962 年版，第 1212 頁。
③ 范曄：《後漢書》，中華書局 1965 年版，第 3200 頁。
④ 中國社會科學院考古研究所：《居延漢簡甲乙編》，中華書局 1980 年版，第 28 頁。
⑤ 中國社會科學院考古研究所：《居延漢簡甲乙編》，中華書局 1980 年版，第 244 頁。
⑥ 甘肅省文物考古研究所、甘肅省博物館、中國文物研究所、中國社會科學院歷史研究所：《居延新簡——甲渠候官與第四燧》，中華書局 1994 年版，第 215 頁。

□奉千二百 出錢四百社計□ 餘錢千□ 　居延簡 180.25 ①

□田舍……以社□□縣長吏□□□□□□ 　居延新簡 T6.100 ②

祭長史君百石，吏十二人斗食，吏二人，佐史八十八人錢萬二 　居延簡 59.40，220.12 ③

□……祠社所行入官遷徙 　居延新簡 T43.175 ④

建始元年九月辛酉朔乙丑，張掖太守良、長史威、丞宏敢告，居延都尉卒人，珍北守候塞尉護、甲渠候誼，典吏社，受致虘飯黍肉，護直百卅六，誼直百卌二，五月五日，誼以錢千五百償所斂吏社錢，有書護受社虘不謹，誼所以錢千五百償吏者審未發覺，誼以私錢償□罪名，書到如 　居延新簡 T52.99 ⑤

從簡文可知，官吏根據自己俸禄多少，兑錢有所不同，如簡 180.25，俸禄爲一千二百錢，出社錢爲四百，占總俸禄的三分之一，這應該是非常高的。縣長吏可能也要兑錢，惜簡 T6.100 簡文殘泐，無法得知。簡 59.40、220.12，總計有一百零二人，出錢一萬兩千多，每人合一百一十多錢，這對於戍吏來説，也是一筆不小的開支。簡 T52.99 則是説，珍北守候塞尉護、甲渠候誼在主持吏社祭祀活動時，有貪污行爲，也就是斂吏社錢。甲渠候誼以私錢一千五百償還所斂吏社錢，案發後，可能還要受到處罰。

漢代軍社祭祀，是十分莊重、謹慎的活動，各級政府都很重視，對主持祭祀之人和祭品都有嚴格的規定，如果不按規定執行的話，則會按照律令進行處罰。主祭者應當就是簡文中的"侍祠者"，要求首先齋戒三日，態度要恭敬虔誠，祭品要新鮮潔净。如下簡：

① 中國社會科學院考古研究所：《居延漢簡甲乙編》，中華書局 1980 年版，第 123 頁。

② 甘肅省文物考古研究所、甘肅省博物館、中國文物研究所、中國社會科學院歷史研究所：《居延新簡——甲渠候官與第四燧》，中華書局 1994 年版，第 18 頁。

③ 中國社會科學院考古研究所：《居延漢簡甲乙編》，中華書局 1980 年版，第 43 頁。

④ 甘肅省文物考古研究所、甘肅省博物館、中國文物研究所、中國社會科學院歷史研究所：《居延新簡——甲渠候官與第四燧》，中華書局 1994 年版，第 46 頁。

⑤ 甘肅省文物考古研究所、甘肅省博物館、中國文物研究所、中國社會科學院歷史研究所：《居延新簡——甲渠候官與第四燧》，中華書局 1994 年版，第 100 頁。

八月廿四日丁卯齋　居延新簡 F22. 155

八月廿六日己巳，直成可祠社稷　居延新簡 F22. 156

侍祠者齋戒，務以謹敬鮮潔約省爲故，襃尚考察不以爲意者，輒言如律令　居延新簡 F22. 154

檄到，憲等循行修治社稷，令鮮明，當侍祠者齋戒，以謹敬鮮明約省爲　居延新簡 F22. 159

令修治社稷，令鮮明，當侍祠者齋戒，謹敬鮮潔約省爲故方考行如　居延新簡 F22. 161 ①

軍社祭祀所用的酒也有特定的要求，如下簡：

□掌酒者，秫稻必齋，曲蘖必時，湛饎必潔，水泉香，陶器必良，火劑必得。兼六物，大酋　居延新簡 T59. 343 ②

這與典籍記載是一致的，《禮記·月令》云："乃命大酋，秫稻必齊，麴蘖必時，湛熾必絜，水泉必香，陶器必良，火齊必得。兼用六物，大酋監之，毋有差貸。"鄭玄注："酒熟曰酋。大酋者，酒官之長也，於周則爲酒人。"③"大酋"即是簡文中的"掌酒者"。對製酒有六種要求：秫稻必須成熟；要以時料理麴蘖；炊漬米麴之時，必須清潔；所用水泉必須香美；所盛陶器必須良善；炊米和酒之時，用火劑，生熟必得中也。製酒尚且如此，對"侍祠者"的要求自然更爲嚴格。如下簡：

胡虜犯甲渠塞神强飲强食 再拜　居延新簡 EPF22：835+836

簡文中的"神"即"神君"，在這裏指社神。此簡記載的是社祭時的祝辭之語。大意爲：匈奴犯我邊塞，望居延甲渠塞的神靈儘管好吃好喝，以庇佑我邊塞軍民，叩拜！居延甲渠候官所供奉之社神，除庇護當地人民農業豐收外，作

---

①　甘肅省文物考古研究所、甘肅省博物館、中國文物研究所、中國社會科學院歷史研究所：《居延新簡——甲渠候官與第四燧》，中華書局 1994 年版，第 215 頁。

②　甘肅省文物考古研究所、甘肅省博物館、中國文物研究所、中國社會科學院歷史研究所：《居延新簡——甲渠候官與第四燧》，中華書局 1994 年版，第 167 頁。

③　《禮記正義》(十三經注疏)，中華書局 1980 年版，第 1383 頁。

爲軍事塞防要地，其另外一個職能就是庇佑邊地吏卒在抵禦匈奴時取得勝利。①

軍事征伐勝利，則有獻捷於社之禮。《周禮·大司馬》："若師有功，則左執律，右秉鉞，以先愷樂獻於社。"鄭注："功，勝也。律所以聽軍聲，鉞所以爲將威也。先猶道也。兵樂曰愷。獻於社，獻功於社也。《司馬法》曰：'得意則愷樂，愷歌，示喜也。'"②這就是用愷樂來慶祝勝利，用斧鉞壯大軍威。軍社爲軍事保護神，戰事結束之後，返還至大社、國社社壇，還要對其進行獻祭。

《周禮·大司樂》："王師大獻，則令奏愷樂。"鄭注："大獻，獻捷於祖。愷樂，獻功之樂。"賈公彥疏：

> 《鄭志》，趙商問："《大司馬》云：'師有功，則愷樂獻於社。'《春官·大司樂》云：'王師大獻，則令奏愷樂。'注云：'大獻，獻捷於祖。'不達異意。"答曰："《司馬法》云'師大獻則獻社'，以軍之功，故獻於社。大司樂，宗伯之屬，宗伯主於宗廟之禮，故獻於祖也。"③

這就是説，《大司馬》與《大司樂》所記不同，一爲獻於社，一爲獻於祖，是經文不具也。根據鄭玄答弟子趙商的話，則社、祖是並獻的，由於大司馬和大司樂職掌不同，側重點有所不同而已。《周禮·大祝》："及軍歸獻於社，則前祝。"鄭玄謂："前祝者，王出也，歸也，將有事於此神，大祝居前，先以祝辭告之。"④則大祝亦參與其禮。

軍事勝利，王或諸侯則會獻俘於社。《禮記·大傳》："牧之野，武王之大事也。既事而退，柴於上帝，祈於社，設奠於牧室。"清儒孫希旦説，大事指的是牧野之戰，武王克商之事。武王克商勝利之後，未及返國，即在牧野祭天地先祖，告之以克紂之事。社，就是社主，設奠於牧室，也就是奠祭遷主。⑤這是天子在軍隊駐紮之地臨時告祭軍社與行主的具體例子。諸侯亦有克敵獻社之事，《左傳·僖公二十八年》："振旅，愷以入於晉，獻俘授馘。"⑥諸侯勝利

① 韓蓓蓓：《汉代居延农业祭祀考》，《天水师范学院学报》2021年第2期。
② 《周禮注疏》(十三經注疏)，中華書局1980年版，第839頁。
③ 《周禮注疏》(十三經注疏)，中華書局1980年版，第791頁。
④ 《周禮注疏》(十三經注疏)，中華書局1980年版，第811頁。
⑤ 孫希旦：《禮記集解》，中華書局1989年版，第904頁。
⑥ 《春秋左傳正義》(十三經注疏)，中華書局1980年版，第1827頁。

亦是愷樂而入，獻俘虜以祭社與祖。

　　軍事失敗，除了要送主歸於廟與社，國君還要表示哀悼。《周禮·肆師》："凡師不功，則助牽主車。"賈公彥疏："'師不功'，謂戰敗。'助牽主車'者，主中有二，爲社之石主、遷廟木主也。"①《周禮·大司馬》："若師不功，則厭而奉主車。"鄭司農云："厭謂厭冠，喪服也。軍敗則以喪禮，故秦伯之敗於殽也，《春秋傳》曰：'秦伯素服郊次，鄉師而哭。'"鄭玄謂："厭，伏冠也。奉猶送也。送主歸於廟與社。"②兩鄭對"厭"的解釋有所不同：前鄭以爲，"厭"指的是喪服；後鄭認爲，"厭"指的是伏冠。孫詒讓認爲兩說都有合理的地方，都是軍敗之後，君王所服的素服。《孔叢子·問軍禮》云："軍敗，天子素服哭於庫門之外三日，大夫素服哭於社，亦如之，蓋喪禮也。"③也就是説戰敗之後，諸侯與天子舉行的儀式是相同的，都是君王素服而哭，大夫則向社而哭，也是哀悼軍敗。

二、軍社的作用

　　軍社在先秦時期的重要作用是嚴肅軍紀，這表現在三個方面：征伐、田獵與會盟。

　　1. 征伐

　　《周禮·大司寇》："大軍旅，涖戮於社。"④這是王親自帥軍隊征伐，由大司寇掌刑法，戮犯命之人於軍社。《周禮·小司寇》："小師，涖戮。"賈疏："使卿大夫出軍，閫外之事，將軍裁之，軍將有所斬戮於社主前，則小司寇涖戮也。"⑤這是王不親自帶領軍隊的情況，對於犯命之人的處理，由小司寇掌刑法。什麼是違犯軍命呢？《尚書·甘誓》中有詳細的描寫：

　　　　左不攻於左，汝不恭命。右不攻於右，汝不恭命。御非其馬之正，汝不恭命。用命，賞於祖。弗用命，戮於社。

這三句"汝不恭命"，是説如果車左、車右不做好本職工作，或御者非其人，

---

①　《周禮注疏》(十三經注疏)，中華書局 1980 年版，第 770 頁。
②　《周禮注疏》(十三經注疏)，中華書局 1980 年版，第 839 頁。
③　孫詒讓：《周禮正義》，王文錦、陳玉霞點校，中華書局 1987 年版，第 2355 頁。
④　《周禮注疏》(十三經注疏)，中華書局 1980 年版，第 871 頁。
⑤　《周禮注疏》(十三經注疏)，中華書局 1980 年版，第 874 頁。

沒有好好作戰，那就是沒有貫徹奉行軍命①，就會在社主前受到處罰，臨陣脫逃則會被處死。車左、車右和御者一般都是高級將領，跟在兵車之後的都是徒卒和奴隸。古代領主進行軍事活動時，都是使用戰車。考古發掘已經證明，在軍事史上，戰車比武裝騎手的出現要早得多。

《周禮·士師》："大師，帥其屬而禁逆軍旅者，與犯師禁者而戮之。"鄭注："逆軍旅，反將命也。犯師禁，於行陳也。"賈公彥認爲，"犯將命"指的是王命或者將領之命，"犯師禁"指的是違犯軍陣，不聽從命令。②《左傳·昭公元年》晉荀吳敗狄於太原，將戰，魏舒曰："請皆卒，自我始。"荀吳之嬖人不肯從車兵變爲步卒，被處斬，以徇軍陣。③《國語·晉語》記載，河曲（地名）之役，趙孟使人以其乘車犯軍列，韓獻子執而戮之。這兩個都是違犯軍命、擾亂軍陣而被處死的例子。《尚書·牧誓》亦云："爾所弗勖，其於爾躬有戮。"④就是說如果你們有不努力的，那就要在你們的身上執行刑戮。

2. 田獵

《周禮·肆師》："凡師甸用牲於社宗，則爲位。"賈疏："師謂出師征伐，甸謂四時田獵。二者在外，或有祈請，皆當用牲社及宗時皆肆師爲位祭也。"⑤《周禮·冥氏》："爲阱擭以攻猛獸，以靈鼓驅之。"⑥《周禮·鼓人》云："靈鼓，鼓祭社。"是田獵有軍社之明證。王在田獵的時候，亦有軍社相隨，進行田獵，除了祭祀的目的之外，亦有軍事的目的，也就是訓練士卒，行軍佈陣，嚴明軍紀。《周禮·大司馬》："中春，教振旅，司馬以旗致民，平列陳，如戰之陳。"又云："中夏，教芟舍，如振旅之陳。"又云："中秋，教治兵，如振旅之陳。"又云："中冬，教大閱。"⑦《周禮·肆師》云："凡四時之大甸獵，祭表貉，則

---

① 古代戰車，一般有三個戰士在車上，車左、車右和御者之間有明確的分工。通常的兵車，車左持弓主射，車右一般是勇力之士，持矛或戈主刺殺以退敵，御者在中主駕馭。將之兵車，御者在左主駕馭，將領居中主擊鼓，勇力之士居右主刺殺，還有將領非元帥皆在左、御者在右之說。參見劉起釪：《尚書校釋譯論》，中華書局 2005 年版，第 859、860頁。

② 《周禮注疏》（十三經注疏），中華書局 1980 年版，第 875 頁。

③ 《春秋左傳正義》（十三經注疏），中華書局 1980 年版，第 2023 頁。

④ 《尚書正義》（十三經注疏），中華書局 1980 年版，第 183 頁。

⑤ 《周禮注疏》（十三經注疏），中華書局 1980 年版，第 769 頁。

⑥ 《周禮注疏》（十三經注疏），中華書局 1980 年版，第 888 頁。

⑦ 《周禮注疏》（十三經注疏），中華書局 1980 年版，第 836、837 頁。

爲位。"①是四時都有田獵，以供祭祀與軍事訓練。對車、射、旌旗、軍陣、治兵都有嚴格要求，田獵無疑相當於戰時的軍事演習，軍社所起的作用，也是懲罰不合軍規者。

3. 會盟

《周禮·大祝》："大會同，造於廟，宜於社，過大山川，則用事焉。"賈疏云："王與諸侯時見曰會，殷見曰同，或在畿内，或在畿外。"②則王會盟亦有軍社。《左傳·襄公三年》雞澤（地名）之盟，晉侯之弟楊干亂行（軍陣）於曲梁，魏絳戮其僕，魏絳曰："軍事有死無犯爲敬。"這是"軍社"在會盟中主刑法之明證。《尚書傳》曰："王升舟入水，鼓鐘亞，觀臺亞，將舟亞，宗廟亞。"賈疏：

> 武王於文王受命十一年觀兵之時，武王於孟津渡河，升舟大水在前，鼓鐘亞，亞王舟後。觀臺亞者，觀臺可以望氣祥，亞鼓鐘後。將舟亞者，以社主主殺戮，而軍將同，故名社主爲將，將舟在亞觀臺後。宗廟亞者，宗廟則遷主也，亞在將舟後。

這是說，文王受命十一年，武王觀兵於孟津，不期而會者八百諸侯之事，武王的軍隊軍容整齊，軍紀嚴明，載社主以主刑法。牧野之戰，商紂的軍隊臨陣倒戈，纔導致了紂王的失敗，這與商紂臨時武裝刑徒，軍紀渙散，缺乏戰鬥力有關。軍社主殺戮，可以起到嚴明軍紀的作用，這對戰爭的勝敗無疑有決定性作用。

軍社爲何主刑法殺戮？孔安國説："天子親征，必載遷廟之祖主及社主行，有功則賞祖主前，示不專也。不用命奔北者，則戮之於社主前。社主陰，陰主殺。親祖嚴社之義也。"清人顧炎武對"社主"的這種作用有翔實的論述，不復贅言。③ 顯然，這是軍事統帥打着宗教的幌子，對不用命者的一種懲罰。

延至漢代，軍社的作用發生了明顯的變化。居延邊郡，軍社的設立成爲定制，其作用和其他郡縣相似，都是爲了獲得農業的豐收，而進行祈禱、報祭。

---

① 《周禮注疏》(十三經注疏)，中華書局 1980 年版，第 770 頁。
② 《周禮注疏》(十三經注疏)，中華書局 1980 年版，第 811 頁。
③ 顧炎武：《日知録集釋》，黃汝成集釋，欒保群、吕宗力校點，上海古籍出版社 2006 年版，第 293 頁。

《漢書·郊祀志》云："高祖十年春，有司請令縣常以春二月及臘祠(社)稷以羊
彘，民里社各自裁以祠。"①《後漢書·祭祀志》亦云："建武二年……縣郡置社
稷，太守、令長侍祠，牲用羊豕。"②居延漢簡中亦有例可援：

　　　　□□農掾戒謂官縣以令祠社稷，今擇吉日，如牒書到，皆修治社□
　　居延新簡 C35 ③

簡文中的"官縣"應當就是典籍中的"太守"或者"令長"。
　　除了在農業中的作用之外，在祭祀社的活動過程中，還可以進行商品交
易：

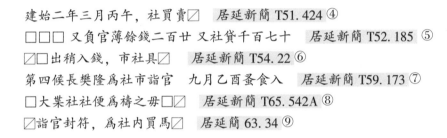

　　　　建始二年三月丙午，社買賣□　居延新簡 T51.424 ④
　　　　□□□又負官薄餘錢二百廿又社貸千百七十　居延新簡 T52.185 ⑤
　　　　□□出稍入錢，市社具□　居延新簡 T54.22 ⑥
　　　　第四候長樊隆爲社市詣官　九月乙酉蚤食入　居延新簡 T59.173 ⑦
　　　　□大枼社社便爲禱之冊□□　居延新簡 T65.542A ⑧
　　　　□詣官封符，爲社内買馬□　居延簡 63.34 ⑨

　　①　王念孫云："'稷'上脱'社'字，下民里社各自裁以祠，即其證，《初學記·歲時
部》《御覽·時序部十八》並引作'祠社稷'，《史記》同。"今從其校改。參氏著《讀書雜志》，
江蘇古籍出版社 2000 年版，第 228 頁。
　　②　范曄：《後漢書》，中華書局 1965 年版，第 3200 頁。
　　③　甘肅省文物考古研究所、甘肅省博物館、中國文物研究所、中國社會科學院歷史
研究所：《居延新簡——甲渠候官與第四燧》，中華書局 1994 年版，第 243 頁。
　　④　甘肅省文物考古研究所、甘肅省博物館、中國文物研究所、中國社會科學院歷史
研究所：《居延新簡——甲渠候官與第四燧》，中華書局 1994 年版，第 88 頁。
　　⑤　甘肅省文物考古研究所、甘肅省博物館、中國文物研究所、中國社會科學院歷史
研究所：《居延新簡——甲渠候官與第四燧》，中華書局 1994 年版，第 103 頁。
　　⑥　甘肅省文物考古研究所、甘肅省博物館、中國文物研究所、中國社會科學院歷史
研究所：《居延新簡——甲渠候官與第四燧》，中華書局 1994 年版，第 132 頁。
　　⑦　甘肅省文物考古研究所、甘肅省博物館、中國文物研究所、中國社會科學院歷史
研究所：《居延新簡——甲渠候官與第四燧》，中華書局 1994 年版，第 161 頁。
　　⑧　甘肅省文物考古研究所、甘肅省博物館、中國文物研究所、中國社會科學院歷史
研究所：《居延新簡——甲渠候官與第四燧》，中華書局 1994 年版，第 200 頁。
　　⑨　中國社會科學院考古研究所：《居延漢簡甲乙編》，中華書局 1980 年版，第 46 頁。

買蔥卅束，束四錢，給社　　居延簡 32.16 ①

從簡文 T59.173 可知，第四候長樊隆作爲指定的採購官到軍社上購買東西，在軍社上可以爲官府購買馬匹類的軍用物資，如簡 63.34，也可以購買蔥，如簡 32.16。如果付不起錢的話，還可以進行賒貸（棠②），如簡 T65.542A、T52.185。這説明市社中，買賣雙方所採取的方式是比較靈活的，憑官方的信用就可以貸錢，也可以賒購東西，極大地促進了商品交易。

總而言之，漢代軍社與先秦軍社相比，從制度到作用都發生了很大的改變。先秦時期，軍事征伐頻繁，天子、諸侯都十分重視軍社的作用，認爲其具有神性，能夠保證軍事的勝利。因而對其祭祀非常隆重，也比較靈活。遇有重大的軍事行動，天子、諸侯會親自進行宜祭、獻俘祭。即使軍事失敗，也會舉行告祭。軍社在嚴肅軍紀、主刑戮方面都起着重要作用。延至漢代，則和普通郡縣之社區別不大，與軍事征伐的結合不是很緊密；祭祀制度和時間趨於固定化，也不再舉行戰前的宜祭，似乎已不具備先秦時期嚴肅軍紀、主刑戮的作用。

爲便於比較先秦時期軍社與漢代軍社的不同特點，列表 3-1 如下：

表 3-1　先秦與漢代時期軍社比較

時　期		軍社來源	侍祠者	參與者	祭祀時間	壇　制	祭　品	作　用	資料來源
先秦軍社	天子	大社(事後返還)	天子或將軍	大小宗伯、大小祝、大小司馬、大小司寇、師氏、量人	臨時而祭（宜祭、獻祭、會盟、田獵）	臨時而立(有社壇無稷壇)	國家支付（牛、羊、豕、犬）	嚴肅軍紀、主刑法	《周禮》《詩經》《禮記》《左傳》《尚書》
	諸侯	國社(事後返還)	諸侯或將軍	祝、大夫					

① 中國社會科學院考古研究所：《居延漢簡甲乙編》，中華書局 1980 年版，第 20 頁。
② 棠，通"貰"。

续表

時　期		軍社來源	侍祠者	參與者	祭祀時間	壇　制	祭　品	作　用	資料來源
漢代軍社	郡縣	郡縣設立	太守或令長	—	常祭(三月、八月)	固定壇位(社、稷壇並有)	政府支付(羊、豕)	祈、報豐收,商品交易	《史記·封禪書》《漢書》《後漢書》《居延漢簡甲乙編》《居延新簡——甲渠候官與第四燧》
	吏社	高級軍吏設立	候長、守候塞尉	高級軍吏			兑分子(豕、雞、蔥)		
	卒社	戍卒設立	—	一般戍卒					

三、軍社制度與作用演變原因試析

軍社從先秦時期延至漢代,從制度到作用都發生了很大的變化,其演變原因主要有以下兩個方面。

首先,戰爭規模和特點發生了改變。先秦時期戰爭雖然頻繁,但是規模不是很大,往往一次戰役就可以決定勝負,如商周之際最大的戰役——牧野之戰,武王在甲子之日天未明到達殷郊牧野,可能只用了一天的時間就攻克了殷都,周王和諸侯一起用兵也不過幾萬人。① 典籍習見"六軍"的記載。《周禮·夏官·司馬》:"凡制軍,萬有二千五百人爲軍,王六軍,大國三軍,次國二軍,小國一軍,軍將皆命卿。"②《周禮·司士》:"作六軍之事執披。"③《大雅·文王》曰:"周王於邁,六師及之。"孔穎達疏:"六師亦六軍也。"④按:一軍一萬二千五百人,則天子六軍七萬五千人,諸侯大國纔有三軍三萬七千五百人,次國二軍二萬五千人,小國只有一軍一萬二千五百人,所以西周春秋時期

---

① 瀧川資言:《史記會注考證》卷四"周本紀",北嶽文藝出版社 1999 年版,第 25 頁。

② 《周禮注疏》(十三經注疏),中華書局 1980 年版,第 830 頁。

③ 《周禮注疏》(十三經注疏),中華書局 1980 年版,第 849 頁。

④ 《毛詩正義》(十三經注疏),中華書局 1980 年版,第 514 頁。

戰爭規模也不會很大。《左傳·僖公三十三年》秦晉之間的"殽之戰"、《左傳·僖公二十八年》晉楚之間的"城濮之戰"、《左傳·宣公十二年》晉楚之間的"邲之戰"，都是在較短的時間內即宣告結束。

西周至春秋時期，戰爭以車戰爲主。《史記·周本紀》有"戎車三百乘"的記載，《左傳·僖公二十八年》"城濮之戰"有"晉車七百乘"的記載，《左傳·僖公三十三年》"殽之戰"有"超乘者三百乘"的記載。劉起釪早就指出，古代戰車確實是三個戰士在車上，有左、右、御三種分工。而不論中外，古代的奴隸主進行軍事活動，都是使用戰車。恩格斯曾指出，起初馬匹大概僅用於駕車，至少在軍事史上戰車比武裝騎手的出現早得多。① 典籍亦多有記載，此時戰爭的目的還不是攻城略地、吞併對方。

總的來説，西周至春秋時期，戰爭規模不大，時間短，以車戰爲主，一次重要的戰役往往就可以決定勝負。這種戰爭規模和特點決定了載祖主與社主比較適合，因爲兩者都具有神聖性，可以主賞罰，從而保佑軍隊作戰取得勝利。

從戰國延至秦漢，戰爭的規模變得十分龐大。秦趙"長平之戰"，秦國坑殺了四十餘萬趙兵。秦國爲結束分裂局面而發動的秦楚戰爭，發動兵卒竟達六十萬，戰爭也不是短短幾天可以結束的，有時需要幾個月，甚至幾年，也不是一次戰役就可以決定勝負的。車戰已不適合戰爭形勢，逐漸轉爲徒兵與騎兵相結合的形式。載社主於軍中已不適合戰爭的需要，因爲騎兵速度非常快且無法載社主，而徒兵也不可能扛着神主作戰。邊郡仍有軍社設立，是因爲移民實邊，農業對於能否長期駐守起着十分重要的作用，因而這時軍社和農業的結合變得比較緊密，而其嚴肅軍紀、主刑戮的作用則趨於衰退。

其次，宗教思想發生了變化。《漢書·郊祀志》："三曰兵主，祠蚩尤。蚩尤在東平陸監鄉，齊之西境也。"②《漢書·郊祀志》："爲沛公，則祀蚩尤，釁鼓旗。"③《史記·封禪書》記載武帝元鼎五年(前112)："爲伐南越，告禱太一。以牡荊畫幡日月、北斗、登龍，以象太一三星，爲太一鋒，命曰'靈旗'。爲兵禱，則太史奉以指所伐國。"④這些都説明了戰爭祈禱的對象發生了改變，由社轉變爲"蚩尤""太一"。

① 參見劉起釪：《尚書校釋譯論》，中華書局2005年版，第860頁。
② 班固：《漢書》，中華書局1962年版，第1202頁。
③ 司馬遷：《史記》，中華書局1982年版，第1395頁。
④ 司馬遷：《史記》，中華書局1982年版，第1395頁。按：《史記會注考證》"太一三星"作"天一三星"，可從。

第二節　毫　　社

　　毫社是先秦社祭中一個非常重要的問題。從漢至清，學者們多認爲"毫社"即是"亡國之社""戒社""勝國之社"，名雖不一，其實則同也。小南一郎從宗教學角度對毫社有過概括性的論述，而對其具體情況則缺少說明。① 王暉認爲包括魯、宋在内的毫社都不是"亡國之社"②，魏建震繼之③，儘管所論於細微之處有所不同，但大體上是一樣的。先儒所論失之不確，而諸先生所論，則容有未諦，有商榷之必要，因而本章在前賢研究的基礎上略作考辨，並附以己意，以期更深入地研究這一問題。④

一、商代毫社

　　人類社會在經過漫長的新石器時期後，基本上實現了從狩獵業向農牧業的轉變，從齊家文化很容易看出這一點。齊家文化是新石器末期的農業文化，分佈範圍廣泛，在甘肅境内渭河上游的天水、武山、秦安、隴西，黃河附近的臨夏、臨洮，涇水流域的平涼、涇川、慶陽，西漢水流域的西禮，河西走廊的武威以及寧夏吉興隆鎮等地，共發現齊家文化遺址三百多處。居民以經营農業爲主，過着定居的聚居生活。⑤ 人們在長期的生產過程中，逐漸認識到土地的重要性，作物的豐欠決定着人類的命運，因而人們認爲土地有不可思議的主宰力量，從而產生了敬畏土地的心理，於是對土地的崇拜活動便接踵而來，諸如向土地祈禱獻牲，甚至把祭品埋入土裏等。經過漫長的歷史階段後，人們開始封土爲社，社神便應運而生了。當時在地祇崇拜中，社神崇拜是較爲廣泛的，祭祀也比較隆重。

（一）毫之地望

　　毫是商代重要的都邑。據《古本竹書紀年》記載，商代諸王中的外丙、仲

---

① 小南一郎：《毫社考》，《殷虛博物苑苑刊》（創刊號），中國社會科學出版社 1989 年版，第 73~75 頁。
② 王暉：《古文字與商周史新證》，中華書局 2003 年版，第 20~23 頁。
③ 魏建震：《先秦社祀研究》，人民出版社 2008 年版，第 288~291 頁。
④ 參見拙著《再論商"毫"》，《殷都學刊》2012 年第 2 期。
⑤ 王吉懷：《齊家文化農業概述》，《農業考古》1987 年第 1 期。

壬(中壬)、太甲(大甲)、沃丁(羌丁)、小庚(太庚)、小甲、雍己都曾把亳地作爲早商的國都。關於成湯所都之亳的確切地望,學者聚訟紛紜,相持不下,主要説法有三種:即北亳山陽説(今山東曹縣境),南亳穀熟説(今河南商丘縣東南),西亳偃師説(今河南偃師縣西)。

王國維主張"北亳説",即《漢書·地理志》所謂"山陽郡之薄縣",丁山、張永山從之。① 董作賓主張"南亳説",即在商丘之南,趙鐵寒從之。② 李學勤主張"西亳説",即今偃師商城,鄒衡從之,但有所修訂,認爲西亳是鄭州商城。③ 除此之外,還有亳在河南内黄説。④ 李民則另辟途徑,從都城設置制度着眼,認爲夏、商時期確實有兩都或數都並存的現象。亳之冠以南、北、西,那是後人爲區别三亳而起的地名,在商初只稱亳(或薄),並未有南、北、西之稱。南亳應爲商湯時期的主要都城,北亳是商湯的軍事大本營,西亳是商湯滅夏之後建立的另外一個"亳"都。⑤ 孫飛所持觀點與之基本相合。⑥ 筆者認爲李民的觀點較爲可信,先商的都城應該爲南亳,而在滅夏之後,商王國的都城則爲西亳。古代部族是經常進行遷徙的,有軍事原因,也有自然環境的原因,如《左傳》中就有"西虢""東虢""南虢"與"北虢"的記載,遷徙之地也以原都城的名字命名。

(二)亳社性質

亳之地望紛如聚訟,但亳作爲殷商的重要都邑,學者之間並無異議。因而亳地之社無疑是商代最重要的社,卜辭中有大量關於亳土(社)的記載:

於亳土御。 《合集》32675

① 王國維:《説亳》,《觀堂集林》,中華書局 1959 年版,第 518 頁。丁山:《古代神話與民族》,商務印書館 2005 年版,第 14 頁。張永山:《卜辭諸亳考辨》,《出土文獻研究》第 3 輯,中華書局 1998 年版,第 30 頁。

② 董作賓:《卜辭中的亳與商》,《先秦史研究論集》(下),台湾大陸雜志社 1967 年版,第 28 頁。趙鐵寒:《説殷商亳及成湯以後之五遷》,《先秦史研究論集》(下),台湾大陸雜志社 1967 年版,第 64 頁。

③ 李學勤:《商都西亳略説》,《甲骨金文與古史研究》,中州古籍出版社 1993 年版,第 245 頁。鄒衡:《鄭州商城即湯都亳説》,《文物》1978 年第 2 期。

④ 王震中:《甲骨文亳邑新探》,《歷史研究》2004 年第 5 期。

⑤ 李民:《南亳、北亳與西亳的糾葛》,《夏商史探索》,河南人民出版社 1985 年版,第 94~100 頁。

⑥ 孫飛:《論南亳與西亳》,《文物》1980 年第 8 期。

　　□亳土饗。　《合集》28107

　　惟骍王受年。其又燎亳土雨。　《合集》28108

　　辛巳，貞雨不既，其燎於亳土。　《屯南》665

　　其又亳土。　《合集》28110

　　戊子卜，其又歲於亳土三小(宰)。十小宰。　《合集》28109

　　其方虜亳土燎虫牛。　《合集》28111

　　□亳土虫小宰　《合集》28113

　　從上揭卜辭可知，祭祀亳社所用的犧牲有"牛"和"宰"。有"御""饗""燎""又""歲"等幾種祭法(詳見本書第二章)。

　　亳社的性質較爲複雜，學者之間有不同意見。丁山認爲殷商時期的亳社相當於兩周時期的"太社"，"𡭖社"當是亳社的別名，無名之社纔是統治階級爲人們建立的"國社"。王社，在商稱爲"亳社"，在周則爲"周社"。① 陳夢家認爲，"亳土"即亳地之社，亳在商丘之南。𡭖社爲𡭖地之社，爲地名無疑。② 席涵静認爲，商代的邦(𡭖)社、亳社即商代的國社，又可簡稱爲"社"，有可能是周代設立國社、王社的先河。③ 朱鳳瀚認爲，亳社有可能相當於大社，單稱之"土"在卜辭中所見祭祀最盛，有可能相當於王社。至於𡭖社，一般多釋爲邦社，但𡭖在卜辭中甚少見，此社的情況難以得知。④彭裕商認爲，卜辭中所見前面不加定語的"土"當即是殷都安陽的大社，又説"土"的重要地位非"亳土""𡭖土"所可比擬，所以"土"應該就是殷都的"王社"，而"亳土""𡭖土"乃前世王都的社。⑤

　　爲便於比較分析，列表3-2如下：

① 丁山：《中國古代宗教與神話考》，上海文藝出版社1988年版，第43~45頁。

② 陳夢家：《殷虛卜辭綜述》，中華書局1988年版，第584頁。

③ 席涵静：《先秦社祀之研究》，臺灣衆望文化事業有限公司1992年版，第48頁。

④ 參見朱鳳瀚：《商人諸神之權能與其類型》，《盡心集：張政烺先生八十慶壽論文集》，中國社會科學出版社1996年版，第68頁。

⑤ 參見彭裕商：《卜辭中的"土""河""嶽"》，《甲骨文獻集成》第30冊，四川大學出版社2001年版，第394頁。原載《古文字研究論文集》，《四川大學學報叢刊》第10輯，1982年。

表 3-2　各學者對於亳社性質的觀點

社的性質	學者姓名				
	丁山	陳夢家	席涵静	朱鳳瀚	彭裕商
大社(周)	亳社(亳社)	—	—	亳社	
王社(周)	亳社▲	—	—	社	
國社(商)	社		亳社、社、亳社	—	社
先商都社	—	亳社	—	—	亳社、亳社
備注	—	亳社爲亳地之社	—	亳社地位不明	—

(▲表示前後説法存在矛盾混淆之處)

　　以上幾種説法中，丁山用周代的立社制度以況商代，亳社(亳土)不太可能既相當於大社，又相當於王社。席涵静認爲"亳社""社"與"亳社"乃同社異名，也是一種混言之的説法。朱鳳瀚則顛倒了卜辭中"亳社"與"社"的性質。《禮記·祭法》："王爲群姓立社，曰大社。王自爲立社，曰王社。諸侯爲百姓立社，曰國社。諸侯自爲立社，曰侯社。"很顯然大社與王社並不相同，大社要高於王社。在卜辭中，單稱"土"的祭祀最爲豐盛，犧牲與祭祀方法也最多(參見本書第二章)，所以應當是商滅夏以後所立的王國之社。《詩經·綿》："乃立塚土。"孔穎達認爲，天子的大社是從周爲諸侯時的岐山之社轉化而來的。以此推斷，則卜辭中單稱"土"的王國之社，有可能也是從先商時的亳社轉化而來的。卜辭中的"亳土"當是先商時期的都社或者後來占領地的社。小南一郎早就指出：

　　　　商族占領的地方都有了用"亳土"來修築的"亳社"，有時候，由於特殊的原因，没有把這種社土叫作"亳社"，但它的基本性質還是"亳社"。①

①　小南一郎：《亳社考》，《殷虛博物苑苑刊》(創刊號)，中國社會科學出版社 1989年版，第 73~75 頁。

相較而言，陳夢家與彭裕商的説法較爲可信。

在商殷未亡之時，已經有亳社存在，這時的亳社自然不是亡國之社。《史記·殷本紀》：“湯始居亳，從先王居。”由此可知亳是商代一個非常重要的邑名，卜辭中常把亳和“商”“大邑商”相提並論。嗣後，亳社之名，作爲商人所祭祀社之名，相沿而不變，逮至春秋而數百年不廢，因而春秋時期所謂的亳社當源於商人所祭亳地之社。

(三)“亳社”爲“膏社”説商榷

殷墟甲骨卜辭中有“亳社”，早已成爲定説。于省吾、丁山、陳夢家、朱鳳瀚、彭裕商等甲骨文字學家都有過這方面的論述。近年來，李學勤對甲骨卜辭中是否有“亳社”提出了質疑，他認爲甲骨卜辭中的“亳”字是一種誤釋，應當釋爲“膏”。“膏”是“蒿”字的另一種寫法，“蒿社”“膏社”均應讀爲“郊社”。① 這一説法在學術界産生了一定的影響，已爲個別學者所接受。② 也有學者反對把“蒿祭”讀爲“郊祭”③，惜沒有進行具體的論述，也沒有討論“亳”與“蒿”的關係。筆者以爲把“亳”釋爲“膏”的説法是有問題的，有必要對其進一步探討，以釐清這種認識。

李學勤提出的一個主要證據是小屯南地出土的一片甲骨，其刻辭爲：

其索於▨土　　《屯南》59

“▨”，姚孝遂、肖丁釋爲“膏”字，認爲是一個地名。“膏土”謂膏地之社，此例前所未見。④ 後來合編的《殷墟甲骨刻辭摹釋總集》則釋爲“亳”字。⑤ 于省吾早就指出：

---

　　① 李學勤：《釋“郊”》，《文史》第 36 輯，中華書局 1992 年版，第 7~9 頁。下引李氏觀點均出此文，不另作注。

　　② 參見李零：《包山楚簡研究(占卜類)》，《中國典籍與文化論叢》第 1 輯，中華書局 1993 年版，第 426~428 頁。

　　③ 參見李家浩：《包山祭禱簡研究》，《簡帛研究》(二〇〇一)，廣西師範大學出版社 2001 年版，第 30、31 頁。

　　④ 姚孝遂、肖丁：《小屯南地甲骨考釋》，中華書局 1985 年版，第 81 頁。

　　⑤ 姚孝遂主編：《殷墟甲骨刻辭摹釋總集》，中華書局 1988 年版，第 962 頁。

膏字本作，从肉高省聲，舊誤釋爲亳或京。……膏與高古通用，膏魚爲地名，典籍作高魚。①

""字釋爲"膏"是没有問題的，"膏"與"高"古通用，"高魚"爲地名，于氏所言極是。卜辭中的"膏土"當爲"膏"地之社，"膏"是一個地方的名稱。

李學勤贊同于、姚二位學者的觀點，並在此基礎上進一步提出甲骨卜辭中的"亳土"都應釋爲"蒿土"，他在文中説：

細察上引各例"亳土"的"亳"字，其上半从"高"省，下半都作或形。《説文》"亳"字"从高省，乇聲"，西周的金文、東周的陶文和貨幣文字的"亳"字，確實是从"乇"的。所从的"乇"，形狀同、完全不同。甲骨卜辭的"乇"應該寫作，于省吾先生論之已詳。是"屮"，是其繁寫，和"乇"不能混淆，从"屮"就不是"乇"聲，不可釋爲"亳"了。過去釋作"亳"的這個字，是从"屮""高"省聲，看來是"蒿"的另一種寫法。

按，上引各例"亳土"的"亳"字，指的是《合集》28106、28107、28108、28109、28111、32675與《屯南》665、1105，其"亳"字字形有以下幾種：

(《合集》28106)、(《合集》28107)、(《合集》28108)、(《合集》28109)、(《屯南》665)、(《合集》07841)、(《合集》36567))

西周金文，東周的陶文、貨幣文字和《説文》中的"亳"字字形有以下幾種寫法：

(商亳觚)、(周早亳父乙鼎)、(戰國陶鄭州一)、(戰國陶鄭州二)、(戰國東亞二 亳布)、(《説文》)②

從字形上來看，"亳"字從甲骨文發展到商周時期的金文，字形並無多大改變，一脈相承的關係清晰可見，尤其是《合集》28107、28109與"商亳觚"、

---

① 于省吾：《甲骨文字釋林》，中華書局 1979 年版，第 134、135 頁。
② 高明：《古文字類編》，臺灣大通書局 1986 年版，第 405 頁。

周早期的"亳父乙鼎"字形十分接近，其上半都是从"高"省，下半从"￥"形。到春秋、戰國時期，"亳"字字形逐漸定型，"￥"繳逐漸轉化爲"丁"形。

于省吾曾指出，甲骨文"宅"字習見，其从"乇"均作丨或t。又甲骨文"亳"字所从之"乇"，與"宅"字从"乇"形同（後來"亳"字則變作从￥或¥）。晚周貨幣宅陽之宅从乇作t者常見，猶存初形。① 殷商甲骨、西周金文、戰國貨幣中的"宅"字字形有以下幾種寫法：

　　月（前四·一四·七·一期）、月（乙七四〇四·一期）、介（先周周甲八）、兩（周晚公父宅匜）、兩（周早小臣宅簋）、兩（春秋秦公簋）、乇（戰國東亞四宅陽布）、升（戰國東亞四宅陽布）、厇（戰國信陽簡）②

從甲骨文中的"亳""宅"所从的"乇"字字形來看，于省吾認爲，"甲骨文'亳'字所从之'乇'，與'宅'字从'乇'形同"的説法是可信的。不過"￥""¥""t"字形的先後則難以確定，很有可能是一字異形，同時並存，如前文的貨幣"宅"字。

考古發掘也證實了商代甲骨文中確實存在"乇"字。③ 李維明認爲，商人有崇草習俗。二里崗早商文化遺存中，陶大口尊口沿上多見近草形刻符。這裏出土的早商牛肋骨刻辭中的"乇"亦近草形。《詩經·時邁》："薄言震之。"鄭箋云："薄猶甫也。甫，始也。"又亳與薄，上古音均屬並母鐸韻部，亳爲乇聲。據此推測，漢代以後所稱圃田或可尋源於殷墟甲骨刻辭乇田，周《詩經》所言甫草，或可尋源於鄭州二里崗乇草。④ 常玉芝也認爲，上古時期乇、宅、亳三個字在讀音上是有關聯的。李維明將"乇"字讀作"亳"是正確的，認爲乇是殷墟卜辭"亳"字的較早的寫法，或是殷墟卜辭"亳"字的早期省文，是有道理的。⑤

───────────────

① 于省吾：《甲骨文字釋林》，中華書局 1979 年版，第 168 頁。
② 高明：《古文字類編》，臺灣大通書局 1986 年版，第 385 頁。
③ 河南省文物考古研究所：《鄭州二里崗》，科學出版社 1959 年版，第 38 頁。
④ 李維明：《鄭州二里崗早商骨刻字符與乇土祭祀》，《中國文字博物館》2009 年第 2 期。
⑤ 常玉芝：《商湯時的祖先崇拜與社神崇拜》，《甲骨文與殷商史》（新三輯），2013 年。

《説文》云："毛，艸葉也。從垂穗，上貫一，下有根。象形。凡毛之屬皆從毛。"①其説當有所本。卜辭中"亳"字所從之下半多作"Ψ""ΨΨ"，正像是小草之形，這説明"毛"字在甲骨文中正是"Ψ""ΨΨ"之形。因此，李學勤認爲"西周的金文、東周的陶文和貨幣文字所從的'毛'，形狀同Ψ、ΨΨ完全不同"的説法並不可信。

李學勤認爲，甲骨文中的"亳"字當釋爲"膏"字，也不可從。"膏"字字形在甲骨中爲"　"，上半從高省，下半從夕，這與"亳"字的下半部從Ψ、ΨΨ是截然不同的。甲骨文中"　"比較少見，如姚孝遂所説，當是一個地名，"　土"就是"膏"地之社。"亳"既不能釋爲"膏"，則"膏"通"蒿"、轉而通"郊"的説法也顯迂曲。卜辭中没有"天""地"刻辭，這是大家公認的。商人的至上神是卜辭中的"上帝"。另外典籍中也没有關於商人郊祀天地的記載，因而把"亳社"釋讀爲"郊社"的説法缺乏必要的依據。

(四)"薄土"淺论

1973 年 9 月中旬至 11 月中旬，長江流域第二期文物考古工作人員訓練班學員在鳳凰山墓地實習，發掘了九座西漢木槨墓。② 在這批已發掘的秦代和西漢木槨墓中，有六座西漢墓出土了竹木簡牘，即鳳凰山八、九、十、一六七、一六八、一六九號墓。在這六座墓中，只有十号墓出土的竹木簡牘中没有"薄土"的記載，"薄土"的"薄"字，其中三個帶草字頭，兩個没有，意思應該是一樣的。其字形如下③：

(八號墓 第57頁)　　　　(九號墓 第65頁)　　　　(一六七號墓 第173頁)

---

①　段玉裁：《説文解字注》，上海古籍出版社 1988 年版，第 274 頁。

②　長江流域第二期文物考古工作人員訓練班：《湖北江陵鳳凰山西漢墓發掘簡報》，《文物》1974 年第 6 期。

③　湖北省文物考古研究所：《江陵鳳凰山西漢簡牘》，中華書局 2012 年版。

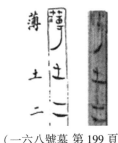
（一六八號墓 第 199 頁）

（一六九號墓 第 221 頁）

那麼，簡牘上的"薄土"究竟有什麼含義和性質呢？對此，學者們持有不同意見，主要有三種。其一，裘錫圭認爲，"薄土"應該是車上鋪墊用的一種東西，與泥土毫無關係。他在文中論述道：

> 《急就篇》第十八章"靯鞦靰鞴鞍鑣鍚"，松江碑本作"茵茯薄杜窜鑣鍚"。碑本出於吳皇象本，應該較近於漢代原本。"杜"從"土"聲，《急就篇》的"薄杜"跟遣策的"薄土"無疑是一回事。《釋名·釋車》："靰鞴，車中重薦也。"《廣雅·釋器》"靰鞴謂之鞉"，王念孫《疏證》："靰鞴，疊韻字。《廣韻》：鞈，他胡切。鞴鞈，屐也。屐，履中薦也。鞴鞈亦疊韻字。履中薦謂之鞴鞈，猶車中薦謂之靰鞴矣。"漢語雙音節單純詞的兩個音節或並列式雙音節複合詞的兩個詞素，其前後位置往往可以變動。……因此，薄杜又稱靰鞴，是毫不足怪的。王念孫所舉的鞴鞈，音節次序也與靰鞴相顛倒。
>
> 《廣雅》説靰鞴就是鞉，但《急就篇》以鞉與靰鞴並列，可見二者不是一種東西，《廣雅》的説法是不確切的。《急就篇》顏師古注："鞉，車中所坐蓐也。"靰鞴應是墊在鞉下面的薦。①

裘氏的説法稍嫌迂曲，雖可以解釋"薄土"下面的數字"一""二"表示每個陪葬車都有一層"薦"或一重"薦"，但用量詞"枚"來表示"薦"的數量似乎不多見。另外，其説法也無法解釋隨遣策一起出土的一六七號墓中被絲織物包裹的長方形土塊，八號墓出盛泥土的一件竹笥，這些東西與"薄土"的關係。從被包裹的土塊和盛泥土的竹笥可以看出，它們不是普通的泥土，不會隨意安放在墓

---

① 裘錫圭：《説"薄土"》，《裘錫圭學術文集》，復旦大學出版社 2012 年版，第 50 頁。

中，應該有一定的功能和作用。

其二，鳳凰山一六七號漢墓發掘整理小組認爲："薄土，即簿土，載入簿籍的土地。它是死者生前私有土地的象徵物。"①《鳳凰山一六七號漢墓遣策考釋》則對"薄土一枚"有了更進一步的解釋：

> "薄"即"簿"。簿土，指入册的土地。鳳凰山一六八號墓遣策亦作"簿土"。八號墓遣策作"溥土"。"溥"同"薄"，也應釋作"簿"。十號墓《鄭里廩簿》寫作薄，敦煌漢簡亦有此例。
>
> 褚補《史記·三王世家》："諸侯王始封者，必受土於天子之社……將封於東方者取青土，封於南方者取赤土，封於西方者取白土，封於北方者取黑土，封於上方者取黃土，各取其色物，裹以白茅，封以爲社。此始受封於天子者也，此之爲主土。主土者，立社而奉之也。"此段所記，其説本於《逸周書·作雒解》，爲天子分封諸侯王時舉行的一種禮儀。主土，諸侯據地爲王的象徵。此墓所出簿土，爲一塊以方絹包裹的土塊。簿土和主土雖都用以表示土地，但其含義根本不同。簿土，應是地主私人占有土地的直接象徵。②

不過，從字形上來看，一六八號墓出土遣策上"薄土"的"薄"字明顯爲草字頭，而不是考釋者所説的竹字頭。"簿"可以通"薄"應該是沒有問題的，考釋者的解釋有一定的道理，一六八號墓遣策上的"薄土二"，也可能是説墓主人私人擁有的土地不止一塊。

其三，李家浩則根據對八號墓出土的"龜盾"漆畫内容的推測，認爲"薄土"就是"息土"，或作"息壤"，用來防禦水患。他首先推測"龜腹甲"表示"玄龜"，也就是玄冥，是水官或北方水神之名。龜甲上刻畫的"人首鳥身"代表禹强，也是商族的始祖契，善於治水。"三足鳥"就是"玄鳥"，以玄鳥爲圖騰應是商的始祖契，曾"佐禹治水有功"，其後子孫，世爲水官。其次認爲，除了用龜盾防禦水之外，還有用"薄土"鎮治水的現象。他指出：

---

① 鳳凰山一六七號漢墓發掘整理小組：《江陵鳳凰山一六七號漢墓發掘簡報》，《文物》1976 年第 10 期。

② 吉林大學歷史系考古專業赴紀南城開門辦學小分隊：《鳳凰山一六七號漢墓遣策考釋》，《文物》1976 年第 10 期。

墓内出土了一笥泥土，竹簡稱爲“溥土”。“溥土”即《書·禹貢》“禹敷土……以奠高山大川”的“敷土”。鄭玄注：“敷，一作溥。”或作傅，《荀子·成相》：“禹傅土平天下。”溥、敷、傅，乃是音同義通字。按，文獻中的“溥土”是動賓結構的複詞，而竹簡的“溥土”是名詞，名詞的“溥土”實際上也就是《淮南子·墜形訓》所說的“禹乃以息土填洪水”的“息土”。“息土”或作“息壤”，相傳是上帝的一種神土，因其能生長不息而得名。該墓把“溥土”與繪有禹、契神像的龜盾置於槨室之内，顯然其用意是鎮治水，或者是防禦水的了。①

從墓坑發掘結果來看，棺槨有積水，墓主人也只剩下幾根殘骨，很顯然“薄土”沒有起到預防水患和鎮治水的功能。“薄土”究竟是不是“息壤”呢？還有待進一步探討。

如若李家浩的推測可信，江陵八號漢墓的龜甲正面上的漆畫“人首鳥身”表示商人的始祖契，“三足鳥”爲商人的圖騰“玄鳥”，則其喪葬禮俗當和殷商喪葬風俗有一定的傳承關係，或者説保留了一些殷商遺俗。那麼“薄土”當與商人的“亳社”有一定關係。

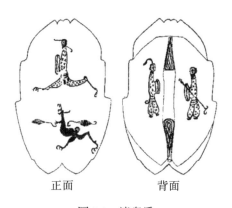

正面　　　　　背面

圖 3-1　漆龜盾

“薄”，本又作“亳”，薄和亳是相通的。《逸周書·殷祝解》“湯放桀而復薄”，彙校：“盧文昭云：復薄，李善注《文選》引作‘歸於亳’。”②《禮記·郊特

①　李家浩：《江陵鳳凰山八號漢墓“龜盾”漆畫試探》，《文物》1974 年第 6 期。
②　黄懷信、張懋鎔、田旭東：《逸周書彙校集注》，上海古籍出版社 1995 年版，第1116 頁。

牲》：“天子大社，必受霜露風雨，以達天地之氣也。是故喪國之社屋之，不受天陽也。薄社北牖，使陰明也。”鄭注：“絶其陽通其陰而已。薄社，殷之社，殷始都薄。”孫氏集解：“喪國之社，即亳社也。薄、亳通，殷之舊都也。”①因而“薄土”可能就是“亳社”，或者説是“亳社”之土，具有社神的性質。“薄土”隨墓主人而葬，其作用應該是防止墓主人作祟，以保佑生人的平安，因爲古人相信祖先人鬼可以禍害後人或讓後人生病，出土的甲骨、簡帛中皆有例可循：

> 父庚壱王
> 父庚弗壱王
> 父辛壱王
> 父辛弗壱王　《合集》903 正
> 上甲壱王　《合集》939 反
> 妣癸壱王　《合集》940 正
> 卜丙壱王　《合集》8969 正
> 唯夒壱王　《屯南》2369
> 祖辛祟王　《合集》1734
> 父甲祟王　《合集》2119
> 南庚祟王　《合集》5658 正
> 貞，上甲祟王　《合集》6122

“壱”，釋爲“它”，或从蟲，即蛇。契文“它”字增之止形者，象行道踐它，輒爲所齧，故制字象之，以別於他蟲也，其意當爲“禍害”。② “祟”，這裏指暗中進行的傷害，“王”指在世的商王。從上面卜辭可以看出，無論是商王的先公先王，或是先王之配偶（妣夒），都可以危害在世的商王，所以商王會反復占卜是誰危害自己，如上文的提到“父庚”“父辛”等。

　　新蔡葛陵楚簡中就有墓主人平夜君成因爲生病而進行占卜的“疾病貞”：

> □怀（背）、膺疾，［以］胖痕（脹）、心□　　**新蔡簡甲一 13**
> □貞：怀（背）、膺疾，［以］胖痕（脹）、心（悶）□　　**新蔡簡甲一 14**

---

① 孫希旦：《禮記集解》，沈嘯寰、王星賢點校，中華書局 1989 年版，第 685 頁。
② 李孝定：《甲骨文字集釋》，《“中央研究院”歷史語言研究所專刊之五十》，1970年，第 3934 頁。

□占之。恒貞吉，無咎，疾罷脣罷也，至九月又(有)良(間)，□
新蔡簡甲一 22

□貞：既疾於背，[以]齜(胛)疾，自□　新蔡簡甲三 9

□懷脣[悶]心之疾，[速]瘳[速]瘳(瘥)。罷日癸丑，少(小)□
新蔡簡甲三 22、59

□[悶]，(且)疥不出，[以]又(有)瘩，尚(速)出，毋爲憂。嘉占之
曰：[恒]貞吉，少　新蔡簡甲三 199、199-2 ①

平夜君成這次生病很嚴重，發病不久就出現了很多種症狀。從簡文來看，症狀
主要包括心悶、背脣疾、胛脹、胛疾、皮膚疾病，等等。發病部位涵蓋了肩、
背、胸、心、腹、皮膚等處，説明病情日益嚴重。至於引發疾病的原因，卜筮
者認爲有可能是鬼神在作祟，因而向先祖、自然神進行舉禱，如簡文：

□占之曰：吉，無咎。又(有)敓(祟)見於卲(昭)王、獻惠
新蔡簡甲一 5

□無咎。又(有)敓(祟)見於卲(昭)王、文□　新蔡簡甲三 2

□亡(無)咎。又(有)敓(祟)與貺/黽，同敓(祟)見於[太]□
新蔡簡甲三 3

□犧馬，先之[以]一璧，迅而[歸]之。迻吝(文)君之祝(祟)□
新蔡簡甲三 99

□膚一也。或[以]林/黽求亓(其)敓(說)，又(有)祝(祟)於秋
(太)、北□　新蔡簡甲三 100

□□[以]古(故)敓(說)之，吝(文)君、吝(文)[夫]人歸□
新蔡簡甲三 176

□[以]亓(其)古(故)敓(說)之。[舉]禱楚先：老童、祝(融)、鬻
酓(熊)，各兩牂(牂)。旗(祈)□　新蔡簡甲三 188、197

□戶、門。又(有)祝(祟)見於卲(昭)王、蕙(惠)王、文君、文[夫]
人、子西君。就禱□　新蔡簡甲三 213 ②

① 河南省文物考古研究所：《新蔡葛陵楚墓》，大象出版社 2003 年版，第 187~194
頁。
② 河南省文物考古研究所：《新蔡葛陵楚墓》，大象出版社 2003 年版，第 187~195
頁。

占卜者認爲，作祟的鬼神有可能是先王（昭王、獻惠、文君），先公（老童、祝融、鬻熊），以及配偶（文夫人）、先臣（令尹子西），也有可能是自然神（太、北方），等等。

出土的望山簡和包山簡也有很多簡文記載了墓主人因生疾病爲求解脱，而向"作祟"的鬼神進行祭祀的情況：

饋月，丙辰之日，登逾［以］少（小）彤（篙）爲邵固貞：既瘥，（以）咳心，不内（入）飤（食），尚毋爲大蚤。占之［恒］貞吉　望山簡 9

歸豹［以］寶家爲邵固貞：既瘥，［以］心癮肰（然），不可［以］動思［舉］身，鞥　望山簡 13

［以］不能飤（食），［以］心咳，［以］［胸］脅疾，尚　望山簡 37

［以］心咳，不能飤（食），［以］聚（駬），足骨疾　望山簡 38　憂（憂）於窮（躬）［身］與宮室，又（有）敚（祟），［以］亓（其）古（故）祝之。望山簡 24

志事，［以］亓（其）古（故）祝（祟）之，亯（享）［歸］備（佩）玉一環束大王，［舉］禱宮行一白犬，酉（酒）飤（食）　望山簡 28

吉，不死，又（有）見祝（祟），［以］亓（其）古（故）敚（祟）之，［舉］禱［太］備（佩）玉一環，侯土、司命各一少（小）環，大水備（佩）玉一環。歸豹　望山簡 54 ①

東周之客許呈［歸］作（胙）於栽郢之［歲］，饋月己酉之日，許吉以保家爲左尹邵㐌貞，以其下心而疾……又敚（祟），［太］見琥，以其古（故）敚之。壁（避）琥，［擇］良月良日［歸］之，　包山簡 218 爲□綳［佩］，兼□之厭一［貑］於［地］宔（主）；賽禱行一白犬，［歸］冠帶於二天子。甲寅之日，逗於郇昜。　包山簡 219

東周之客許呈［歸］作（胙）於栽郢之［歲］，饋月己酉之日，苛光以長惻爲左尹邵㐌貞，以其下心而疾，少既，［恒］貞吉。庚辛又匃（間），兼瘥，不逗於郇昜，同敚。　包山簡 220

東周之客許呈［歸］作（胙）於栽郢之［歲］，饋月己酉之日，郱羞以少寶爲左尹邵㐌貞，既又，心疾，少既，不内（入）飤。饋月［期］中尚毋又

①　湖北省文物考古研究所：《江陵望山沙塚楚墓》，文物出版社 1996 年版，第 237～241 頁。

兼。　　**包山簡 221** ①

從上面的簡文可以看出，望山墓主人邵固有生瘡(瘥)、心疾、驚嚇(心惖然)、咳嗽(心咳)、胸疾、足骨疾、不能飲食等疾病。包山墓主人邵𧐍也有心疾、不能飲食(不内食)等病。兩人都通過不同的卜人(登道、歸豹、許吉、苛光、邦蘲)用不同的卜具進行占卜(小簀、寶家、保家、長惻、少寶)，貞問疾病是否能迅速痊愈(兼瘥)，何時可以痊愈(爨月期中怎樣)，從長期來看結果是吉利的(恒貞吉)，但目前尚有鬼神作祟(又祟)，應將疾病之事向鬼神陳説以求解脱。

《论衡·辨祟篇》曰：

> 世俗信禍祟，以爲人之疾病死亡，及更患被罪，戮辱歡笑，皆有所犯。起功、遷移、祭祀、喪葬、行作、入官、嫁娶、不擇吉日，不避歲月，觸鬼逢神，忌時相害。故發病生禍，絓法入罪，至於死亡。②

這恰好説明當時人普遍信奉鬼神是可以"禍祟"的，鬼神的"禍祟"可以導致疾病的發生和其他不好的事情。而要避免疾病以及死亡情況的發生，時人認爲最好的辦法就是向這些可能被觸犯的鬼神進行祈禱，然後獻上犧牲與祭品。這些犧牲和祭品可以説是非常珍貴豐富的(犧馬、佩玉、白犬、酒食、冠帶等)，足見墓主人用心之誠。

20世紀90年代香港中文大學文物館收藏的"皇母序寧"漢簡説明，向社神和其他神靈進行祈禱，可以免除已死的墓主人造成在世子孫罹患疾病和不幸，也就是免除"禍祟"，如：

> 建初四年七月甲寅朔，田氏皇男、皇婦、皇弟、君吳共爲田氏皇母序寧禱外家西南請子[社]③，休。皇母序寧以七月十二日乙丑頭墅目宵，兩手以卷，下入黃泉，上入蒼天。今以鹽湯下所言禱，死者不厚讁，生者勿

---

① 湖北省荆沙鐵路考古隊：《包山楚墓》，文物出版社1991年版，第366頁。

② 張宗祥：《論衡校注》，上海古籍出版社2010年版，第485頁。

③ 李均明認爲"請子休"當釋爲"請子社"。參氏著《讀〈香港中文大學文物館藏簡牘〉偶識》，《古文字研究》第24輯，中華書局2002年版，第452頁。今從楊説，參氏著《新出簡帛與禮制研究》，臺灣古籍出版有限公司2007年版，第287頁。

債，券剌明白。所禱，序寧皆自持去對天公。　簡 227

　　爲皇母序寧禱社，七月十二日乙丑序寧，頭望目顚，兩手以抱，下入黃泉，上入蒼天，　簡 228 正面　[皆序寧持去]，天公所對。生人不負債，死人勿謫①，券書明白，張氏請子社。　簡 228 背面

　　田社，皇男皇婦爲序寧所禱田社，七月十二日乙丑序寧，頭望目顚，兩手以抱，下入黃泉，　簡 231 正面　所對，生人不負債，死人勿謫，券書明白。　簡 231 背面

　　七月廿日癸丑，令巫夏脯酒，爲皇母序寧下禱，皇男皇婦共爲禱東北官保社，皇母序寧，今以頭望目冒，兩手以卷脯酒下，生人不負債，死人勿謫，　簡 235 正面　券書明白。　簡 235 背面

　　皇男皇婦爲序寧所禱官社，皆序寧持去，天[公所對。生人不負債，死人勿謫，券書明白]。　簡 236 ②

從上面簡文可知，家中兒子和媳婦(皇男皇婦)曾相隔八天、分多次向不同的社神(西南請子社、社、田社，東北官保社、官社)進行禱告，以求免除死者的罪責，免除生人受到無辜之災。兒子、媳婦立券書的目的很明確，也就是告知天地，生人不會承擔任何責任，不要把災殃降臨到生人的身上，通過巫師舉行祭祀儀式以達到自己的目的。香港中文大學所藏簡牘《詰咎》篇中就有用"社土"做"偶人"以達到繁衍牲畜的目的的例子。因而有理由相信，鳳凰山墓地中出土的竹木簡牘有關"薄土"的記載與用絲織物包裹的"土塊"也不是偶然爲之的，應該有一定的目的性。筆者認爲，用絲織物和竹筒存放的"土塊"就是取於亳社(薄土)，具有神性，其目的就是爲了防止已死的祖先鬼神對生人作祟，使後代免受疾病災殃。

二、周代亳社

　　最早的亡國之社是夏社，商人戰勝夏人，由於不可以改遷夏社，所以採取

---

①　這是東漢墓文中常見的"解適"語，相似的如："謹以鉛人金玉，爲死者解適，生人除罪過。"(《靈寶張灣漢墓》，《文物》1975 年第 11 期)《漢書·陳勝傳》"適戍之衆"，顏注："適讀曰謫，謂罪罰而行也。"可知，"解適"之"適"，乃"謫"之假借，謫是罪過或懲罰之意。"解"的意思是解除或解脫，即通過對鬼神祭祀而除去凶災。陳松長：《香港中文大學文物館藏簡牘》，香港中文大學文物館 2001 年版，第 99 頁。

②　陳松長：《香港中文大學文物館藏簡牘》，香港中文大學文物館 2001 年版，第 99~107 頁。

了"屋"之的方法①，後來周人滅商，也採取了相同的辦法。《尚書·甘誓》："用命，賞於祖；弗用命，戮於社。"②《古本竹書紀年》："夏桀末年，社坼裂，其年爲湯所放。湯遂滅夏，桀逃南巢氏。"③《墨子·明鬼下》亦有類似記載。《尚書序》："湯既勝夏，欲遷其社，不可，作《夏社》。"孔傳曰："湯承堯舜禪代之後，順天應人，逆取順守而有慚德。故革命創制，改正易服，變置社稷，作《夏社》言夏社不可遷之義。"《尚書》本有《夏社》一篇，今亡。《史記·殷本紀》："湯既勝夏，欲遷其社，不可，作《夏社》。"④《集解》引孔安國曰："言夏社不可遷之義。"⑤今本《竹書紀年》："十八年癸亥，王即位，居亳。始屋夏社。""作《夏社》"之"作"，當爲"創作"之意，與"屋夏社"之"屋"的意思是不一樣的。此"屋"字，當與後來"喪國之社屋之"之"屋"意思相近。⑥ 那麼周代諸侯國"亳社"的性質和特點都一樣嗎？有進一步探討之必要。⑦

(一)周代亳社的性質及特點

周之初年，"亳社"尚不是"亡國之社"，它成爲"亡國之社"的代名詞，當在"武庚之亂"被平定之後。顧炎武說：

> 武王伐商，殺紂而立其子武庚，宗廟不毀，社稷不遷，時殷未嘗亡也。所以異乎曩日者，不朝諸侯，不有天下而已。故《書序》言："三監及淮夷叛，周公相成王，將黜殷，作《大誥》。"又言："成王既黜殷命，殺武庚。"是則殷之亡其天下也，在紂之自燔；而亡其國也，在武庚之見殺。⑧

《史記·周本紀》也有記載："其明日，除道，修社及商紂宫。"武王之所以不毀其"宗廟"，不遷置，不屋其"社稷"，並且加以修葺，親自祭祀殷社，根據《史記·周本紀》的記載，可能是因爲"武王爲殷初定未集"，剛滅紂，天下尚未安

---

① 按，"屋"的意思是"覆蓋"。

② 《尚書正義》(十三經注疏)，中華書局 1980 年版，第 155 頁。

③ 范祥雍編：《古本竹書紀年輯校訂補》，上海人民出版社 1957 年版，第 16 頁。

④ 《尚書正義》(十三經注疏)，中華書局 1980 年版，第 160 頁。

⑤ 司馬遷：《史記》，中華書局 1982 年版，第 96 頁。

⑥ 參見孫希旦：《禮記集解》，中華書局 1989 年版，第 685 頁。

⑦ 參見拙著《周代"亳社"性質考論》，《理論月刊》2009 年第 3 期。

⑧ 顧炎武：《日知錄集釋》，黃汝成集釋，欒保群、吕宗力校點，上海古籍出版社 2006 年版，第 83 頁。

定。"封商紂子禄父殷之餘民"，對殷人採取懷柔政策，以安定殷貴族及殷民之心。即使是這樣，武王還是充滿憂慮，以至於"我未定天保，何暇寐"，這或許是武王希望得到殷商社神的保護，以達到穩定天下的目的。然而周並沒有得到殷社的保佑。等到成王上臺時，武庚及三監就發動了叛亂，然而這時"周初定天下"，就不再採取懷柔政策，開始對"武庚之亂"揮刀相向，殺"武庚"而滅其國了，這就是顧氏所謂的"而亡其國也，在武庚之見殺"。"亳社"成爲"亡國之社"和這一事件有直接的關係，它證明了所謂祭祀殷社是不能保證周朝長治久安的，所以開始對殷社采取"屋之"的方式，並稱之爲"亡國之社"。

"屋亳社"也就是用木屋把亳社覆蓋住，絕其陽氣。《禮記·郊特牲》："天子大社，必受霜露風雨，以達天地之氣也。是故喪國之社屋之，不受天陽也。薄社北牖，使陰明也。"孫希旦云：

> 天子之社曰大社，尊之之辭也。達，通也。天秉陽，而霜露風雨，天之用也。地秉殷，而山川嶺隩，地之體也。故大社不爲屋，使天之陽氣下通於地，以成生物之功也。喪國之社，即亳社也。薄、亳通，殷之舊都也。薄社屋其上，使不得受風雨霜露之陽氣也。又塞其三面，惟開北牖，使其陰方偏明，所以通其陰而絕其陽也。陽主生而殷主殺，亡國之社如此，以其無事乎生物，而但用以示誡也。[1]

根據弗雷澤的觀點，周人所使用的當是一種"順勢巫術"。對於"順勢巫術"，他解釋爲："他(巫師)能夠通過模仿就實現任何他想做的事，巫師盲目地相信他施法時所應用的那些原則也同樣可以支配無生命的自然界的運轉。巫師們是僅僅從巫術應用的角度來看待巫術的，他從不分析他的巫術所依據的心理過程，也從不思考他的活動所包含的抽象原理。在各種不同的時代，許多人都曾企圖通過破壞或毀掉敵人的偶像來傷害或消滅他的敵人。這可能是'同類相生'這個原則的最常見的應用了。"並舉例來闡明其觀點：

> 他們(印第安人)把某個人的像畫在沙子上、灰燼上、泥土上，或任何其他被認爲可以替代其真身的東西上，然後用尖棍刺它或給予其他形式的損傷。他們相信，這樣一來，畫像所代表的那個人就會受到相應的傷害。例如：當一位奧吉布威印第安人企圖加害於某人時，他就按照那仇人

---

[1]　孫希旦：《禮記集解》，中華書局 1989 年版，第 685、686 頁。

的模樣製作一個小木偶，然後將一根針刺入其頭部或心部，或把箭頭射進去。他相信就在他刺入或射穿偶像的同時，仇人身體上相應部位也立即感到劇痛，如他想馬上殺死這個人，便一面念咒語，一面將這個木偶焚燒或埋葬……①

弗雷澤的觀點是可信的，亳社相當於殷人的保護神，對其社"屋之"，也就是通過這種"順勢巫術"，以達到使其(保護神)不能興盛的目的。周人希望通過這種巫術方式，以助周道昌盛，而防止殷道復興，死灰復燃。並且對殷的屬國，採取軍事征服手段，窮追猛打。《史記》："遷其君薄姑。"《集解》曰："薄姑氏，殷諸侯，封於此，周滅之也。"②

亳社，作爲亡國之社的目的也就是警示天子、諸侯"天命靡長"，以殷爲鑒，善德而愛民。《五禮通考》引陳氏《禮書》曰："孔子謂哀公曰'君出魯之四門以望魯之四郊，亡國之墟必有數焉，君以此思懼，則懼將焉不至'，然則天子、諸侯必有勝國之社，其意亦若此也。"③《白虎通》亦云：

> 王者諸侯必有誡社何？示有存亡也。明爲善者得之，爲惡者失之。故《春秋公羊傳》曰："亡國之社，奄其上，柴其下。"示與天地絕也。《郊特牲》記曰："喪國之社屋之。"示與天地絕也。在門東，明自下之無事處也。或曰："皆當著明誡，當近君，置宗廟之牆南。"《禮》曰："亡國之社稷，必以爲宗廟之屏。"示賤之也。④

《穀梁傳·哀公四年》云："六月，辛丑，亳社災。"范注："殷都於亳，武王克紂，而班列其社於諸侯，以爲亡國之戒。"又云："亳社者，亳之社也。亳，亡國也。"范注："亳即殷也，殷都於亳，故因謂之亳社。"又云："其屋亡國之社，不得上達也。"范注："必爲之作屋，不使上通天也。緣有屋，故言災。"⑤根據范注可知，當時各諸侯國都有亳社，其作用便是警戒諸侯。亳社即

---

①　弗雷澤：《金枝》，徐育新、汪培基、張澤石譯，新世界出版社 2006 年版，第 15~17 頁。

②　司馬遷：《史記》，中華書局 1982 年版，第 133 頁。

③　秦蕙田：《五禮通考》卷四十一，文淵閣《四庫全書》第 135 冊，臺灣"商務印書館" 1986 年版，第 1054 頁。

④　陳立：《白虎通疏證》，吳則虞點校，中華書局 1994 年版，第 86、87 頁。

⑤　《春秋穀梁傳注疏》(十三經注疏)，中華書局 1980 年版，第 2449 頁。

是殷社，也就是所謂的亡國之社。亳社之所以有火災，是因爲被覆蓋，古時房屋一般都是木製的，容易着火，引起火災。據典籍記載，除了亳社發生火災之外，未見其他社有發生火災的記録。這説明范注是可信的，亳社被"屋之"而着火，也是合情的。

亳社有其自身的特點，如處理男女訴訟的功能。《周禮·媒氏》："凡男女之陰訟，聽之於勝國之社。其附於刑者，歸之於士。"鄭注：

> 陰訟，爭中冓之事以觸法者。勝國，亡國也。亡國之社，奄其上而棧其下，使無所通。就之以聽陰訟之情，明不當宣露。其罪不在赦宥者，直歸士而刑之，不復以聽。

掌管亳社祝告者爲"喪祝"，在祭祀亳社時由其祝告。《周禮·喪祝》："掌勝國邑之社稷之祝號，以祭祀、禱、祠焉。"意思是掌管對被滅之國的社稷的祝告和各種名號，以對它進行祭祀、祈禱和事後的報祭。充當亳社之尸的人，身份特殊。《周禮·士師》："若祭勝國之社稷則爲之尸。"意思是如果祭祀亡國之社稷，則由士師充當尸。

(二)"魯國亳社非亡國之戒"説質疑

對於亳社是不是亡國之社的問題，學者們有不同的看法。筆者認爲，魯國亳社和其他諸侯國的亳社一樣，是作爲亡國之社的，而在宋國則不是。

王暉認爲，周代的亳社不是作爲亡國之戒社的。爲便於商討，兹録如下：

> 倒是《墨子·明鬼下》《非攻下》説的好：武王克紂後，"使諸侯分其祭"，"分主諸神，祀紂先王"，是因"武王必以鬼神爲有"，爲"襲湯之緒"而求福於殷人先王及諸神。從《左傳》可知，亳社不僅是魯人用來祈福求佑的社神、政權的保護神，而且魯人先祖先公也在亳社用享：
>
> > 成季之將生也，桓公使卜楚丘之父卜之，曰："男也，其名曰友，在公之右，間於兩社，爲公室輔。季氏亡，則魯不昌。"(《左傳》閔公二年)
> > 陽虎又盟公及三桓於周社，盟國人於亳社，詛於五父之衢。(同上定公六年)

　　《説苑・至公》篇亦云："季孫行父之戒其子也，曰：'吾欲之俠（夾）
於兩社之間也，使吾後世有不能事上者，使其替之益速。'"楊伯峻注《左
傳》閔公二年云："雉門之外右有周社，左有亳社。間於兩社，外朝正當
其地，其實亦總治朝内朝言之。治朝不但有君臣日見之朝，諸臣治官書亦
在焉。……間於兩社謂爲魯之大臣。"可知"間於兩社"實即事君輔公室的
國家重臣。《禮記・祭法》："諸侯爲百姓立社曰國社，諸侯自爲立社曰侯
社。"魯之亳社相當於"國社"，周社相當於"侯社"。説明亳社不僅不是
"亡國之社"，而且同周社一樣是國家政權的象徵，是魯國國人的保護神，
甚至魯祭亳社，魯之先祖亦臨彼社用享。①

　　《墨子・明鬼下》原文爲："武王之攻殷誅紂也，使諸侯分其祭，曰：'使親者
受内祀，疏者外祀。'故武王必以鬼神爲有，是故攻殷伐紂，使諸侯分其祭。"
孫詒讓曰："受内祀，謂同姓之國得立祖王廟。《郊特牲》孔疏引《五經異義》
云：'古《春秋》左氏説，天子之子以上德爲諸侯者，得祖所自出。魯以周公之
故，立文王廟。《左傳》宋祖帝乙，鄭祖厲王，猶上祖也。'此謂異姓之國祭山
川四望之屬。"②

　　孫氏解釋得很清楚，也就是讓同姓諸侯國各立其祖王廟，魯立文王廟，宋
立帝乙廟，鄭立厲王廟也，異姓諸侯則祭所屬之山川和地望。這與社本就沒有
關係，況且各諸侯國都有自己的宗廟，魯有文王廟、周公廟，魯人的先祖先公
又怎麼可能要到亳社用享呢？不合情理，此其一。《左傳・僖公十年》："神不
歆非類，民不祀非族。"③所以陽虎纔把魯人與國人分開盟誓，此其二。《國
語・魯語上》："共工氏之伯九有也，其子曰后土，能平九土，故祀以爲
社。"④《左傳・昭公二十九年》："共工氏有子曰句龍爲后土，后土爲社。"⑤典
籍亦無商之先祖作爲社之配主的記載，此其三。

　　《左傳・閔公二年》："間於兩社，爲公室輔。"孔穎達疏：

　　　王者取五色之土，封以爲社。若封諸侯，隨方割其土，包之以白茅，

①　王暉：《古文字與商周史新證》，中華書局 2003 年版，第 20~22 頁。
②　孫詒讓：《墨子間詁》，孫啓治點校，中華書局 2001 年版，第 235 頁。
③　《春秋左傳正義》（十三經注疏），中華書局 1980 年版，第 1801 頁。
④　徐元誥：《國語集解》，王樹民、沈長雲點校，中華書局 2002 年版，第 155、156
頁。
⑤　《禮記正義》（十三經注疏），中華書局 1980 年版，第 1590 頁。

賜之，使立國社。魯是周之諸侯，故國社謂之周社。哀四年"亳社災"，
是魯國有亳社。《穀梁傳》曰："亳社者，亳之社也。亳，亡國也，亡國之
社以爲廟屏，戒也。"則亳社在宗廟之前也。《周禮·大宗伯》："掌建國之
神位，右社稷，左宗廟。"則諸侯亦當然。定二年"雉門及兩觀災"，則兩
觀在雉門外也。雉門之外，左有亳社，右有周社。間於兩社，是在兩社之
間。朝廷詢謀大事，則在此處，是執政之所在也。①

《白虎通》亦云：

> 其壇大如何？《春秋文義》曰："天子之社稷廣五丈，諸侯半之。"其色
何如？《春秋傳》曰："天子有大社也，東方青色，南方赤色，西方白色，
北方黑色，上冒以黃土。故將封東方諸侯，取青土苴以白茅。各取其面以
爲封社明土。謹敬潔清也。"②

　　魯國是周之諸侯國，自當接受周王分封，割天子大社之壇土，包以白茅，
立以封社，這便是所謂的"裂土封國"，周社也就是魯國的國社。王暉認爲，
魯之亳社相當於"國社"，周社相當於"侯社"，此觀點不可信。
　　首先，此説沒有文獻上的根據，純屬臆測，亳社不可能是從周王大社之壇
上取土而封的國社，亳社是商人之社，早已存在。
　　其次，楊伯峻注："雉門之外右有周社，左有亳社。"意思是周社（國社）在
雉門外右邊，亳社在雉門外左邊，是以"出門"方位而言。若按王暉的説法，
"亳社"爲"國社"，則"國社"反在雉門之外左邊，"侯社"在雉門之外右邊。這
與"左祖右社"的佈局相違背，"國社"倒成了廟屏，與禮不合。"侯社"的位
置，多有爭議，侯社所處的位置當與天子的王社佈局一致，有學者認爲王社在
藉田，有學者認爲在大社之西③，筆者認爲王社、侯社在藉田的説法更可信。
　　再次，若"亳社"相當於"國社"，那么諸侯國只有兩個社，也就是亳社與
侯社，這與其承認諸侯國都有三社（國社、侯社、亳社）相矛盾。
　　最後，若諸侯之"亳社"相當於"國社"，則天子之"亳社"（戒社）應相當於
"大社"。《白虎通》云："大社尊於王社，土地久，故而報之。"則"亳社（大

① 《春秋左傳正義》（十三經注疏），中華書局1980年版，第1787頁。
② 陳立：《白虎通疏證》，吳則虞點校，中華書局1994年版，第91頁。
③ 黃以周：《禮書通故》，中華書局2007年版，第665頁。

社)"應尊於"王社"，自然也就可以"受霜露風雨，以達天地之氣"，這與亳社被"屋"不合。

陽虎爲什么要"盟國人於亳社"呢?《左傳·定公四年》云:"分魯公以殷民六族，條氏、徐氏、蕭氏、索氏、長勺氏、尾勺氏，使帥其宗氏，輯其分族，將其類丑，以法則周公，用即命於周。是使之職事於魯，因商奄之民，命以伯禽，而封於少皞之虛。"①則殷民六族是聚族而居的，雖然受到魯國壓制，但實力仍然是很强大的。陽虎之所以能夠囚禁"季桓子及公父文伯"，是與殷民的支持分不開的，所以這裏的"國人"有一部分指的是殷人。另外《左傳·定公六年》"魯人患陽虎矣"，魯人既以陽虎爲患，自是不大可能支持陽虎的。所以陽虎纔要"盟公及三桓於周社"，"盟國人於亳社"，這是希望取得魯國貴族和殷人的支持。

殺人祭社是商人的風俗，並非周人的風俗，因而亳社不可能是魯國的國社。《左傳·昭公十年》:"秋，七月，平子伐莒，取鄆。獻俘，始用人於亳社。臧武仲在齊，聞之，曰:'周公其不饗魯祭乎!周公饗義，魯無義。'"《左傳·哀公七年》:"(魯季康子伐邾)師宵掠，以邾子益來，獻於亳社。"杜預認爲之所以獻俘於亳社，是因爲邾國滅亡與商滅亡是相同的。但透過這表面現象，又可看出這是東夷舊地的遺俗，魯國是在攻取這莒縣之地後纔傳染上這種野蠻風俗的，而這種習俗正是因爲發生於商代，所以都只用於亳社。在商末周初，與丘灣遺址很近的曲阜、泗水一帶是淮夷之地。② 俞偉超的觀點是可信的，對魯國"用人於亳社"的原因也解釋得很清楚。從"始用人於亳社"可知，魯國舊來是不用人祭社的。"周公其不饗魯祭乎!周公饗義，魯無義"，也説明"殺人祭社"不是魯國的傳統，所以受到已故臧武仲的批評，這與"亳社並沒有失去其祭祀土地生育萬物的功能"是沒有關係的。③ "用人祭社"在整個春秋時期並不常見，都是作爲特例被記録下來，而不是慣例。因而魯國"用人祭社"，並沒有改變其作爲"亡國之社"的性質。

總之，王氏的觀點與諸多禮制不合，所以其"亳社不僅不是'亡國之社'，而且同周社一樣是國家政權的象徵，是魯國國人的保護神，甚至魯祭亳社，魯之先祖亦臨彼社用享"的結論不可信從。

(三)再論宋國亳社的性質

宋之亳社與魯之亳社，其本質含義是不一樣的，需要具體分析。《詩經·

① 《春秋左傳正義》(十三經注疏)，中華書局 1980 年版，第 2134 頁。
② 俞偉超:《銅山丘灣商代社祀遺跡的推定》，《考古》1973 年第 5 期。
③ 魏建震:《先秦社祀研究》，人民出版社 2008 年版，第 289 頁。

大雅·文王》篇説周滅殷後，商族的人"侯服於周，天命靡長。殷士膚敏，祼
將於京。厥作祼將，常服黼冔"，言殷人在周京助祭還穿戴着殷人的冠服。而
宋國作爲殷人之緒，於周爲客，仍然保持自己本民族的傳統和風俗。宋人擁有
亳社，也就是其先祖商人的國社，當不是亡國的戒社。而魯國是與周王同姓的
諸侯國，作爲周王室東方之屏障，殷鑒不遠，所以立亳社作爲亡國之戒社隨時
警戒自己。

　　宋國本是商人之後，因而保留了很多商人的遺俗。《史記·宋微子世家》：
"周公既承成王命誅武庚，殺管叔，放蔡叔，乃命微子開代殷後，奉其先祀，
作《微子之命》以申之，國於宋。微子故能仁賢，乃代武庚，故殷之餘民甚戴
愛之。"①因此，宋國保留了不少商朝遺俗是很自然的，"用人祭社"是商人的
遺俗，《左傳·僖公十九年》杜預注也説，這次"用人祭社"不是在周社舉行的。
根據諸侯國的設社制度可知，宋襄公這次殺人祭社，是在亳社舉行，而亳社本
身便是宋國的侯社。宋國作爲亡殷之後，不大可能在亳社之外另立一"亳社"
作爲"亡國之社"，宋人"屋"自己的侯社（亳社）也不合情理。宋國作爲一個諸
侯國，是接受周王册封的，所以應當有國社（周社）和侯社（亳社），未必有亡
國之社，司馬子魚説用人祭社是"用諸淫昏之鬼"，可見這是原居此地的東夷
遺俗，而不是其他列國的風俗。

　　《左傳·襄公十年》云：

　　　　宋公享晉侯於楚丘，請以《桑林》。荀罃辭。荀偃、士匄曰："諸侯
宋、魯，於是觀禮。魯有禘樂，賓、祭用之。宋以《桑林》享君，不亦可
乎？"舞師題以旌夏，晉侯懼而退入於房。去旌，卒享而還。及着雍，疾。
卜桑林見。荀偃、士匄欲奔請禱焉。②

桑林之樂是用來享天子的，時人認爲晉侯得病是因爲桑林的社神（也就是亳
社）在作祟。楚簡如包山簡、望山簡、天星觀簡、秦家嘴簡、新蔡簡都有關於
墓主人生病祈禱於社的記載，這是因爲時人認爲社神作祟可以讓人生病，"荀
偃、士匄欲奔請禱焉"也正是這個原因。因此宋國亳社不可能是亡國之社，它
具有一般社所具有的功能。

　　《史記·孝武本紀》："周德衰，宋之社亡，鼎乃淪伏而不見。"魏建震引

---

① 司馬遷：《史記》，中華書局 1982 年版，第 1621 頁。
② 《春秋左傳正義》（十三經注疏），中華書局 1980 年版，第 1947 頁。

《正義》曰：

> 社主民也，社以石爲之，宋社即亳社也。周武王伐紂，乃立亳社，以
> 爲監戒，覆上棧下，使通天地陰陽之氣，周禮衰，國將危民，故宋之社爲
> 亡，殷復也。《正義》將"覆上棧下"的形制，解釋爲"使通天地陰陽之
> 氣"，與其他學者的解釋正好相反。《正義》之說，可能是爲了彌合亡國之
> 社絶天地之氣與宋太丘社仍被用爲國運天命象徵之間的矛盾。由是觀之，
> 宋之亳社爲亡國之戒社的説法，並不符合先秦社祀的情狀。①

魏建震所引《史記》當是據《四庫全書》本。據中華書局 1982 年版《史記》，
正義云："社主民也，社以石爲之。宋社即亳社也。周武王伐紂，乃立亳社，
以爲監戒，覆上棧下，不使通天地陰陽之氣。周禮衰，國將危亡，故宋之社爲
亡殷復也。"②《史記會注考證》卷十二《孝武本紀》的記載與此一致。③ 魏建震
所引《正義》缺"不"字，"民"字爲"亡"字之訛，"亡"後斷句也不對。錢穆也認
爲"社亡鼎淪"之説是無稽之談。④

筆者雖然同意魏建震對宋國亳社性質的界定，但認爲他所用的材料有誤，
也曲解了《正義》的説法，據此得出的結論自然不能使人信服，所以有再闡釋
的必要。

宋有亳社，但宋之亳社不是作爲亡國之戒社，或者説宋未必有戒社，只有
國社和侯社(亳社)。《墨子·明鬼下》："燕之有祖，當齊之社稷，宋之有桑
林，楚之有雲夢也。"孫詒讓引《法苑珠林·君臣》篇作"燕之有祖澤，猶宋之有
桑林，國之大祀也"，據此則"祖澤"是澤名，故又以"雲夢"比之。⑤ 聯繫此篇
上下文可以看出，"祖澤""桑林""雲夢"可能是"燕""宋""楚"的侯社所在地，
也用來代稱社。晁福林認爲："桑林之社就是商丘的神社，太丘社是桑林之社
的另一種稱呼。"⑥墨子把桑林之社與其他諸侯國的侯社並提，看來桑林之社不
是亡國之戒社。

小南一郎認爲，"亳"這個語詞，對商族人民來説不僅是他們古都的名稱，

---

① 魏建震：《先秦社祀研究》，人民出版社 2008 年版，第 290 頁。
② 司馬遷：《史記》，中華書局 1982 年版，第 466 頁。
③ 瀧川資言：《史記會注考證》，北嶽文藝出版社 1999 年版，第 824 頁。
④ 錢穆：《社亡鼎淪解》，《先秦諸子繫年》，商務印書館 2001 年版，第 372 頁。
⑤ 孫詒讓：《墨子間詁》，孫啓治點校，中華書局 2001 年版，第 228 頁。
⑥ 晁福林：《宋太丘社考》，《學術月刊》1994 年第 6 期。

而且從根本上説，是商族所起源的神聖土地的名字。用神話學的術語來説，"亳"是一種世界軸心或者是宇宙山的名字。在那個地點，上天和大地互相聯繫，世界也在那兒開始形成。商族所建的京師的形態反映着這種神話性世界結構，並且"亳社"的塚土也是以叫作"亳"的宇宙山作模式來修築的。① 而宋國作爲商的繼承者，自然會繼承商所遺留下來的亳社，亳社對商遺民來説是神聖不可侵犯的，宋人更不可能"屋"自己的社，因而自然不會是亡國之社。

《史記・秦本紀》記載："寧公二年，公徙居平陽。遣兵伐蕩社。三年，與亳戰，亳王奔戎，遂滅蕩社。"《集解》引徐廣曰："蕩音湯。社，一作'杜'。"《索隱》云："西戎之君號曰亳王，蓋成湯之胤。其邑曰蕩社。徐廣云一作'湯杜'，言湯邑在杜縣之界，故曰湯杜也。"②戴家祥認爲"土""社""杜"本是一字，"湯杜"當可讀爲"湯社"。③ 陳夢家也認爲："蕩社、湯社、湯杜、社亳與亳、亳王、湯都有一定的關係。"④因而桑林之社(亳社)、蕩社之間有一定的關係。可能蕩社的規模没有亳社那么大，作爲成湯的後裔，部分商族在商滅亡後往西遷移，建立了蕩社，號爲亳王，用以懷念成湯的功業和團結族人。因而蕩社雖然也可以稱爲亳社，但與宋國一樣，顯然不是作爲亡國之社。

總之，本章結合考古發掘和甲骨文字，論述了在商未滅亡之時，人們已經開始對亳社進行祭祀。亳社在早期甲骨文中就有記載，這時亳社有自己的特點和祭祀方式，有些祭祀方式被繼承下來，如"用人"祭社，有些則没有，如用燎法祭社。這時的亳社自然不是亡國之社。先儒把亳社一律視爲"亡國之社"的觀點是以偏概全的。本章還釐清了"亳社"爲"膏社"的錯誤説法，探討了"薄土"的性質及作用。從宗教學的角度，解釋了周"屋"商之亳社的原因和目的，對有些學者"亳社非亡國之社"的觀點進行了商榷和質疑。具體分析了春秋時期魯國和宋國的亳社，認爲宋國可能没有作爲"亡國之社"的亳社，宋國的亳社本身就是侯社。

---

① 小南一郎：《亳社考》，《殷虛博物苑苑刊》(創刊號)，中國社會科學出版社 1989 年版，第 73~75 頁。

② 司馬遷：《史記》，中華書局 1982 年版，第 181 頁。

③ 戴家祥：《"社""杜""土"古本一字考》，《古文字研究》第 15 輯，中華書局 1986 年版，第 120 頁。

④ 陳夢家：《殷虛卜辭綜述》，中華書局 1988 年版，第 584 頁。

第四章　社與后土、地主、稷、先農諸神關係辨析

先秦時期的社祭問題頗爲複雜，常常與其他神祇存在混淆之處，例如社與后土的關係、社與稷的關係、社與先農的關係，等等。鄭注、孔傳未曾解決這一問題，反而使這些問題變得更爲複雜。宋人陳祥道，清人秦蕙田、黃以周、孫詒讓都曾對這些問題進行過討論，然而囿於材料的限制，只能對典籍的記載進行梳通，提出各自的見解，無法徹底釐清這些問題。

所幸，近幾十年來，長江流域出土了幾批包含地祇信息的簡牘，爲我們進一步研究這些問題提供了新的契機。陳偉、楊華、晏昌貴、于成龍、賈連敏、賈海生等，都曾做過積極有益的探討。① 本章在以上研究的基礎上，將簡牘所見地祇材料稍作梳理，並結合文獻記載進行對勘考察。

第一節　后土、地主與社的區別與聯繫

一、后土

典籍之中，"后土"與"社"常互釋，所以容易造成理解上的困惑。《尚書·武成》："告於皇天后土。"孔傳："后土，社也。"②《周禮·大祝》："先告后

---

① 參見陳偉：《包山楚簡初探》，武漢大學出版社 1996 年版，第 162~165 頁。楊華：《戰國秦漢時期的里社與私社》，《天津師範大學學報》2006 年第 1 期。晏昌貴：《楚卜筮簡所見地祇考》，武漢大學歷史地理研究所編：《石泉先生九十誕辰紀念文集》，湖北人民出版社 2007 年版，第 349 頁。于成龍：《楚禮新證——楚簡中的記時、卜筮與祭禱》，北京大學博士學位論文，2004 年。賈連敏：《新蔡葛陵楚簡中的祭禱文書》，《華夏考古》2004 年第 3 期。賈海生：《楚簡所見楚禮考論》，《文史》2008 年第 4 期。

② 《尚書正義》(十三經注疏)，中華書局 1980 年版，第 184 頁。

土。”鄭玄注：“后土，社神也。”①《周禮·大宗伯》《禮記·檀弓》亦有類似説法。這是用“社”或“社神”來釋“后土”。《禮記·月令》：“命民社。”鄭玄注：“社，后土也。”②《詩經·甫田》：“以社以方。”毛傳：“社，后土也。”③這是用“后土”來解釋“社”。

對於這種互釋，宋人陳祥道早就指出，鄭氏釋《周禮·大宗伯》謂：“后土，土神，黎所食者。”釋《周禮·大祝》謂：“后土，社神也。”既曰：“土神。”又曰：“社神。”是兩之也。④ 即認爲鄭氏的説法模棱兩可，讓人難以適從。

“后土”可以稱爲“大地”。《禮記·中庸》：“郊社之禮，所以事上帝也。”鄭注：“社，祭地神，不言后土者，省文。”⑤《禮記·仲尼燕居》：“郊社之義，所以仁鬼神也。”鄭注：“郊社所以祭天地。”⑥清人秦蕙田對於祭祀天地爲什麼稱“郊社”，作了很好的解釋：

> 王者尊天而親地，郊天與明堂五帝皆爲祀天，而莫尊於郊。方澤與社皆爲祭地，而尤親於社。故天子一歲祭天凡四，地雖止夏日方澤一祭，他如《載芟》“春祈”，《良耜》“秋報”，《豐年》“秋冬報”，《月令》“孟冬大割祠”與夫“軍旅”“會同”“田獵”“災眚”皆有事於社。蓋祭社亦是祭地，故曰：“祀社於國，所以列地利。”凡書中“郊社”並稱者，於天舉所尊，於地舉所親，皆言其理，而非言其制也。乃世儒不察見“郊社對舉”，遂以祭社當方丘之祭地，誤矣。⑦

方澤與社都指祭地，而人主尤親近於社，舉“社”而言是因其情理，並不是從尊卑制度上來説的。“郊社”之“社”特指“方丘”，也就是天地之“地”，而不是一般意義上的社。依秦氏的説法，“郊社”就是祭祀天地，也就是祭祀“皇天后土”。

① 《周禮注疏》(十三經注疏)，中華書局 1980 年版，第 811 頁。

② 《禮記正義》(十三經注疏)，中華書局 1980 年版，第 1361 頁。

③ 《毛詩正義》(十三經注疏)，中華書局 1980 年版，第 474 頁。

④ 陳祥道：《禮書》卷八十九，文淵閣《四庫全書》第 130 册，臺灣“商務印書館”1986 年版，第 559 頁。

⑤ 《禮記正義》(十三經注疏)，中華書局 1980 年版，第 1629 頁。

⑥ 《禮記正義》(十三經注疏)，中華書局 1980 年版，第 1613 頁。

⑦ 秦蕙田：《五禮通考》卷三十七，文淵閣《四庫全書》第 135 册，臺灣“商務印書館”1986 年版，第 957、958 頁。

　　清人孫詒讓認爲，后土有三義：一爲大地之后土；二爲五祀之土神；三爲社，因后土爲社，遂通稱社亦曰后土。① 對於孫氏這三種説法，需要説明的是：第一種“大地之后土”，指的是全載之大地；第二種“五祀之土神”，指的是五祀（金、木、水、火、土）之一的“土”，即“中央土”；第三種“社，因后土爲社，遂通稱社亦曰后土”，指的是配祭而言，句龍生爲后土官，死配社，後人遂依后土官名社，其實社是五土之總神，不是后土。陳爍認爲社可以籠統地稱爲土地之神，嚴格來講則專指土神，而不是其他地祇。其言論似失之於偏，也没有具體指出社與其他土地神的區別。②

　　就傳世文獻而言，我們無法確知哪種説法更爲合理。結合出土的簡帛資料，則可以對以上幾種説法作進一步的探索與分析，得出較爲平允的結論。

　　“侯（后）土”一名，首見於包山 M2 楚簡，凡四見：

　　　　賽禱太佩玉一環，侯（后）土、司命、司禍各一少環，大水佩玉一環，二天子各一少環，峗山一塊。　包山簡 213～214

　　　　太、侯（后）土、司命、司禍、大水、二天子、峗山既皆成。
包山簡 215

　　　　舉禱太一牂，侯（后）土、司命各一羘，舉禱大水一膚，二天子各一羘，峗山一羖。　包山簡 237

　　　　舉禱太一膚，侯（后）土、司命各一羘，舉禱大水一膚，二天子各一羘，峗山一羖。　包山簡 243 ③

“侯土”，整理者認爲就是典籍中的“后土”，没有進一步探討其性質。④ 陳偉認爲“社”與“后土”是異名同實的現象。⑤ 劉信芳認爲，《九歌》中的土地神爲“雲中君”。析言之，“后土”主要指土地神之神靈，“雲中君”是土地神的人格

―――――――――――

　　① 孫詒讓：《周禮正義》，王文錦、陳玉霞點校，中華書局 1987 年版，第 1419 頁。
　　② 陳爍：《“社稷”源流考》，《寧夏師範學院學報》2018 年第 8 期。
　　③ 包山簡 243 有“舉鹽吉之説”，則包山簡 237 與簡 243 顯然是同一貞人的“説詞”，“牂”與“膚”是同一種犧牲，“牂”與“膚”是同一字，“膚”是“牂”之省。
　　④ 參見湖北省荆沙鐵路考古隊：《包山楚簡》，文物出版社 1991 年版，第 56 頁。
　　⑤ 陳偉：《望山楚簡所見的卜筮與禱祠——與包山楚簡相對照》，《江漢考古》1997年第 2 期。

化。① 晏昌貴認爲，后土先是《山海經》傳説中的“后土神”，是共工之子，與社没有關係，後來纔開始與社合流。② 楊華認爲是社之異名。③ 于成龍認爲是五祀之一。④

“侯(后)土”之祭，還見於望山 M1 楚簡，凡三見：

　　　　舉禱太佩玉一環，**天**(后)土、司命各一少環，大水佩玉一環。
望山簡 54
　　　　☐吉。太一牂，句(后)土、司命各一羖，大水一環，舉禱二天[子]☐　**望山簡 55** ⑤
　　　　☐舉禱於太一環，句(后)土，司[命]☐　　**望山簡 56**

整理者指出，對照簡 55、56，可知“**天**土”即“后土”，疑“土”上一字是没有寫全的“侯”字。⑥ 陳偉推測簡 55 的拼接可能有問題，⑦ 其説可從。原簡自“大水”下處斷裂，然後與“一環舉禱二天”相拼合，與包山楚簡、天星觀楚簡相對照，依據文例，太、后土、司命、大水或者同時用犧牲，或者同時用玉，不當兩者雜用。另外大水所用祭品和太是保持一致的，或者是“佩玉一環”，或者是“膚”，或者是“精”，或者是“静”（詳見下文），“大水”之後當爲“一牂”。

“句(后)土”一詞，天星觀 M1 簡亦有例可援：

　　　　舉禱太一精，司命、司禍各一牂，句(后)土一犓，舉禱大水一精。

────────────

① 劉信芳：《包山楚簡解詁》，臺灣藝文印書館 2003 年版，第 227 頁。

② 晏昌貴：《楚卜筮簡所見地祇考》，武漢大學歷史地理研究所編：《石泉先生九十誕辰紀念文集》，湖北人民出版社 2007 年版，第 349 頁。

③ 楊華：《新出簡帛與禮制研究》，臺灣古籍出版有限公司 2007 年版，第 140 頁。

④ 于成龍：《楚禮新證——楚簡中的記時、卜筮與祭禱》，北京大學博士學位論文，2004 年，第 106 頁。

⑤ 望山簡整理者釋作“二王☐”，前引晏昌貴《楚卜筮簡所見地祇考》文中認爲，此處的“二王”是對“二天子”的誤釋，今從。陳偉曾懷疑該簡的拼接（斷自“大水”之後）有問題，見氏著《望山楚簡所見的卜筮與禱祠——與包山楚簡相對照》，《江漢考古》1997 年第 2 期。

⑥ 湖北省文物考古研究所、北京大學中文系：《望山楚簡》，中華書局 1995 年版，第 97 頁。

⑦ 陳偉：《望山楚簡所見的卜筮與禱祠——與包山楚簡相對照》，《江漢考古》1997 年第 2 期。

天星觀 M1 簡

舉禱太一牂，五差各一羊，句（后）土一牆，舉禱大水一静。

天星觀 M1 簡①

與以上所舉包山簡、望山簡稍有不同的是，天星觀簡"后土"在"司命""司禍"之後，然而從所用的犧牲來看，后土在這裏用的是"牆"，與太所用的"精"相當，級別顯然要高於"牂"，這與包山簡、望山簡"后土""司命""司禍"所用犧牲、玉器保持一致，順序則有所不同。② "牂"與"静"當是一字，"静"爲"牂"之省，這與包山簡 237"牆"與"膚"的情況是一樣的，于成龍就把"牂""静"二字直接釋爲"牂"。③

從上舉簡文來看，"后土"一般都在"太"之後，"司命""司禍""大水""二天子"之前，格式較爲固定。"后土"所用的犧牲和玉器與"太""大水"大致相當，或者用玉器"環""少環"，或者用羊牲"牆""牂""羯""牂""牆"，或者用牛牲"精""牆"。雖然"后土""太"所用犧牲、玉器級別相當，但從整體上來看，二者祭品略有差別。規格等級上，"后土"要略低於"太"，即"少環"低於"環"，"殺"低於"牂"，"牂"低於"牆"，"牆"低於"牂"，"牆"低於"精"。此種差異，隨着墓主的身份也有所變化，不過仍看得出后土享祭與太之享祭的區別。天星觀墓主人的身份爲封君，所以在祭祀"太"與"后土"時，用較高級別的羊牲"牂""牆"，甚至用牛牲"精""牆"。包山墓主人身份爲上大夫，用稍次級別的"牆""牂"，望山墓主人身份爲下大夫，用更低級

---

① 關於天星觀楚簡的材料，參見滕壬生：《楚系簡帛文字編》（增訂本），湖北教育出版社 2008 年版，第 97、372、937 頁；于成龍：《楚禮新證——楚簡中的記時、卜筮與祭禱》，北京大學博士學位論文，2004 年，第 105 頁。

② 宋華強認爲，"牆"字是"牂"的異體，或另是一字，"牂"是本字，兩者指的是同一種羊牲。見氏著《新蔡簡的初步研究》，北京大學博士學位論文，2007 年，第 144、145 頁。按，從天星觀簡來看，后土與太所用牲級別大致相當，太用牂，后土用牆，太用精爲牛牲，后土用牆亦當爲牛牲，纔與之相當，此其一。包山 237、243 簡文内容相同，太一用"牆"，一用"膚"，而非"牆"，從墓主身份上來看，此處太也不當使用牛牲，此其二。由包山簡可知，后土與地主有相通之處，新蔡簡中地主既可以用"牂"類羊牲（甲三 52），亦可以用"犧"類牛牲（乙一 15），后土自然亦可以用羊牲或牛牲，此其三。"牆""牂"當有所別，"牆""牂"爲一字的説法不可從。

③ 于成龍：《楚禮新證——楚簡中的記時、卜筮與祭禱》，北京大學博士學位論文，2004 年，第 105 頁。

別的"祥""殺"。①

　　簡文中的"太"，就是文獻中的太(泰)一，學者多有論述。②《史記·天官書》："太一常居。"《正義》云："泰一，天帝之別名也。"③《漢書·郊祀志》："乃言夢見上帝，而後世皆曰上天。"顏師古曰："上帝謂天也。"④"太一"乃天帝之別名，自然可以稱爲天。

　　"后土"當指全載之大地。楚王既祭禱天神太，當亦祭全載之大地，與周天子南郊祭天、北郊祭地一樣。簡文常常以"太"與"后土"對舉，已見前引包山簡(213～214、215、237、243)、望山簡(54、55、56)和天星觀簡。《左傳·僖公十五年》："君履后土而戴皇天，皇天后土實聞君之言，群臣敢在下風。"⑤可見"后土"與"皇天"的順序雖有顛倒，但仍是對舉，並不影響其代表的意思。《漢書·郊祀志》："今上帝朕親郊，而后土無祀，則禮不答也。"顏師古認爲，郊天而不祀地，失對偶之義。⑥《漢書·成帝紀》："徙泰畤、后土於南郊、北郊，朕親飭躬，郊祀上帝。"⑦漢成帝時期，在丞相匡衡等人的建議下，首次徙置甘泉泰(太)畤於長安南郊，移河東后土於長安北郊，王商、師丹、翟方進等人表示贊成，並認爲天地以王者爲主，聖王制天地之禮必於國郊。《漢書·郊祀志》記載："三十餘年間，天地之祠五徙。"⑧都是用"太一"與"后土"來指代"天地"，漢代實行這種祭祀天地的制度當有所本，淵源有自。

　　后土所用祭品規格低於太，大水與太所用的祭品一致，其規格自然也低於大水。"大水"，包山簡整理者根據"大""天"二字古通，釋爲"天水"，並引《史記·封禪書》"梁巫祠天地、天社、天水、房中、堂上之屬"以爲證。⑨望山簡整理者對此無定論，疑大水即天水，或指大江之神，又引《左傳·昭公十

　　①　"殺"字，整理者釋爲"羯"。侯乃峰釋爲"殺"，此從侯説。參見陳偉等編：《楚地出土戰國簡册(十四種)》，經濟科學出版社 2009 年版，第 281 頁。

　　②　參見李零：《包山楚簡研究(占卜類)》，《中國典籍與文化論叢》第 1 輯，中華書局1993 年版。劉信芳：《包山楚簡神名與〈九歌〉神祇》，《文學遺產》1993 年第 5 期。

　　③　司馬遷：《史記》，中華書局 1982 年版，第 1289 頁。

　　④　班固：《漢書》，中華書局 1962 年版，第 1196 頁。

　　⑤　《春秋左傳正義》(十三經注疏)，中華書局 1980 年版，第 1806 頁。

　　⑥　班固：《漢書》，中華書局 1962 年版，第 1212 頁。

　　⑦　班固：《漢書》，中華書局 1962 年版，第 305 頁。

　　⑧　班固：《漢書》，中華書局 1962 年版，第 1266 頁。

　　⑨　湖北省荆沙鐵路考古隊：《包山楚墓》，文物出版社 1991 年版，第 388 頁。

七年》之文，認爲也有可能是星名。① 劉信芳認爲是天漢之神，也就是天水。② 李零懷疑是大川，賈海生從之。③ 筆者以爲，后土即爲全載之大地，大水若只是大川、長江、漢水、淮水等地衹之一，其用牲級別似不當高於后土，而簡文中"大水"的神衹地位與"太"相當，祭品規格也高於后土。包山簡整理者與劉信芳的觀點似乎更爲可信。

爲清晰起見，結合以上考證，列表 4-1 如下：

表 4-1　祭祀諸神祭品規格表

墓主身份	太	后土	司命	司禍	大水	資料來源
下大夫	一羘、佩玉一環	一羖、一少環	一羖、一少環	○、一少環	一羘、佩玉一環	望山楚簡
上大夫	一牆、佩玉一環	一羘、一少環	一羘、一少環	○、一少環	一牆、佩玉一環	包山楚簡
封君	一犿	一牆	五差（各一羘）④		一犿	天星觀楚簡
	一犒	一犢	一羘	一羘	一犒	

注：望山、包山簡中"司禍"所用牲不明，從天星觀簡來看當和"司命"一致。"○"表示不知所用何牲。

卜辭中有"后"字，羅振玉釋爲"司"，用作"祠"，郭沫若、商承祚從之。金祥恒認爲，"后"可用爲皇后、天子之妃，卜辭之中以"后"爲本字，可假爲"司""祀"之用。⑤ 丁驌認爲，凡用"后"爲人者均作合文，用爲"司"，假爲

---

① 參見湖北省文物考古研究所、北京大學中文系：《望山楚簡》，中華書局 1995 年版，第 97 頁。

② 劉信芳：《包山楚簡解詁》，臺灣藝文印書館 2003 年版，第 229 頁。

③ 李零：《中國方術考》，東方出版社 2000 年版，第 286~290 頁。賈海生：《楚簡所見楚禮考論》，《文史》2008 年第 4 輯。按，關於"大水"，尚有其他不同的意見，或以爲指淮河的別名，或以爲是長江或漢水的專名。參見陳偉：《包山楚簡初探》，武漢大學出版社 1996 年版，第 169 頁。楊華：《新出簡帛與禮制研究》，臺灣古籍出版有限公司 2007 年版，第 80 頁。

④ "五差"當是五個神衹，從所用牲來看，其地位似當與"司命""司禍"相類。

⑤ 金祥恒：《釋后》，《甲骨文獻集成》第 12 冊，四川大學出版社 2001 年版，第 91~93 頁。

"祀"者作單文，疑"司"爲本字，"后"爲其假。① 朱鳳瀚認爲，"后"爲王之配偶的專稱，身份高於一般的妃子，"毓"爲前後之後。② 王蘊智贊成朱氏"后爲王之配偶的專稱"的説法，並進一步認爲，"毓"字除表生育之外，兼用爲君后之專名。毓、后是同一語源而又不同形源的兩組字。③ "后"字在卜辭中可用作君后，學者無異議，但都沒有提到可用作典籍中的"后土"。沈建華認爲，甲骨卜辭中已有后土，"在毓(后)"(《合集》27369)顯然就是在"后土"神廟舉行的意思。④ 不過至今尚沒有發現卜辭中有"后土"一語的合文，因而沈氏的觀點似乎缺乏直接的證據。

"后土"一語，最早見於《尚書·武成》，其文曰："告於皇天后土。"金文中已有"后"與"皇天"的對文：

> 唯皇上帝百神保余小子，朕猷成亡兢我。唯后配皇天，王對作宗周寶鐘。倉倉悤悤，雝雝雝雝，用邵格丕先祖考先王，先王其嚴在上。彙彙豔豔，降余多福，福余順孫，參壽唯利，欰其萬年，畯保四國。 欰鐘，《集成》260.2~7，西周晚期

"唯后配皇天"之"后"，顯然是"后土"之省，與傳世典籍、出土簡帛所見"皇天、后土對文"相合。意思是周王恭恭敬敬地祭祀天地與先祖，以祈求天地與先祖降福，保佑其國。因而筆者以爲，有可能在西周後期"后土"與"皇天"對舉的説法就已經出現。周王自稱天子，以父爲天，以地爲母。典籍中的"后土"之"后"字，有可能是從卜辭中"君后"之"后"引申而來的。

總之，簡文中的"后土"當指全載之大地，廣義上雖可以稱爲社，但不同於一般意義上的社。從神祇的排列次序和所用祭品上看，后土與社有明顯的區別。"后土"與"皇天"的對舉，最遲可能在西周晚期就已經出現。楚簡中"后土"總是與"太"對舉，"太"的地位相當於典籍中的"皇天"。其關鍵特點是對

---

① 丁驌：《説后》，《甲骨文獻集成》第 12 册，四川大學出版社 2001 年版，第 472、473 頁。

② 朱鳳瀚：《論卜辭與商周金文中的"后"》，《古文字研究》第 19 輯，中華書局 1992 年版，第 422 頁。

③ 王蘊智：《"毓""后"考辨》，《甲骨文獻集成》第 14 册，四川大學出版社 2001 年版，第 295 頁。

④ 沈建華：《釋卜辭中的"后土"及其相關字》，《古文字研究》第 26 輯，中華書局 2006 年版，第 81 頁。

舉，而不是次序上的一成不變。楚簡中無論封君、大夫都可以祭祀后土，但用牲上存在等級差別，封君用牲等級明顯高於上大夫，上大夫高於下大夫，這與墓主人的身份相適應。

二、地主

"地宔（主）"一語，見於秦家嘴 M99 楚簡，凡兩見：

　　秋三月擇良月良日，舉禱大地宔（主）一豬（豭），舉禱太☐，纓之吉玉。疾速瘥，速賽之。占之吉　秦家嘴 M99 簡 14

　　賽禱於五世王父王母☐地宔（主）、司命、司禍各一牂，纓之吉玉北方一環。　秦家嘴 M99 簡 11 ①

"牂"字，晏昌貴認爲有可能是"牂"字的誤摹。② 望山簡 55，后土、司命同用"羖"，規格略低於太所用的"牂"。包山簡 237，后土、司命同用"牂"，規格略低於太所用的"糒"，天星觀簡也符合這種規律。另外，從秦家嘴 M99 簡 14 來看，地主所用的牲爲"豬（豭）"，並且"地主"與"太"是對舉，因而"牂"字更有可能是"豬"字的誤摹。根據"后土"與"太"對舉的文例，"地主"所用豬（豭）的等級也當略低於"太"。簡 14"太"所用的祭品規格與"地主"相當，亦當爲豕類，規格稍高於豬（豭）。

"地宔（主）"之祭，還見於天星觀簡和新蔡簡：

　　司命、司禍、地主各一吉環。　天星觀簡 161 ③
　　公北、地主各一青犧，司命、司禍各一鹿，舉禱薦之。或☐　新蔡簡乙一 15 ④

---

① 關於秦家嘴楚簡的材料，參見滕壬生：《楚系簡帛文字編》（增訂本），湖北教育出版社 2008 年版，第 695 頁。晏昌貴：《秦家嘴"卜筮祭禱"簡釋文輯校》，《湖北大學學報》2005 年第 1 期。
② 晏昌貴：《秦家嘴"卜筮祭禱"簡釋文輯校》，《湖北大學學報》2005 年第 1 期。
③ 滕壬生：《楚系簡帛文字編》（增訂本），湖北教育出版社 2008 年版，第 695 頁。
④ 楊華認爲"公北"可能指的就是"北門"，今從之，見氏著《新出簡帛與禮制研究》，臺灣古籍出版有限公司 2007 年版，第 42 頁。"鹿"，宋華強釋爲"牂"或"糒"，可從，但認爲"糒"是本字，兩者指的是同一種羊牲，則不可從，見氏著《新蔡簡的初步研究》，北京大學博士學位論文，2007 年，第 144、145 頁。

"地主"或位於"司命""司禍"之後，如天星觀簡；或位於"司命""司禍"之前，如秦家嘴 M99 簡 11、新蔡簡乙一 15；或與"太"對舉，如秦家嘴 M99 簡 14。這些特點都與"后土"相近。陳偉據包山簡 201~204 與包山簡 212~215，早已指出"宮后土"當即"宮地主"。① 這説明"地主"與"后土"有時是可以相通的。上舉簡文中的"地主"與"后土"性質是一樣的，當指全載之大地。

"地宝(主)"除了與"后土"相同的特點之外，也有不同於"后土"的特點，如：

> 又(有)祟，太見琥，以其故祝(説)之。璧(避)琥，擇良月良日歸(饋)之，且爲🗌繡璜(佩)，速🗌之，厭一豰(豭)於地主，賽禱行一白犬，歸冠帶於二天子。　包山簡 218~219
> ☑三楚先、地主、二天子、峗山、北[方]☑　新蔡簡乙四 26

簡文中"地主"或位於五祀"行"之前，或位於人鬼"三楚先"之後，與"太"不對舉。這些特點都與上文中的"后土"不一樣，説明"地主"的涵蓋範圍要比"后土"廣泛。從用牲上來説，包山簡中"后土"所用的是羊牲，而"地主"用豕牲(豭)，因而僅僅依據"宮后土"與"宮地主"相同，不能斷定"后土"與"地主"一定相同。

另外，新蔡簡中還有地主用羊牲、牛牲的記載：

> ☑地主一牂，辛酉之☑　新蔡簡甲二 7
> ☑咎。☑☑☑禱地主一牂，佩玉玠，以☑至室☑☑　新蔡簡甲三 52
> ☑禱地主一牂，就☑　新蔡簡乙三 17
> ☑於地主一牂。☑　新蔡簡乙四 86
> ☑一青犧，[先]之一璧，舉禱於地主[一]青犧，先之一璧，舉禱於二天子各牂　新蔡簡乙二 38、46、39、40

從上舉簡文來看，"地主"既可以與"太"對舉，也可以不對舉，或位於"司命""司禍"前後，或位於"三楚先"之後，或位於"行"之前，順序不固定。"后土"則一般是與"太"對舉，位於"司命""司禍"前後，順序較爲固定。"地主"所用祭品除了牛牲、羊牲之外，還有豕牲，所用玉器既有環，也有璧。這些都説

---

① 陳偉：《包山楚簡初探》，武漢大學出版社 1996 年版，第 160 頁。

明，"地主"的涵蓋範圍似乎比"后土"要廣，"后土"應是全載之大地的專稱，而"地主"似是通稱，"后土"包含於"地主"之中。

"地主"這些有别於"后土"的特點，反而和楚簡中的"社"比較接近：

舉禱蝕太一全豢，舉禱社一全豭，舉禱宫行一白犬，酒食。
包山簡 210 ①

舉禱大水一犧馬，舉禱吾公子春、司馬子音、蔡公子家各特豢，饋之，舉禱社一豭，思攻解日月與不辜。　包山簡 248

□冊於東石公，社、北子、行[既]□□　望山簡 115

□□舉禱北宗一環，舉禱逃一羖，社□其古唁　望山簡 125 ②

舉禱社特牛，樂之。　天星觀簡 115 ③

社位於五祀"行""宫行"之前，或者人鬼"吾公子春、司馬子音、蔡公子家""東石公""北宗"等之後。這與地主位於五祀"行"之前（包山簡 218~219）、人鬼"三楚先"之後（新蔡簡乙四 26）的順序頗爲相似。這説明"地主"具有"社"的部分特點。楚簡中"地主""后土""社"之間的概念涵蓋關係可以用圖 4-1 表示。

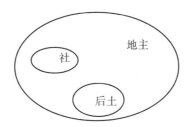

圖 4-1　地主、后土、社之間的概念涵蓋關係

典籍中對"地主"的記載較少。《國語·越語》："四鄉地主正之。"韋注：

---

① "蝕太"，劉信芳認爲應是太一所居之星隱而未見。邴尚白認爲，"太"與"蝕太"的祭品種類並不相同，應有所區别。于成龍認爲，此字用作祭禱中"天"之專字。李家浩認爲，應是兩種災害之神。董珊認爲，指屬鬼。當是具體神名，其義待考。參見陳偉等編：《楚地出土戰國簡册（十四種）》，經濟科學出版社 2009 年版，第 106、107 頁。

② 宋華强讀"北"爲"别"。《禮記·大傳》"别子爲祖，繼别爲宗"，今從之。參見陳偉等編：《楚地出土戰國簡册（十四種）》，經濟科學出版社 2009 年版，第 284 頁。

③ 滕壬生：《楚系簡帛文字編》（增訂本），湖北教育出版社 2008 年版，第 94 頁。

"鄉,方也。天神地祇、四方神主當征討之,正其封疆也。"①《説文》:"社,地主也。"段注引《孝經》説曰:"社,土地之主。"②這兩條皆非簡文中"地主"的含義。

禮書對於地祇多有記載,亦有多種名稱。有時稱爲"大示",如《周禮·大宗伯》:"凡祀大神,享大鬼,祭大示,帥執事而卜日。"③有時稱爲"地示",如《周禮·大司樂》:"乃奏大蔟,歌應鍾,舞《咸池》,以祭地示,若樂八變,則地示皆出,可得而禮矣。"④《周禮·神仕》:"以夏日至致地示物魅。"⑤《孝經緯》亦有類似記載。有時稱爲"土示",如《周禮·大司樂》:"五變而致介物及土示。"⑥有時稱爲"后土",如《周禮·大宗伯》:"王大封,則先告后土。"⑦

宋儒陳祥道認爲,大示指地之大者,地示則凡地之示與焉,土示指的是五土之示而已,后土非地示。⑧ 清人秦蕙田認爲,大示即地示,地示即后土,對天神而言則曰地示,以其配天神而非五土之示則曰大示,以其尊於土示而君之則曰后土,后土亦即地示也。若土示則五土之示,社稷則建國之土神而已。⑨ 清人黄以周認爲:大示者,大地之示也;土示者,五地之示也;社稷者,建國之土示也;后土、地示者,大示、土示之通稱也。⑩

筆者以爲,楚簡中的"地宝(主)"有可能就是《周禮》中的"地示"。"示""主"古可通用,卜辭中有"示壬""示癸",即《史記·殷本紀》的"主壬""主癸"。陳夢家、李孝定對此早有詳細的論述。⑪

---

①　徐元誥:《國語集解》,王樹民、沈長雲點校,中華書局 2002 年版,第 589 頁。

②　段玉裁:《説文解字注》,上海古籍出版社 1988 年版,第 8 頁。

③　《周禮注疏》(十三經注疏),中華書局 1980 年版,第 763 頁。

④　《周禮注疏》(十三經注疏),中華書局 1980 年版,第 788 頁。

⑤　《周禮注疏》(十三經注疏),中華書局 1980 年版,第 828 頁。

⑥　《周禮注疏》(十三經注疏),中華書局 1980 年版,第 789 頁。

⑦　《周禮注疏》(十三經注疏),中華書局 1980 年版,第 811 頁。

⑧　陳祥道:《禮書》卷八十九,文淵閣《四庫全書》第 130 册,臺灣"商務印書館"1986 年版,第 558、559 頁。

⑨　秦蕙田:《五禮通考》卷三十七,文淵閣《四庫全書》第 135 册,臺灣"商務印書館"1986 年版,第 957 頁。

⑩　黄以周:《禮書通故》,中華書局 2007 年版,第 657 頁。

⑪　參見陳夢家:《殷虚卜辭綜述》,中華書局 1988 年版,第 440 頁。李孝定:《甲骨文字集釋》,《"中央研究院"歷史語言研究所專刊之五十》,1970 年,第 37~48 頁。

　　結合出土文字資料與傳世文獻來看，后土即大示，指全載之大地，用作專稱，總是與“太”對舉。地主即地示，用作通稱，包含后土與社等地祇的特點。陳祥道、秦蕙田、黃以周等人的説法都有合理的成分。

三、宫后土、宫地主與野地主

　　“宫地主”“宫后土”之祭，見於包山 M1 楚簡：

　　　　舉禱宫地主一羓（殺）。　　包山簡 202

　　　　逐雁會之祝，賽禱宫后土一羓（殺）。　　包山簡 214

　　　　舉禱宫后土一羓（殺），舉禱行一白犬，酒食，伐於大門一白犬。
包山簡 233

　　　　薦於野地主一豭（貑），宫地主一豭（貑），賽禱行一白犬，酒食。
包山簡 208

　　“宫地主”，整理者認爲似指宫室所在之地神。① 陳偉指出，包山簡 214 與包山簡 202 乃是同一占卜之人的嘏辭，“宫后土”當即“宫地主”，進而認爲“宫后土”或者“宫地主”實指五祀之神中的中霤。② 楊華、鄒濬智從其説。③ 賈海生則認爲是偏守一隅之地神。④

　　“宫地主”一語，還見於秦家嘴簡、天星觀簡、望山簡：

　　　　甲申之夕，賽禱宫地主一豭（貑），賽禱行一白犬。　　秦家嘴 M99
簡 1 ⑤

　　　　擇良日冬夕賽禱宫地主一𢀜。　　天星觀簡 142

　　　　舉禱宫地主一𢀜。　　天星觀簡 114 ⑥

---

　　① 湖北省荆沙鐵路考古隊：《包山楚墓》，文物出版社 1991 年版，第 386 頁。

　　② 陳偉：《包山楚簡初探》，武漢大學出版社 1996 年版，第 160 頁。

　　③ 參見楊華：《新出簡帛與禮制研究》，臺灣古籍出版有限公司 2007 年版，第 123～125 頁。鄒濬智：《西漢以前家宅五祀及其相關研究——以楚地簡帛文獻資料爲討論焦點》，臺灣花木蘭出版社 2008 年版，第 105 頁。

　　④ 賈海生：《楚簡所見楚禮考論》，《文史》2008 年第 4 輯。

　　⑤ 參見晏昌貴：《秦家嘴“卜筮祭禱”簡釋文輯校》，《湖北大學學報》2005 年第 1 期。

　　⑥ 參見滕壬生：《楚系簡帛文字編》（增訂本），湖北教育出版社 2008 年版，第 695 頁。“𢀜”似當釋爲“牂”，天星觀簡便有“司命、司禍各一牂”“五差各一牂”之文。

　　賽禱宮地主一羖(殺)。　　望山簡 109 ①

　　宮后土、宮地主爲"中霤"的説法較爲合理，首先包山 M2 中發現了祭禱"五祀"的神牌，五個神牌上寫着"室、門、户、行、灶"五字。《禮記·月令》中"五祀"爲"户、灶、中霤、門、行"。《禮記·祭法》鄭玄注："中霤主堂室居處。"整理者據此以爲中霤亦可稱室，與古書記載相合，確證其祀符合大夫之制。② 其次，宮后土、宮地主也常與五祀中的"門、行"排在一起。楊華曾對楚簡中的"五祀"進行了系統的梳理與總結，並指出"中霤"還有"内中土""中室""宮室"等異名。③

　　"宮后土""宮地主"爲"中霤"的説法雖然比較合理，但爲什麼楚簡中没有出現"中霤"一語的稱呼，倒頗使人費解。鄒濬智試圖以地理和建築方式兩方面原因作以解釋，比較牽强。④ 一般的神祇名，不會隨着時代的變遷而消失，何況楚國與春秋諸國時代相去不遠，傳世典籍多有"中霤"的記載。包山楚墓中既已有"室"作爲五祀之一的神牌，簡文中爲什麼反倒没有祭禱"室"的記録？這些問題，囿於出土資料的限制，目前尚無法得到確解。

　　"中霤"之祭，禮書記載一般止於大夫。《禮記·曲禮下》云："天子祭天地，祭四方，祭山川，祭五祀，歲遍。諸侯方祀，祭山川，祭五祀，歲遍。大夫祭五祀，歲遍。士祭其先。"鄭注："五祀，户、灶、中霤、門、行也。此蓋殷時制也。"⑤《禮記·王制》云："天子祭天地，諸侯祭社稷，大夫祭五祀。"鄭玄注："五祀，謂司命也，中霤也，門也，行也，厲也。此祭謂大夫有地者，其無地，祭三耳。"⑥《禮記·祭法》云："大夫立三祀，曰族厲，曰門，曰行。適士立二祀，曰門，曰行。"⑦依照鄭玄的説法，《禮記·祭法》中的"大夫"顯然屬於無地之大夫，不可以祭"中霤、司命"，而士階層只可以祭"門、行"二

---

　　①　"羖"，整理者釋爲"豻"。此從陳偉等編：《楚地出土戰國簡册(十四種)》，經濟科學出版社 2009 年版，第 275 頁。

　　②　湖北省荆沙鐵路考古隊：《包山楚墓》，文物出版社 1991 年版，第 336 頁。

　　③　楊華：《新出簡帛與禮制研究》，臺灣古籍出版有限公司 2007 年版，第 119～128 頁。

　　④　鄒濬智：《西漢以前家宅五祀及其相關研究——以楚地簡帛文獻資料爲討論焦點》，臺灣花木蘭出版社 2008 年版，第 109 頁。

　　⑤　《禮記正義》(十三經注疏)，中華書局 1980 年版，第 1268 頁。

　　⑥　《禮記正義》(十三經注疏)，中華書局 1980 年版，第 1336 頁。

　　⑦　《禮記正義》(十三經注疏)，中華書局 1980 年版，第 1590 頁。

祀。《儀禮·既夕》："疾病，乃行禱於五祀。"鄭玄注："盡孝子之情。五祀，博言之。士二祀，曰門，曰行。"賈公彦疏：

> 死期已至，必不可求生，但盡孝子之情，故乃行禱五祀，望祐助病者，使之不死也。今禱五祀，是廣博言之，望助之者衆，其言五祀，則與諸侯五祀同，則《祭法》云"諸侯五祀"是也。①

依鄭注賈疏，"五祀"之祭，按殷制則從天子通於大夫，無有差等；按周制則從天子通於諸侯，有尊卑之別。有兩種情況例外，一是有地之大夫可以祭五祀，二是人有疾病需要禱告時可以祭五祀，也就是可以祭中霤。爲明晰起見，列表 4-2 如下：

表 4-2　祭宮后土、宮地主的祭品規格

神名	秦家嘴(士)	望山(下大夫)	包山(上大夫)	天星觀(封君)	新蔡(封君)
宮后土	○	○	羖(羧)	○	○
宮地主	狢(貗)	羖(羧)	羖(羧)、狢(貗)	牂	○

注："○"表示不知所用何牲。

　　若"宮后土""宮地主"爲"中霤"無誤，則楚墓主人的身份無論是封君、上大夫、下大夫還是士，都可以祭禱"中霤"。其原因可能正如鄭注賈疏所言，是因爲墓主人生病，屬於非正祭。古者正祭有常數，非正祭無常時。旅、類、造、禱、祠之屬，非正祭也。② 不過從祭禱所用的祭品上看，仍反映了墓主人身份的尊卑不同，封君所用的祭品規格最高，士所用的祭品規格最低，這與祭禱后土是一致的。

　　楚簡中上至封君、下至大夫，都可以祭祀楚人先祖，如"三楚先""昭王""惠王""簡王"等，也可以祭祀"太""大水""后土""地主"等天地大神。按照周禮，祭祀這些神祇，是天子、諸侯纔具有的權力，封君、大夫、士是不能僭越的。③

---

　　① 《儀禮注疏》(十三經注疏)，中華書局 1980 年版，第 1158 頁。

　　② 陳祥道：《禮書》卷八十九，文淵閣《四庫全書》第 130 册，臺灣"商務印書館"1986 年版，第 558、559 頁。

　　③ 賈海生據此認爲，楚禮不同於周禮，楚禮尊卑之統無別，可備一説。參氏著《楚簡所見楚禮考論》，《文史》2008 年第 4 輯。

依筆者看來，其原因有可能是這些祭禱行爲皆非正祭，不能依正祭之禮而論。

包山簡中的"野地主"，陳偉認爲是社之異名。① 劉信芳認爲是郊野之地神，與"宮地主"相對而言，《國語·越語下》："皇天后土，四鄉地主正之。" 野地主與四鄉地主相類。② 賈海生認爲是全載之大地。③ 筆者以爲，地主爲典籍中之"地示"（見前文），是全載之大地的通稱，若"地主""野地主"無別，似没有必要加"野"以别之，地主加"野"字，正是爲了與"宮地主"相區别，賈氏觀點不可從。劉氏"郊野之地神"可從，但認爲"野地主與四鄉地主相類"則不可從，這裏"四鄉地主"指的是"四方神主"，而並非指地祇神。《左傳·昭公二十九年》杜預注："在家則祀中霤，在野則爲社。"孔疏："言在野者，對家爲文，雖在庫門之内，尚無宫室，故稱野。且卿大夫以下，社在野田。"④這是對野地主爲郊野之地神，即社之異名的最好解説。沙畹則避開了誰可以祭祀"中霤"這個問題，只是説"中霤"是級别處於最底層的家社。家社起初被供奉在屋頂中間一個方孔的下方，這個方孔叫作"中霤"。這個名詞的漢字顯示出其中心位置（"中"），也就是説在屋宅中央聚集了整個家庭的力量。⑤

第二節　社、稷關係

先秦時期，社、稷常並提，這説明二者關係非常密切，然而能否把二者不加區别地等同起來，社與稷究竟是一種什麽關係，"社稷"一語作爲國家政權的代稱始於何時，這些歷來都是經學家爭論激烈的問題。現在從稷祀源流、社、稷關係，社、稷合稱三個部分進行論述。⑥

一、稷祀源流

《爾雅·釋草》："粢，稷。"⑦《説文》："稷，齋也。五穀之長。從禾畟聲。"段注引程瑤田《九穀考》："稷、齋，大名也。黏者爲秫，北方謂之高粱，

---

① 陳偉：《包山楚簡初探》，武漢大學出版社 1996 年版，第 165 頁。
② 劉信芳：《包山楚簡解詁》，臺灣藝文印書館 2003 年版，第 223 頁。
③ 賈海生：《楚簡所見禮考論》，《文史》2008 年第 4 輯。
④ 《春秋左傳正義》（十三經注疏），中華書局 1980 年版，第 2123 頁。
⑤ 沙畹：《古代中國社神》，《國際漢學》2015 年第 3 期。
⑥ 參見拙著《先秦社、稷關係考》，《井岡山大學學報》2011 年第 2 期。
⑦ 《爾雅注疏》（十三經注疏），中華書局 1980 年版，第 2626 頁。

通謂之秫秫，又謂之蜀黍，高大似蘆。"①《説文》中穄、稷二字互訓，仍不知稷爲何物。

甲骨文中有𦚰、𥝩、𥞤諸形的字，孫海波在《甲骨文編》中釋爲"粟"，袁庭棟從其説，並認爲這些是穀子的專名，"禾"外所加之形，表示其爲結實之粟。于省吾釋爲"穄"，認爲是"稷"的初文，今稱穀子，去皮爲小米，彭裕商從其説。② 齊思和在《〈毛詩〉穀名考》一文中，博引衆説斷以己意，也認爲稷不是高粱，而是一種穀子。③于省吾、齊思和的説法可從。稷，在甲骨文中有下列辭例：

> 受稷年　《合集》10033
> 丙戌卜，我受稷[年]。　《合集》10026
> □其登稷於□　《合集》34588
> 辛丑卜，衍，稷登辛亥。十二月。
> 辛丑卜，於一月辛酉酒稷登。十二月。
> 勺入。　《合集》21221
> □卜，其延登稷於羌甲。　《合集》22593
> □叀登稷於南庚，丝用。　《合集》32606

所謂"受稷""受稷年"，都是貞問稷穀收成之事，與《穀梁傳·桓公三年》"五穀熟皆爲有年也"之"有年"意思相近，表示占卜農業是否可以獲得豐收。而"稷登""登稷"的意思，可能都是以稷作爲祭品。《左傳·桓公六年》："吾牲牷肥腯，粢盛豐備，何則不信。"孔疏："粢是黍稷之別名，亦爲諸穀之總號。祭之用米，黍、稷爲多，故云'黍稷曰粢'，粢是穀之體也。盛謂盛於器，故云在器曰盛。"④《史記·禮書》："大饗上玄尊而用薄酒，食先黍稷而飯稻粱。"⑤《儀禮》之《特牲饋食禮》《少牢饋食禮》諸篇也有"黍稷"的記載，反映了卜辭所載與傳世典籍相合。

---

① 段玉裁：《説文解字注》，上海古籍出版社1988年版，第321頁。
② 彭裕商：《甲骨文農業資料考辨與研究》，吉林文史出版社1997年版，第329頁。
③ 齊思和：《中國史探研》，河北教育出版社2003年版，第13～23頁。
④ 《春秋左傳正義》(十三經注疏)，中華書局1980年版，第1750頁。
⑤ 司馬遷：《史記》，中華書局1982年版，第168頁。

　　稷是北方地區非常重要的農作物，《詩經》中許多篇都有記載。《黍離》：
"彼黍離離，彼稷之苗。"①《鴇羽》："王事靡盬，不能藝稷黍。"②《七月》：
"黍稷重穋，禾麻菽麥。"③這些都說明"稷"是北方人民賴以生存的食物和主要
的種植作物，所以詩人纔會不斷地吟誦。周人甚至把其先祖"棄"稱爲"后稷"，
《詩經·生民》曰："載震載夙，載生載育，時維后稷。"

　　考古發掘也證明了我國北方首先廣泛種植"稷（粟）"這種農作物。下川遺
址在世界農業起源中有着與尼羅河流域同樣不可低估的地位。在遺址附近普遍
發現粟類作物的野生祖本"狗尾草"的存在，其分佈地點海拔高度基本與文化
遺存的海拔高度相一致。衛斯對下川遺址進行考察後認爲，下川遺址出土的石
磨盤有可能是用來加工人工栽培的穀類作物——粟的原始種，即處在馴化過程
中的狗尾草的。④ 黃其煦也認爲，無論從考古發現、野生分佈還是遺傳關係来
看，都有十足的把握可以斷言：粟是在我國黃河流域首先被馴化的。它在北方
新石器文化的作物中占據主要的地位。⑤ 新石器時代的遺址，如磁山遺址⑥、
裴李崗遺址⑦、西安半坡都有粟的發現。⑧ 這與粟耐旱、對土壤要求寬鬆、產
量較高的特點頗有關係，是北方人民長期農業生活選擇的結果。

　　稷作爲穀類，在甲骨文中通常是被用來祭祀祖先神鬼的，或者占卜年成豐
歉時被問及，本身並不是被祭祀的神靈，這與典籍記載似不相合，說明甲骨文
中當別有一字爲"稷神"之"稷"。《禮記·祭法》："是故厲山氏之有天下也，
其子曰農，能殖百穀。夏之衰也，周棄繼之，故祀以爲稷。"⑨《左傳·昭公二
十九年》《國語·魯語下》亦有類似的記載，只是文字稍有出入。《漢書·郊祀
志》："自共工氏霸九州，其子曰句龍，能平水土，死爲社祠。有烈山氏王天
下，其子曰柱，能殖百穀，死爲稷祠。故郊祀社稷，所從來尚矣。"這些記載

---

①　《毛詩正義》（十三經注疏），中華書局 1980 年版，第 330 頁。
②　《毛詩正義》（十三經注疏），中華書局 1980 年版，第 365 頁。
③　《毛詩正義》（十三經注疏），中華書局 1980 年版，第 391 頁。
④　衛斯：《試論中國粟的起源、馴化與傳播》，《古今農業》1984 年第 2 期。
⑤　黃其煦：《黃河流域新石器時代農耕文化中的作物（續）——關於農業起源問題的
探索》，《農業考古》1983 年第 1 期。
⑥　邯鄲市文物保管所、邯鄲地區磁山考古隊短訓班：《河北磁山新石器遺址試掘》，
《考古》1977 年第 6 期。
⑦　開封地區文管會、新鄭縣文管會：《河南新鄭裴李崗新石器時代遺址》，《考古》
1978 年第 2 期。
⑧　中國科學院考古研究所：《西安半坡》，文物出版社 1963 年版，第 59~79 頁。
⑨　《禮記正義》（十三經注疏），中華書局 1980 年版，第 1590 頁。

說明對稷神的祭祀歷史應該是很久遠的。

　　“社”祭已見於甲骨文，照理甲骨文中也應當有稷神的記載。魏建震認爲，作爲農作物的稷與作爲鬼神祭祀的稷，在甲骨文中可能是字形與字義均不相同的兩個字。“稫”用爲五穀之一的稷，其形表現的是稷穀之形。而用作五穀之神的稷，其形體表達的是稷神的現象。五穀之稷與稷神之稷是從不同途徑創造出來的兩個字。① 其實，作爲稷神的稷雖然和作爲農作物的稷有密切關係，但其本身並不專指農作物稷。《白虎通·社稷》：“五穀眾多，不可一一祭也。故封土立社，示有土也。稷，五穀之長，故立稷而祭之也。”②《孝敬·援神契》云：“社者，五土之總神。……稷是原隰之神，宜五穀，五穀眾多，不可遍舉，稷者五穀之長，立稷以表神名，故號稷。”③說得很清楚，稷神是襲用作物稷之名，而非指其實，稷神是一個抽象的神靈概念。鄭玄若將稷直接解爲穀神，就會產生所謂“自食”的問題，所以他選擇相對迂曲的解釋路徑，將“稷”解爲原隰之神，而原隰之神在某種意義上可以代表穀。④ 這樣的解經方式很晦澀，容易産生歧義。

　　甲骨文有“䍃”字，唐蘭釋爲“夔”，認爲古文於人形處特示足形，多無深義，如允即夋，兒即睍，凶即夒。⑤ 丁山認爲，䍃上作从，甚明，其下作䍃，似與䍃本是一字，即“凶”之本字，指的是“四凶族”，都是鯀的別名。⑥ 陳夢家認爲，凶，亦即夒字，古音與“重”“从”相同，《說文》：“堹，種也。”凶可以是少皞氏四叔重，也可以是天神“重”。⑦ 蔡哲茂在《釋稷》一文中，較早提出䍃即稷說：

　　　如果《左傳》蔡墨所說的“周棄亦爲稷，自商以來祀之”之說可靠，則卜辭的“䍃”，指的稷神或許就是周棄。卜辭亳土(社)䍃(稷)、河、嶽，

① 魏建震：《先秦社祀研究》，人民出版社 2008 年版，第 166 頁。
② 陳立：《白虎通疏證》，吳則虞點校，中華書局 1994 年版，第 83 頁。
③ 安居香山、中村璋八輯：《緯書集成》(中)，河北人民出版社 1994 年版，第 970 頁。
④ 褚葉兒：《社稷祭祀及其禮義研究》，《首都師範大學學報》2019 年第 2 期。
⑤ 參見唐蘭：《天壤閣甲骨文存考釋》，《甲骨文獻集成》第 2 冊，四川大學出版社 2001 年版，第 491 頁。
⑥ 丁山：《中國古代宗教與神話考》，上海文藝出版社 1988 年版，第 37、38 頁。
⑦ 陳夢家：《殷虛卜辭綜述》，中華書局 1988 年版，第 344 頁。

經常在一齊受祀，社爲土神，稷爲穀神，河爲河神即河伯，嶽爲山神，後代建邦立國，必立社稷，故社稷爲國家之代稱。①

稍後，劉桓也提出相同的看法，他在文中說：

> 以上卜辭，或以"土""𡿸""河""嶽"連言，或以"𡿸"與"亳土"並稱而祭。"土𡿸河嶽"應讀"社稷河嶽"，猶《國語·魯語》展禽曰"加之以社稷山川之神"的"社稷山川"。……亳社在殷代相當於大社，乃指國中之社，故後代稱"亳社"爲亡國之社。卜辭𡿸即與社或亳社同時受祭，釋𡿸爲稷便成爲順理成章的事。②

蔡、劉二人的說法應是可信的。甲骨文中的"𡿸(凶)"，從祭祀方法上說，與"土(社)"比較相近，都使用"燎""御""寧""求""又"等祭祀方法。從功能上說，主要和求雨、求年有關係，也和土(社)比較接近。有學者曾對商代諸神之權能作了詳細的統計，從權能上來看，"凶"和"土(社)""方"也最爲相近。③"凶""土(社)""方"顯然爲同一類自然神祇。因而甲骨文中的"凶"釋爲"稷"，不爲無據。

近幾十年出土的古文字資料，有些內容與"稷"有關。睡虎地秦簡《日書》有《稷辰篇》，整理者在"後記"中說，稷疑爲"稯"字之訛，"稯"讀爲"叢"。《史記·日者列傳》有叢辰家，《漢書·藝文志》有《鐘律叢辰日苑》二十三卷。④饒宗頤與曾憲通認爲，日書有稷辰一目，范望訓稷爲合，朱駿聲謂稷爲人，故稷辰是集辰即叢辰也。《史記·陳涉世家》"叢祠"，《集解》引張晏曰："叢，鬼所憑焉。"《索隱》引《墨子》："木之修茂者爲叢位。"《國策》高誘注："叢祠，神祠叢樹也。"按，叢辰正如叢祠、叢鬼、叢位、叢樹之比。《易》離卦，日中則昃，馬王堆本作"稷"，"稷"與"叢"皆東韻字，"稷"與"稷"同，又足爲稷辰

---

① 蔡哲茂、吳匡：《釋稷》，"殷墟甲骨文發現九十周年國際學術討論會"會議論文，1989 年。

② 劉桓：《卜辭社稷說》，《甲骨徵史》，黑龍江教育出版社 2002 年版，第 151～153 頁。

③ 參見朱鳳瀚：《商人諸神之權能與其類型》，《盡心集：張政烺先生八十慶壽論文集》，中國社會科學出版社 1996 年版，第 63 頁。

④ 睡虎地秦墓竹簡整理小組：《睡虎地秦墓竹簡》"後記"，文物出版社 1990 年版。

即叢辰之證。① 劉樂賢認爲，"稷辰"讀爲"叢辰"是正確的。秦漢文字及字書中從㚆的字與從夋的字常常混用。如銀雀山漢簡"社稷"作"社襏"；《韻會》"稷"又作"襏"；《爾雅·釋獸》"猣"，《玉篇》引作"猠"。②

"稷"在甲骨文中爲"𢀖"，在金文、璽印和簡帛中主要有這樣幾種字形：𥜰（中山王鼎）、𥜰（子盃子釜）、𥜫（古璽彙編 4442）、𥜰（詛楚文）、𥞵（雲夢秦簡 日甲 18）、𥞵（雲夢秦簡 日甲 18）、𥞵（郭店楚簡《尊德义》7）、𥜰（郭店楚簡《唐虞之道》10）、𥞵（上博一《孔子詩論》24）、𥜰（上博二《子羔》13）、𥜰（上博二《子羔》6）、𥜰（上博二《容成氏》28）、𥜰（新蔡簡甲三 335）、𥞵（九店簡 56：13）、𥞵（上博七《吴命》2）、𥞵（《説文》古文）。

從字形上看，"稷"字或從"禾""㚆"聲，或從"示""㚆"聲，從"禾"與從"示"應無區別。最明顯的例子，是在上博二《子羔》篇中，"稷"字就有從"禾"（簡 13）、從"示"（簡 6）兩種字形。最特別的字形是中山王鼎的"稷"字，此字凡四見，所從之"㚆"字，上邊有一筆。蔡哲茂認爲，此筆非羨筆，右旁應與"鬼"字有區別，再從出土文獻《孫臏兵法》看，其中"稷"字四見，皆從"示""夋"聲，漢碑《史晨碑》"立稷而祀"爲從"禾""夋"聲。漢碑中社稷的"稷"字或從"禾"、或從"示"，而右邊的"夋"或從"凶"、或從"田"，"夋"字的訛變不是從漢代纔開始，早在戰國時代已經訛變。③ 筆者以爲，如唐蘭所言，允即夋，兒即㚆，凶即夋，這些字形在古文字中常常是混用的。甲骨文中的"凶（稷）"字，也可以是"㚆"。④ 至於戰國文字中所從之"禾"，顯然表明此字與作物有關，所從之"示"，與甲骨文中的"土"字演變爲"社"字是一樣的，表示一種可以祭祀的神靈。

簡文中的"稷辰"就是"叢辰"，説明"稷"與"叢"關係密切。《墨子·明鬼》："且惟昔者虞夏商周三代之聖王，其始建國營都日，必擇國之正壇，置以爲宗廟；必擇木之脩茂者，立以爲菆位。"王念孫曰：

---

① 饒宗頤、曾憲通：《楚地出土文獻三種研究》，中華書局 1993 年版，第 412 頁。

② 劉樂賢：《睡虎地秦簡日書研究》，臺灣文津出版社 1994 年版，第 58 頁。

③ 蔡哲茂：《從戰國簡牘的"稷"字論殷卜辭的"凶"即是"稷"》，"2007 中國簡帛國際論壇"會議論文，2007 年。

④ 魏建震認爲，"稷"字是从鬼之𥜰字訛變而來，其讀音應讀鬼聲，而非㚆聲。參氏著《先秦社祀研究》，人民出版社 2008 年版，第 165 頁。按，甲骨文與戰國文字中"㚆""夋"都與"鬼"字的構形有很大差別，尤其是下部分，魏氏之説不可從。

　　　　菆與叢同，位當爲社字之誤也。《急救篇》：“祠祀社稷叢臘奉。”“叢”
　　一本作“菆”。顏師古曰：“叢謂草木岑蔚之所，因立神祠。”即此所謂：
　　“擇木之修茂者，立以爲菆社也。”《秦策》：“恒思有神叢。”高注曰：“神
　　祠叢樹也。”《莊子·人間世》：“見櫟社樹，其大蔽牛。”《吕氏春秋·懷寵
　　篇》曰：“問其叢社大祠，民之所不欲廢者，而復興之。”《太玄·聚次四》
　　曰：“牽羊示於叢社。”皆其證也。①

這就是説，“叢”與“菆”可以通用，叢是社稷神主之所依，因而“叢社”常常可
以指代“社稷”②，但並非“叢”就是“稷神”。叢是社稷之神所憑依之樹，本身
並非神祇，無社與稷，其又何神之有？叢所具有的神性是不能脱離社稷的，因
此連劭名認爲殷墟卜辭的“凶”指叢神的説法似不可從。③

二、社、稷關係

　　社祭與稷祭均和農業相關，並與先民的生活息息相關，因此二者關係非常
密切。先秦時期，人們時常把二者一並祭祀。而對於稷神的性質，典籍則有不
同的記載，大致有以下三種意見：
　　第一種，稷神是原隰之神（屬於地祇），在地域範圍上小於社神，是社神
所轄五土之一。④《周禮·封人》：“掌設王之社壝。”鄭注：“不言稷者，稷，
社之細也。”賈疏云：

　　　　案《大司徒》及下文皆社稷俱言，此獨言社不言稷，故解之。案《孝經
　　緯》，社是五土總神，稷是原隰之神。原隰即是五土之一耳，故云“社稷
　　之細”。舉社則稷從之矣，故言社不言稷也。⑤

鄭玄、賈公彦皆本《孝經緯》之説，以稷爲五土之一的原隰之神。唐人杜佑《通

---

①　王念孫：《讀書雜志》，江蘇古籍出版社 2000 年版，第 587 頁。
②　孫詒讓：《周禮正義》，王文錦、陳玉霞點校，中華書局 1987 年版，第 697 頁。
③　連劭名：《甲骨刻辭叢考》，《古文字研究》第 18 輯，中華書局 1992 年版，第 62
頁。
④　社之五土包括山林、川澤、丘陵、墳衍、原隰。
⑤　《周禮注疏》（十三經注疏），中華書局 1980 年版，第 720 頁。

典》、清儒黃以周從其説①，現代學者也有從之者②。

　　第二種，稷神是人鬼，也就是烈山氏柱和周人始祖棄。許慎《五經異義》："今《孝經説》'稷者五穀之長，穀衆多不可遍敬，立稷而祭之'，古《左氏説》'烈山氏之子曰柱，死祀以爲稷，稷是田正。周棄亦爲稷，自商以來祀之'，謹按'禮緣生及死'，故社稷人祀之，即祭稷穀，不得但以稷米祭稷，反自食。同《左氏説》。"③賈逵、馬融皆從之，應劭《風俗通義》、王肅《聖證論》亦從其説。

　　第三種，稷神是五穀之神。《白虎通·社稷》："人非土不立，非穀不食。土地廣博，不可遍敬也。五穀衆多，不可一一祭也。故封土立社，示有土也。稷，五穀之長，故立稷而祭之也。"④《禮記·郊特牲》孔疏引《異義》："今《孝經説》：'稷者五穀之長，五穀衆多不可遍敬，立稷而祭之。'"⑤《禮記外傳》曰："社者，五土之神也。稷者，百穀之神也。"⑥這是説稷神的性質與穀類有很大關係，因襲其名而立之爲神。

　　前兩種説法皆不可信，宋儒陳祥道早就指出，先儒有以王社有稷壇，原隰爲稷神，有以句龍爲社而非配社，柱爲稷而非配稷，後世又有以夏禹爲社配，有以戌亥爲社日，有以先農爲帝社，有以太稷爲稷社，都是主觀猜測。他認爲，社所以祭五土之示，稷所以祭五穀之神。五穀之神而命之稷，以其首種先成而長五穀故也。稷非土無以生，土非稷無以見生生之效，故祭社必及稷，以其同功均利而養人故也。⑦

　　對於地祇神(社)和五穀之神(稷)之間的關係，解釋最爲精辟的莫過於清儒金鶚。他在《求古錄禮説》"社稷"條中説：

　　　　社字从土，明是土神。稷字从禾，明是穀神。《易》云"百穀草木麗乎地"，故稷亦爲地示之屬，猶日月星辰皆爲天神也。穀爲土所生，故社尊

---

①　黃以周：《禮書通故》，中華書局 2007 年版，第 662 頁。

②　劉桓：《卜辭社稷説》，《甲骨徵史》，黑龍江教育出版社 2002 年版，第 160 頁。

③　鄭玄：《駁五經異義》，文淵閣《四庫全書》第 182 册，臺灣"商務印書館"1986 年版，第 305 頁。

④　陳立：《白虎通疏證》，吳則虞點校，中華書局 1994 年版，第 83 頁。

⑤　《禮記正義》(十三經注疏)，中華書局 1980 年版，第 1450 頁。

⑥　李昉等：《太平御覽》卷五百三十二，中華書局 1960 年版，第 2413 頁。

⑦　陳祥道：《禮書》卷九十二，文淵閣《四庫全書》第 130 册，臺灣"商務印書館"1986 年版，第 576、577 頁。

於稷。穀與土別，故稷可與社對。若原隰則已在五土之中，既總祭五土之神，何必又別祭原隰？原隰又何可與五土總神對乎？至許氏以自食爲疑，其説尤繆。夫祭稷者，祭稷之神，非祭稷也。天下有一物，必有一神主之，其神既主是物，正宜用是物以祭報其生育之恩，安得謂自食乎？左氏謂"稷，田正也"，此言稷之所配食者爲田正之官，以其播殖百穀有功於世，故配食於穀神，猶句龍能平水土，故配食於土神也。許氏即以田正爲稷，與賈逵等，同其謬矣。①

金鶚亦認爲稷是穀神，社是土神，兩者有別。由於土和穀不同，所以社神、稷神可以對舉。天下有一物就有一物之神，田正爲稷神之配祭，本身並非稷神。清儒秦蕙田《五禮通考》、孫詒讓《周禮正義》皆同其説。

卜辭之中，凶（稷神）、土（社神）分祭的情況較爲普遍，説明在商代稷神與社神是兩個不同的神靈。如《合集》14655、14656、29984、30443、33302、33303、34265、34266、34269、34270、34271、34274、34276、34284 等，《屯南》78、744、747、2388、2322、3083 等。據筆者粗略統計，大約有八十條之多，内容多與求雨、止雨、求禾、求年有關。祭稷神所用祭品有羊、豕、小宰、大牢、酒等。社神與稷神偶爾也有並祭的情況。如：

　　於小丁御。
　　於凶御。
　　於亳土御。②
　　癸巳貞，御於父丁，其五十小宰。　　《合集》32675
　　丁未卜，王燎於凶。
　　戊申卜，殼貞，方帝燎於土、凶□，卯上甲。
　　甲□卜，□[貞]燎[於]凶　　《合集》01140 正

這種並祭的情況，恰好説明稷是不同於社的，稷是獨立於社之外的自然神靈。稷若是社之細者，就没有必要既祭土（社神）、又祭凶（稷神）了。

---

① 金鶚：《求古録禮説》卷九，《續修四庫全書》第 110 册，上海古籍出版社 2002 年版，第 332、333 頁。

② "亳"字，蔡哲茂釋爲"郊"字，不可從。參氏著《從戰國簡牘的"稷"字論殷卜辭的"凶"即是"稷"》，"2007 中國簡帛會國際論壇"會議論文，2007 年。

　　新蔡楚簡中，有許多內容是關於地祇信息的，其中就有單獨祭禱稷神的，也説明稷神與社神是兩個不同的神靈：

　　　　□鄒邸社，大殤坪夜之楚裋（稷），東　　新蔡簡甲三 271 ①
　　　　皀一裋（稷）一牛，五□　　新蔡簡甲三 335
　　　　□□一裋（稷）牛□　　新蔡簡甲三 341
　　　　邔一裋（稷）牛，三社□　　新蔡簡乙四 90

祭祀時所用犧牲所用爲牛。新蔡楚墓的墓主人爲封君，級別較高，其他楚墓中尚沒有發現祭禱稷的記録，這或許與墓主人的身份地位有關。稷與社的分祭，也説明稷不是原隰之神，而是五穀之神。

　　稷神與社神雖然是兩個不同的神靈，但傳世典籍一般把兩者並提。《周禮·大司徒》"設其社稷之壝而樹之田主"，賈疏：

　　　　謂於中門之外右邊設大社、大稷，王社、王稷，又於廟門之屏設勝國之社稷，其社稷外，皆有壝埒於四面也。②

賈公彦認爲，天子有三社，即大社、王社、戒社，三社皆有稷，即大稷、王稷、戒社之稷。清儒孫詒讓③、黄以周④，皆贊同賈公彦的説法。宋儒陳祥道則認爲，王社、侯社與農業無關，因而不立稷，王與諸侯皆三社二稷也，即大稷、戒社之稷，國稷、戒社之稷。⑤

　　《詩經·載芟》詩序云："春籍田而祈社稷也。"⑥《詩經·良耜》詩序云："秋報社稷也。"⑦所謂社，也就是王社，是王社亦有稷。《周禮·喪祝》："掌

---

　　①　河南省文物考古研究所：《新蔡葛陵楚墓》，大象出版社 2003 年版，第 197 頁。以下所引該書簡文，只注簡號，不另注頁碼。
　　②　《周禮注疏》（十三經注疏），中華書局 1980 年版，第 702 頁。
　　③　孫詒讓：《周禮正義》，王文錦、陳玉霞點校，中華書局 1987 年版，第 692 頁。
　　④　黄以周：《禮書通故》，中華書局 2007 年版，第 665 頁。
　　⑤　參見陳祥道：《禮書》卷九十二，文淵閣《四庫全書》第 130 册，臺灣"商務印書館" 1986 年版，第 576 頁。魏建震亦同其説，此説誤，參氏著《先秦社祀研究》，人民出版社 2008 年版，第 171 頁。
　　⑥　《毛詩正義》（十三經注疏），中華書局 1980 年版，第 601 頁。
　　⑦　《毛詩正義》（十三經注疏），中華書局 1980 年版，第 602 頁。

勝國邑之社稷之祝號，以祭祀禱祠焉。"①《周禮·士師》："若祭勝國之社稷，則爲之尸。"②所謂勝國之社也就是戒社，是戒社亦有稷。《周禮·大宗伯》："以血祭祭社稷。"③此社即大社，是大社亦有稷。故陳祥道"王社"與"侯社"不立稷之説不可從。

《論語·先進》中子路曰："有民人焉，有社稷焉。"邢昺疏："子路辯答孔子，言費邑有人民焉而治之，有社稷之神焉而事之。"④從邢疏看，似乎費邑之社也有稷，大夫是否祭稷，典籍無明文。孫詒讓認爲，社神與稷神不同，所配人神也不同，大夫采邑有社有稷，民間私社亦有社有稷。⑤ 從出土文字資料來看，其説似可信。新蔡簡便有例可援：

　　　　　□□社稷豢，山犠□　　新蔡簡零 163
　　　　其社稷□□　新蔡簡零 338

新蔡簡(甲三 335、甲三 341，乙四 90)稷神單獨祭禱的情況，説明稷神有壇。蔡邕認爲，社、稷二神具有農功，應該同堂別壇。任預略同蔡説，並認爲社、稷之壇都面向北。清人黃以周亦贊同蔡説。焦循則認爲，社、稷二神應當同壇。⑥ 筆者結合甲骨文與新蔡簡文，認爲蔡邕之説可從。

大社、大稷與王社、王稷所在之位置，也是經學史上爭論較爲激烈的問題之一。《周禮·小宗伯》："右社稷。"鄭注："在庫門内，雉門外之右。"賈公彥疏、孔穎達疏皆同其説，黃以周《五禮通考》亦從之。孫詒讓認爲，大社在路門外，應門内。⑦《禮記·禮運》："祭帝於郊，所以定天位也；祀社於國，所以列地利也。"⑧郊對國而言，郊在城外，則國顯指國中。《逸周書·作雒解》亦云："乃建大社於國中。"⑨是大社在國中之明證。大社既在國中，與之對舉

① 《周禮注疏》(十三經注疏)，中華書局 1980 年版，第 815 頁。
② 《周禮注疏》(十三經注疏)，中華書局 1980 年版，第 875 頁。
③ 《周禮注疏》(十三經注疏)，中華書局 1980 年版，第 758 頁。
④ 《論語注疏》(十三經注疏)，中華書局 1980 年版，第 2500 頁。
⑤ 孫詒讓：《周禮正義》，王文錦、陳玉霞點校，中華書局 1987 年版，第 696 頁。
⑥ 黃以周：《禮書通故》，中華書局 2007 年版，第 666 頁。
⑦ 孫詒讓：《周禮正義》，王文錦、陳玉霞點校，中華書局 1987 年版，第 693 頁。
⑧ 《禮記正義》(十三經注疏)，中華書局 1980 年版，第 1425 頁。
⑨ 黃懷信、張懋鎔、田旭東：《逸周書彙校集注》，上海古籍出版社 1995 年版，第 570 頁。

的大稷自然也在國中。

王社與王稷所在，經無明文。南朝崔靈恩《五經通義》云："王社在藉田中，爲千畝報功也。"①《宋書·禮志》引王肅説、孔穎達《祭法》疏、杜佑《通典》、秦蕙田《五禮通考》皆從其説。《周禮·大司徒》："設其社稷之壇而樹之田主。"賈疏："於中門之外右邊設大社、大稷，王社、王稷。"②也就是認爲，王社、王稷與大社、大稷同在中門之外。宋儒陳祥道《禮書》、清儒黄以周《禮書通故》皆從其説。清儒金鶚曰：

> 夫自爲立社，與爲百姓立社異其事，宜異其地，而並設一處何也？藉田爲王之田，王社亦王之社，則王社宜在藉田之中。③

金鶚認爲王社與大社當有所別，兩社不應當並立在一處，王社當在藉田之中。孫詒讓亦認爲，金鶚申崔靈恩、孔穎達之説甚確。④ 筆者以爲，崔氏的説法可從，正是由於王社、王稷立於藉田之中，先農壇亦立於藉田之中，從而導致後來學者很容易把藉田禮與社稷禮混淆，進而導致把先農與稷混爲一談。⑤

三、"社稷"合稱

"社稷"一語，是土地神社與穀神稷的合稱。無論是社神還是稷神，都與先民的農業發展和農業社會的形成有重要的關係，都是上古時期先農們長期自然崇拜的結果。《左傳·昭公二十九年》："共工氏有子曰句龍，爲后土，后土爲社。稷，田正也。有烈山氏之子曰柱，爲稷，自夏以上祀之。周棄亦爲稷，自商以來祀之。"⑥社祭以句龍爲配，稷祭以柱、棄爲配，是自然神人化的結果，各部族爲紀念其先祖的偉大功績，把自然崇拜和祖先崇拜結合起來，也説明了先民們祭祀社、稷有着悠久的歷史，以至於"社、稷"合稱一語而最終演變爲國家政權的象徵。

若"凶"釋爲"稷"不誤的話，甲骨文中已有"社稷"一語。如卜辭："己亥

---

① 李昉等：《太平御覽》卷五百三十二，中華書局 1960 年版，第 2414 頁。
② 《周禮注疏》（十三經注疏），中華書局 1980 年版，第 702 頁。
③ 金鶚：《求古録禮説》卷九，《續修四庫全書》第 110 册，上海古籍出版社 2002 年版，第 334 頁。
④ 孫詒讓：《周禮正義》，王文錦、陳玉霞點校，中華書局 1987 年版，第 693 頁。
⑤ 參拙著《秦祠"先農"簡再探》，簡帛網，2009 年 6 月 13 日。
⑥ 《禮記正義》（十三經注疏），中華書局 1980 年版，第 1590 頁。

卜，田率，燎土豕、凶豕、河豕、嶽［豕］"(《合集》34185)，"戊申卜，殼貞，方帝，燎於土凶□，卯上甲"(《合集》1140正)。對於"土(社)凶(稷)"合稱一語，是並稱還是合祭，學者之間還有争論。劉桓認爲，殷代社稷位置亦已成爲定制。由於社、稷的位置同在一處，故常常在祭社時祭稷。我國古代自夏代就以"社稷"相並稱。① 蔡哲茂亦有類似的表述。② 魏建震則認爲，"社稷"是合祭，但不是合稱以指代國家③，其説誤。蔡、劉之説可從。

"社稷"合稱一語指代國家，最早始於夏代。《墨子·明鬼》："且惟昔者虞夏商周三代之聖王，其始建國營都日，必擇國之正壇，置以爲宗廟；必擇木之修茂者，立以爲菆位。"孫詒讓認爲，"菆位"者，社稷也。④ 在前文中已論述過，"菆"雖然不是"稷"，但"菆社"常可以指代"社稷"。《國語·魯語》："凡禘、郊、祖、宗、報，此五者，國之典祀也。加之社稷、山川之神，皆有功烈於民者也。……非是不在祀典。"⑤顯然"社稷"是國家最重要的祀典之一，昭然若揭。

《史記·殷本紀》："湯既勝夏，欲遷其社，不可，作《夏社》。"《集解》："欲變置社稷，而後世無及句龍者，故不可而止，言夏社不可遷之義。"⑥今本《竹書紀年》："十八年癸亥，王即位，居亳。始屋夏社。""作《夏社》"之"作"，當爲"創作"之意，與"屋夏社"之"屋"的意思是不一樣的。此"屋"字，當與後來"喪國之社屋之"之"屋"意思相近。⑦ 湯既不能完全變置夏人之"社稷"，只好採取"屋之"的折中方法。"社稷"若非國家政權的象徵，又何必"屋之"呢？後來，周人對商人的國社(亳社)也採取了相同的辦法。⑧

甲骨文中已有"社稷"一語的合稱，"社稷"也當指代國家，從典籍之中亦可推測而知。《周禮·小宗伯》："掌建國之神位，右社稷，左宗廟。"賈疏："《禮記·祭義》注云：'周尚左。'又案桓公二年，'取郜大鼎，納於大廟'。何休云：'質家右宗廟，尚親親；文家右社稷，尚尊尊。'若然，周人右社稷者，

① 劉桓：《卜辭社稷説》，《甲骨徵史》，黑龍江教育出版社2002年版，第153頁。
② 蔡哲茂：《從戰國簡牘的"稷"字論殷卜辭的"凶"即是"稷"》，"2007中國簡帛會國際論壇"會議論文，2007年。
③ 魏建震：《先秦社祀研究》，人民出版社2008年版，第123頁。
④ 孫詒讓：《周禮正義》，王文錦、陳玉霞點校，中華書局1987年版，第697頁。
⑤ 徐元誥：《國語集解》，王樹民、沈長雲點校，中華書局2002年版，第161頁。
⑥ 司馬遷：《史記》，中華書局1982年版，第96頁。
⑦ 孫希旦：《禮記集解》，中華書局1989年版，685頁。
⑧ 參拙著《周代"亳社"性質考論》，《理論月刊》2009年第3期。

地道尊右，故社稷在右，是尚尊尊之義。"①"質家"指的是殷人，《禮記·檀弓》孔疏："殷人尚質，周則尚文。鄭康成以爲《春秋》變周之文，從殷之質。"②"質家"與"文家"對舉，質家"右宗廟"與文家"右社稷"對舉，則質家"左社稷"與文家"左宗廟"當可推而知。

延至周代，周王用"天地"一語取代"社稷"，用來指代天下，所謂"天下"，也就是夏商時代的"國家"，而"社稷"一語多用來指代諸侯之"國家"，體現了周代嚴格的等級差別。青銅銘文與出土文獻資料有例可援：

天德以佐佑寡人，使佑社稷之任。……嗚呼哲哉，社稷其庶乎？……昔者，吾先祖桓王昭考成王，身勤社稷，行四方以尤勞邦家。……憚憚憟憟，恐隕社稷之光。　　中山王鼎，《集成》2840，戰國晚期

凡建日，大吉，利以娶妻，祭祀，築室，立社稷，帶劍，冠。九店簡 13 下③

得其社稷、百姓而奉守之。堯見舜之德賢，故讓之。　　上博二《子羔》簡 6④

□□□□於君，扺則晉邦之社稷可得而事也。不扺則得免而出，諸侯蓄我，惟不以□。姑成家父曰：不可。君貴我，而授我衆，以我爲能治政。　　上博五《姑成家父》簡 3⑤

孤居褛緦之中，亦唯君是望。君而或言，若是，此則社稷□　　上博七《吳命》簡 2

余必殘亡爾社稷，以廣東海之表。　　上博七《吳命》簡 5⑥

① 《周禮注疏》(十三經注疏)，中華書局 1980 年版，第 766 頁。
② 《禮記正義》(十三經注疏)，中華書局 1980 年版，第 1303 頁。
③ 湖北省文物考古研究所、北京大學中文系：《九店楚簡》，中華書局 2000 年版，第 47 頁。
④ 馬承源：《上海博物館藏戰國楚竹書(二)》，上海古籍出版社 2002 年版，第 190 頁。
⑤ 馬承源：《上海博物館藏戰國楚竹書(五)》，上海古籍出版社 2005 年版，第 242 頁。
⑥ 馬承源：《上海博物館藏戰國楚竹書(七)》，上海古籍出版社 2008 年版，第 307、314 頁。本書參考了《〈上博七·吳命〉校讀》釋文，復旦大學出土文獻與古文字研究中心，2008 年 12 月 30 日。

上博二《子羔》篇所載"得其社稷、百姓而奉守之。堯見舜之德賢，故讓之"，舜得堯"社稷、百姓"，故堯讓舜天下，這是用"社稷"指代"天下"。

"社稷"一語用來指代諸侯的封國，典籍亦多有記載。《左傳·宣公十二年》："鄭之從楚，社稷故也。"①《左傳·襄公十三年》："楚子疾，告大夫曰：'不穀不德，少主社稷。'"②《禮記·曲禮》："國君去其國，止之曰：'奈何去社稷也？'"又曰："國君死社稷。"③《禮記·禮運》："故國有患，君死社稷，謂之義。"④《儀禮·聘禮》："君以社稷故，在寡小君，拜。"⑤這些皆是用"社稷"指代諸侯的國家政權。

《尚書·太甲》"社稷宗廟罔不祇敬"，可見"社稷"合稱一語指代國家政權，歷史悠久，並非始於春秋戰國時期，只是春秋戰國時期更多用來指代諸侯封國。從典籍記載看，"社稷"指代國家政權，可以追溯到夏代。

天子與諸侯皆可以祭社稷，社稷非諸侯祭祀土地的專稱。《禮記·王制》："天子祭天地，諸侯祭社稷，大夫祭五祀。"有學者認爲，"諸侯祭社稷"與"天子祭天地"相對而言，這裏天子不祭社稷，只祭社。社稷成爲諸侯進行土地祭祀的專稱。⑥其說誤。天子大社、大稷，王社、王稷總是對舉，常在一塊兒祭祀，何以天子只祭社而不祭稷？《禮記·王制》："天子社稷皆大牢，諸侯社稷皆少牢。"⑦《禮記·郊特牲》曰："郊特牲，而社稷太牢。"又曰："社稷土而主陰氣也。君南向於北墉下，答陰之義也。"⑧《周禮》中《大司徒》《舞師》《小宗伯》諸篇亦有類似記載。以上這些都是天子祭社稷之明文。

《周禮·大宗伯》云：

> 以禋祀祀昊天上帝，以實柴祀日、月、星、辰，以槱燎祀司中、司命、風師、雨師。以血祭祭社稷、五祀、五嶽，以貍沈祭山林、川澤，以疈辜祭四方百物。以肆獻祼享先王。⑨

①　《春秋左傳正義》(十三經注疏)，中華書局 1980 年版，第 1880 頁。
②　《春秋左傳正義》(十三經注疏)，中華書局 1980 年版，第 1954 頁。
③　《禮記正義》(十三經注疏)，中華書局 1980 年版，第 1259 頁。
④　《禮記正義》(十三經注疏)，中華書局 1980 年版，第 1422 頁。
⑤　《儀禮注疏》(十三經注疏)，中華書局 1980 年版，第 1075 頁。
⑥　魏建震：《先秦社祀研究》，人民出版社 2008 年版，第 161 頁。
⑦　《禮記正義》(十三經注疏)，中華書局 1980 年版，第 1337 頁。
⑧　《禮記正義》(十三經注疏)，中華書局 1980 年版，第 1444 頁。
⑨　《周禮注疏》(十三經注疏)，中華書局 1980 年版，第 757、758 頁。

這就是説天神、地祇、人鬼，天子都可以祭祀。五祀、山林、川澤皆地祇之卑者，天子亦可以祭。而《禮記·王制》所云"天子祭天地，諸侯祭社稷，大夫祭五祀"，體現了一種嚴格的等級差别和尊卑制度。天地、社稷、五祀天子皆可以祭，祭祀天地是天子的特權；社稷、五祀，諸侯皆可以祭，但不可以祭天地；大夫可以祭五祀，但不可以祭天地、社稷。這是周人祭祀之禮，尊可以兼卑、而卑不可以兼尊的體現。

祭社稷非諸侯祭祀土地的專稱，周王亦祭社稷。周王分封諸侯建邦立國，都會取大社之土賜予之，表示諸侯的邦國（社稷）是周王所分封的，要接受周王的管制，周王是天下土地的代表，而諸侯擁有所封地域的實際統治權。

總之，甲骨卜辭中的"凶"當釋爲"稷"，而不可釋爲"叢"。社、稷是兩個相對獨立的自然神靈，稷是穀神，而非原隰之神。王之大社、大稷在國中，王社、王稷在藉田之中，兩社所在之地當有區别。社神、稷神皆有壇。"社稷"一語在夏代就是合稱，用來指代國家政權。社稷不是諸侯祭祀土地的專稱，天子亦祭社稷。社稷不僅用來指代諸侯封國，亦用來指代天下。"社稷"合稱起源甚早，而非始於春秋戰國時期。

第三節 社、稷與先農的關係

2001 年，由湖北省荆州市周梁玉橋遺址博物館整理的《關沮秦漢墓簡牘》一書正式出版，書中公佈了一組"祠先農"簡，整理者已就簡文内容作了釋讀，並附有照片。① 隨後，里耶秦簡的整理者又公佈了一組"祠先農"簡，並提出了很好的看法。② 王貴元、彭浩在此基礎上，對相關問題作了進一步的探討。③ 本節僅就其中幾個問題略作商榷與補充。④ 爲討論方便，移録周家臺

① 湖北省荆州市周梁玉橋遺址博物館：《關沮秦漢墓簡牘》，中華書局 2001 年版。

② 張春龍：《里耶秦簡祠先農、祠窨和祠堤校券》，《簡帛》第 2 輯，上海古籍出版社 2007 年版，第 393~396 頁。

③ 王貴元：《周家臺秦墓簡牘釋讀補正》，簡帛網，2007 年 5 月 8 日。下引王説均出此文，不再注明。彭浩：《讀里耶"祠先農"簡》，簡帛網，2008 年 7 月 5 日。下引彭説均出此文，不再注明。

④ 參拙著《秦"先農"簡再探》，《簡帛》第 5 輯，上海古籍出版社 2010 年版，第 77~89 頁。

"祠先農"簡 347~353：

> 先農：以臘日，令女子之市買牛胏、市酒。過街即行捽(拜)，言曰：
> "人皆祠泰父，我獨祠先農。"到囷下，爲一席，東鄉(向)，三肶，以酒
> 沃，祝曰："某以壺露、牛胏，爲先農除舍。先農筍(苟)令某禾多一邑，
> 先農桓(恒)先泰父食。"到明出種，即□邑最富者，與皆出種。即已，禹
> 步三，出種所，曰："臣非異也，農夫事也。"即名富者名，曰："某不能
> 腸(傷)其富，農夫使其徒來代之。"即取肶以歸，到囷下，先侍(持)豚，
> 即言囷下曰："某爲農夫畜，農夫苟如□□，歲歸其禱。"即斬豚耳，與肶
> 以並塗囷𥥆下。恒以臘日塞禱如故。①

一、臘祭的時間和内涵

"臘日"，整理者引用《説文》釋爲"臘，冬至後三戌，臘祭百神"，没有明
確指出具體的月份。王貴元引用《禮記·月令》認爲"臘日"在夏制"孟冬"，那
麼秦時"臘日"是不是在"孟冬"呢？《説文·肉部》："臘，冬至後三戌，臘祭
百神。"段玉裁注曰：

> "三戌"下，《玉篇》有"爲"字，非也。臘本祭名，因呼臘月、臘日
> 耳。《月令》"臘先祖五祀"，《左傳》"虞不臘矣"，皆在夏正十月，臘即蠟
> 也。《風俗通》云："禮傳，夏曰嘉平，殷曰清祀，周曰大蠟。"皇侃曰：
> "夏、殷蠟在己之歲終。"皇説是也。《秦本紀》"惠王十二年初臘"，記秦
> 始行周正亥月大蠟之禮也。始皇三十一年十二月更名臘日嘉平，十二月者
> 丑月也。始皇始建亥，而不敢謂亥月爲春正月，但謂之十月朔而已。《項
> 羽紀》書"漢之二年冬，繼之以春，繼之以四月"可證也。更名臘爲嘉平
> 者，改臘在丑月，用夏制，因用夏名也。臘在丑月，因謂丑月爲臘月，
> 《陳勝傳》書"臘月"是也。漢仍秦制，亦在丑月，而用戌日，則漢所獨也。
> 《風俗通》曰："臘者，接也。新故交接，大祭用以報功也。"②

---

① 湖北省荆州市周梁玉橋遺址博物館：《關沮秦漢墓簡牘》，中華書局 2001 年版，
第 132 頁。

② 段玉裁：《説文解字注》，上海古籍出版社 1988 年版，第 172 頁。

　　這就是説，"臘"是一種祭祀名稱，"臘先祖五祀"與"虞不臘矣"這兩種祭祀都是在夏正十月舉行的，"臘"就是"蠟"。夏、殷的蠟祭都是在各自的歲末舉行。惠王十五年(前 323)，秦國始行周正十二月大蠟之禮。始皇三十一年(前 216)十二月改"臘"爲"嘉平"，十二月就是夏制的丑月，也就是《禮記·月令》上所説的"季冬"之月。臘在季冬之月舉行，因謂之"臘月"。漢沿襲秦的制度，臘祭也在夏制十二月舉行，只不過用"戌日"祭祀，是漢所特有的。

　　秦末與漢初施行的是同一曆法。《史記·曆書》云："是時天下初定，方綱紀大基，高后女主，皆未遑，故襲秦正朔服色。"①《漢書·律曆志》《晉書·律曆志》亦有類似的記載。這説明漢承襲秦的曆法，段氏的觀點是可信的。

　　漢同秦一樣，採用夏制，季冬之月也就是夏制十二月建丑之月。《漢書·酷吏傳》："初，延年母從東海來，欲從延年臘。"顏師古注："建丑之月爲臘祭，因會飲，若今之蠟節也。"②《通典》卷四十四云："漢因復曰臘。季冬之月，星回歲終，陰陽以交，勞農大享臘。"③從居延新簡看，臘祭也是在歲末十二月舉行：

不侵隧長石野	臘錢八十 十二月壬戌，妻君寧取	居延新簡 F22. 206
吞北隧長吕成	臘錢八十 十二月壬戌，母與取	居延新簡 F22. 207
第十一隧長陳當	臘錢八十 十二月乙丑，妻君間取	居延新簡 F22. 208
第卅二隧長徐況	臘錢八十 十二月壬戌，妻君真取	居延新簡 F22. 209
俱南隧長左隆	臘錢八十 十二月己巳□	居延新簡 F22. 210
止北隧長實永	臘錢八十 十二月辛酉，妻君佳取	居延新簡 F22. 211
第九隧長單宫	臘錢　　十二月辛酉，母君程取	居延新簡 F22. 212
第四隧長王長	臘錢八十 十二月己巳，自取	居延新簡 F22. 213
□臘錢八十	十二月庚午君賦	居延新簡 F22. 214
□臘錢八十	十二月壬戌，妻君曼取	居延新簡 F22. 215
□臘錢八十	十二月辛酉□	居延新簡 F22. 216 ④

------

　　①　司馬遷：《史記》，中華書局 1982 年版，第 1260 頁。

　　②　班固：《漢書》，中華書局 1962 年版，第 3671 頁。

　　③　杜佑：《通典》，王文錦、王永興、劉俊文、徐庭雲、謝方點校，中華書局 1988 年版，第 1238 頁。

　　④　甘肅省文物考古研究所、甘肅省博物館、中國文物研究所、中國社會科學院歷史研究所：《居延新簡——甲渠候官與第四燧》，中華書局 1994 年版，第 217 頁。以下所引該書簡文，只注簡號，不另作注。

　　這就是説，居延郡的各隧隧長，其家屬在臘月都可以代領一定的臘錢。另外候長、隧長和吏卒還根據級別的不同，領取數量不同的臘肉，時間也是在夏制十二月：

　　　　具移部吏卒所受臘肉，斤兩人　　居延新簡 F22.202
　　　　□□□見吏施刑臘用肉致斤　　居延新簡 F22.203
　　　　臨木候長尚官武　十二月臘肉直石二斗　十二月己未，女取　　居延新簡 F22.204

　　根據發掘報告，周家臺秦墓主人下葬年代的上限，據推定爲秦二世元年（前209）。"十二月戊戌嘉平"即十二月二十五日，這也是簡牘紀年的最晚時間。① 從這也可以看出，官方簡文所記十二月爲"嘉平"，而民間仍沿用"臘"這一舊稱。竹簡所載與《通典》所記"秦初，因曰臘，後復曰嘉平"是一致的。
　　綜上，秦末舉行臘祭"祠先農"的時間，與《月令》所載不合，不是夏制孟冬十月，而是季冬十二月。
　　王貴元認爲"古代臘祭，確是以祭祀祖先爲主"的觀點，也是有問題的。臘祭的内涵，歷代經解存在爭議，大致有兩種觀點：一類認爲臘與蠟各爲一祭，毫無干係；另一類則認爲二者合爲一祭，乃一祭之異名。《禮記·月令》："天子乃祈來年於天宗，大割祠於公社及門閭，臘先祖五祀。"鄭玄注：

　　　　此《周禮》所謂蠟祭也。臘，謂以田獵所得禽祭也。……或言祈年，或言大割，或言臘，互文。

然而，孔穎達則別有所解：

　　　　臘，獵也。謂獵取禽獸，以祭先祖五祀也。此等之祭，總謂之蠟。若細别言之，天宗、公社、門閭謂之蠟，其祭則皮弁素服，葛帶榛杖。其臘先祖五祀，謂之息民之祭，其服則黄衣黄冠。②

---

① 湖北省荆州市周梁玉橋遺址博物館：《關沮秦漢墓簡牘》，中華書局 2001 年版，第 156 頁。
② 《禮記正義》（十三經注疏），中華書局 1980 年版，第 1382 頁。

鄭玄重在"合"，認爲這就是《周禮》的蠟祭，臘、蠟互文，蠟和臘乃一祭之異名。孔氏重在"異"，分析了二者的區別，認爲"天宗""公社""門閭"等的總祭，可以稱爲"蠟"，讓民休息之祭則稱爲"臘"，也就是説"蠟""臘"各爲一祭。沈文倬在《"蠟"與"臘"》一文中認爲，"蠟"與"臘"本來各爲一祭，但因爲是同日先後舉行的，所以稱蠟即以包臘。① 因而這兩種觀點可以用"散文則通，對文則異"來解釋。

秦漢時期，歲終祭衆神俱名"臘"，兩者之間的區別趨向模糊，故《説文》云："冬至後三戌，臘祭百神。""臘"是"蠟"之異名，但祭祀時以哪個爲主，還是比較清楚的。《禮記·郊特牲》云：

> 天子大蠟八，伊耆氏始爲蠟。蠟也者，索也，歲十二月，合聚萬物而索饗之也。蠟之祭也，主先嗇而祭司嗇也。祭百種，以報嗇也。饗農及郵表畷、禽獸，仁之至，義之盡也。古之君子，使之必報之。迎貓，爲其食田鼠也。迎虎，爲其食田豕也。迎而祭之也。迎其神也。祭坊與水庸，事也。

大蠟之祭有八神，而又以"先嗇""司嗇"爲主。對於大蠟之八神和其他諸神的關係，沈文倬有精彩的論述：

> "天宗"，"公社"，"門"，"閭"，"先祖"，"五祀"，"羽物及川澤"，"嬴物及山林"，"鱗物及丘陵"，"毛物及墳衍"，"介物及土"，"象物及天神"，"四方"（東方蒼精，南方赤精，西方白精，北方黑精，加天地就是《虞書》的"六宗"），都包括在大蠟之中。所以叫"合聚萬物（百萬即萬事）而索享之"。不過我敢斷定，此等之祭，都是"附祭"，與"正祭"不同。因爲"天宗"自有它的"王宮"（日）、"夜明"（月）、"幽宗"（星辰）正宗，"公社"自有它的"社稷"正宗，"門""閭"正祭包括在五祀中，"先祖"自有它的"禘""祫""時享"正祭，"五祀"自有它的四時及季夏之末正祭，"羽物及川澤"以下，自有它的"群小祀"正祭，"四方"自有它的"四類"正祭，本與蠟祭無涉，大蠟原爲八神的"正祭"。②

---

① 沈文倬：《"蠟"與"臘"》，《菿闇文存》，商務印書館 2006 年版，第 845 頁。
② 沈文倬：《"蠟"與"臘"》，《菿闇文存》，商務印書館 2006 年版，第 849 頁。

這就是說，除了"先嗇""司嗇""農"等八神爲正祭之外，其他諸神都是附祭的(包括祖先神在內)，臘祭是以祭祀農業神爲主的。王貴元認爲，古代臘祭以祭祀祖先爲主，則是把"附祭"作爲"正祭"，因而其觀點是有問題的。

二、腏與市酒

"腏"，原整理者釋爲"腏，即'餟'，祭飯"。王貴元認爲"'三腏'疑即多次祭祀"。"腏"的含義有三種：第一種是"骨間肉"，也就是碎肉，《說文·肉部》："腏，挑取骨間肉也。"[1]第二種是骨間髓，即骨髓，《廣韻·薛韻》："腏，骨間髓也。"《集韻·薛部》："腏，髓謂之腏。"[2]第三種是與"餟"相通，指聯續而祭也，《漢書·郊祀志上》："其下四方地，爲腏，食群神從者及北斗云。"顏師古注："腏字與餟同，謂聯續而祭也。"[3]那麼此段簡文中，"腏"用的是哪種含義呢？這取決於簡文的上下文意。

從上下簡文來看，令女子所買的祭祀物品只有兩種，即"牛胙""市酒"。過街以後即行拜禮，這時候只有禱告的話，而無祭品的陳設。然後到囷下，先鋪一席(古代祭祀常用，《儀禮》習見)面向東，然後開始擺放祭品。"三腏"的"腏"指的當是"牛胙"，"三腏"意即把"牛胙"分爲三份陳放好，然後用"市酒"沃地，這時候纔開始舉行正式的祭祀。

從簡文文意上來說，"腏"指的正是簡文前面所載"令女子之市買牛胙"的"牛胙"。祀前先擺放祭品"三腏""市酒"，祝語便有"壺露、牛胙"云云。在這裏，"三腏"顯然對應的是"牛胙"，而"壺露"顯然對應的是"市酒"。

祭祀儀式舉行以後，簡文云"取腏以歸"，也說明"腏"是一個名詞，不可能作動詞用。若如王貴元所說的表示"聯續祭祀"，則顯然說不通。簡文結尾提到"即斬豚耳，與腏以並塗囷廥下"，也說明"腏"與"豚耳"是並列的祭品。"腏"所指的祭品顯然是"牛胙"，並且是一種碎牛肉，纔能夠和鮮血淋漓的"豚耳"並塗囷底，採用這種血祭方式，以達到與神相通的目的。簡文用的正是"腏"的第一種含義，即"骨間肉"。原整理者釋爲"祭飯"有所接近，但不確切。

周家臺還有一條簡文爲"取戶旁腏黍，里藏到種禾時，燔冶，以殽種種，

---

① 段玉裁：《說文解字注》，上海古籍出版社 1988 年版，第 176 頁。

② 漢語大字典編輯委員會：《漢語大字典》(縮印本)，湖北辭書出版社、四川辭書出版社 1992 年版，第 877 頁。

③ 班固：《漢書》，中華書局 1962 年版，第 1230 頁。

令禾毋稂"（簡 354），"腏黍"，整理者釋爲"用黍製成的祭飯"。① 這裏的"腏"和上段"祠先農"簡文所提到的"腏"，顯然是有上下文聯繫的，指的也是"牛胙"，而不是"祭飯"。"腏黍"指的當是"腏"和"黍"兩種東西。睡虎地秦簡《日書》乙種"行行祠"云"行祠，東南行，祠道左；西北行，祠道右。其號曰大常行，合三土皇，耐爲四席。席餟，其後亦席三餟。其祝曰'無王事，唯福是司，勉飲食，多投福'"（簡 146），整理者釋"餟"爲"餟祭"，認爲是每席餟祭三次②，其說恐不確，餟即是腏，解釋爲一種祭品似更爲合適。

三、祭品的處理

里耶"祠先農"簡中記載了對祭品的處理，也就是張春龍整理的 8 ~ 21 號簡。爲行文方便，對其略作調整移錄如下：

> 卅二年三月丁丑朔丙申，倉是佐狗出祠先農餘徹食七斗，賣……　14-66
>
> 卅二年三月丁丑朔丙申，倉是佐狗雜出祠先農餘徹羊頭一、足四，賣於城旦赫，所取錢四□……　14-300+14-764
>
> ……頭一，足四，賣於城旦赫，所取錢四，□之頭一，二錢，四足□（二）錢。令史尚視平。　14-641
>
> 卅二年三月丁丑朔丙申，倉是佐狗出祠［先］農餘徹豚肉一斗半斗，賣於城旦赫，所取錢四。令史尚視平，狗手。　14-649+14-679
>
> 卅二年三月丁丑朔丙申，倉是佐狗出祠［先］農餘徹酒一斗半斗，賣於城旦，所取錢一□之一斗半斗一錢。令史尚視平，狗手。　14-650+14-652
>
> 卅二年三月丁丑朔丙申，倉是佐狗出祠［先］農餘徹肉汁二斗，賣於城旦，□所……　14-654
>
> 卅二年三月丁丑朔丙申，倉是佐狗出祠先農餘徹肉二斗，賣……　14-675
>
> 卅二年三月丁丑朔丙申，倉是佐狗雜出祠先農餘……　14-685

---

① 湖北省荆州市周梁玉橋遺址博物館：《關沮秦漢墓簡牘》，中華書局 2001 年版，第 133 頁。

② 睡虎地秦墓竹簡整理小組：《睡虎地秦墓竹簡》，文物出版社 1990 年版，第 234 頁。

卅二年三月丁丑朔丙申，倉是佐狗雜出祠先農餘徹酒一斗半斗，賣於城。　**14-698**

卅二年三月丁丑朔丙申，倉是佐狗雜出祠先農餘徹食十……　14-719

卅二年三月朔丙申，倉是佐狗出雜祠先農餘徹肉汁二斗……　15-480

卅二年三月丁丑朔丙申，倉是佐狗出祠先農餘徹肉二斗，賣於大……　15-490

卅二年三月丁丑朔丙申，倉……　**15-511**

……斗半斗一錢。令史尚視平，狗手。　**15-595**

　　彭浩認爲，這次"祠先農"的剩餘之物是"售"，而不是"賜"，也不能稱爲"分胙"。簡文明確記載的買主是"城旦赫"和"城旦寁"。按照慣例，"祠先農"後的肉、酒等物會有一部分給參與祭祀者分嘗。作爲刑徒的"城旦赫"和"城旦寁"或許作爲此次"祠先農"的徒隸，付出了辛勤的勞動，但是卻無參與分享的權利，只能出錢購買"徹餘"之物。彭浩所言極是，"城旦赫"和"城旦寁"或許參與了祭祀，或許連參與祭祀的權利也没有，作爲刑徒只能購買祭品，以分得神的"福佑"。這種處理祭品的方式，典籍鮮有記載，因而也使得研究此組簡文顯得頗有意義。

　　對於祭祀之後祭品的處理，典籍記載主要有兩種方式：第一種是"致胙"，政治含義較濃，一般是天子"致胙"於異姓諸侯，這時候的諸侯往往是霸主，身份超越一般諸侯，諸侯本人並未參與王室祭祀，如《國語·齊語》云："葵丘之會，天子使宰孔致胙於桓公。"《史記·周本紀》也記載了秦孝公、秦惠公的受胙。這就是説，雖然受胙的一方，如齊桓公、秦孝公、秦惠王，都是當時的霸主，但仍然承認周王爲天下"共主"的地位，以受天子之"胙"爲榮耀。楚國甚至把"受胙"這件事作爲紀年，可見對其重視程度，楚簡中便有"東周之客許經歸胙於蒇郢之歲"的記載。①

　　第二種方式，參與祭祀的人可以分享祭品。《國語·周語》云："畢，宰夫陳饗，膳宰監之。膳夫贊王，王歆太牢，班嘗之，庶人終食。"②意思是説，祭祀先農結束之後，宰夫陳放好祭品，王享用祭品的香氣，跟隨祭祀的官員品嘗

---

① 湖北省荆沙鐵路考古隊：《包山楚墓》，文物出版社 1991 年版，第 352 頁。

② 徐元誥：《國語集解》，王樹民、沈長雲點校，中華書局 2002 年版，第 19 頁。

祭品，參與祭祀的庶人最後把這些祭品吃掉。《儀禮·特牲饋食禮》云："佐食徹阼俎，堂下俎畢出。"①是説祭祖禰結束之後，參與祭祀的衆兄弟與衆有司各自把祭品帶走享用。

《詩經》中的《信南山》《甫田》《大田》等篇目亦有類似記載，竹簡中也有這方面的例子。例如，臘祭後，隧長、士卒可以分享臘肉和臘錢，見上引居延新簡文，此不贅述。結合典籍與出土資料可知，祭品的處理方式與尊卑等級有一定的關係，諸侯尊者可以得到賜胙，一般貴族和庶民可以分享祭祀之後的祭品，身份卑下的刑徒也許只能購買祭品。

從簡文可知，售賣的祭品有"食"（簡 66、719），"食"當是用蒸熟的黍、稷製成，放入盠篹裏，祭祀的時候被稱爲"粢盛"。"肉"（簡 649、679、675、490），在祭祀的時候用作庶羞。"肉汁"（簡 654、480），當盛於鉶中，用以歆神。"頭和足"（簡 300、764、641），《儀禮》之《少牢饋食禮》《特牲饋食禮》記載的載俎二十一體中，並無"頭和足"，它們在祭祀中不是貴體，可能不會"升於鼎，載於俎"。秦人和周人應當一樣，在祭祀時以骨爲主。《禮記·祭統》云：

> 凡爲俎者，以骨爲主。骨有貴賤，殷人貴髀，周人貴肩。凡前貴於後。俎者，所以明祭之必有惠也。是故貴者取貴骨，賤者取賤骨。②

鄭注："殷人貴髀，爲其厚也。周人貴肩，爲其顯也。凡前貴於後，謂脊、脅、臂、臑之屬。"③這就是説，殷周祭祀時都是以骨爲主的，只是貴"骨體"的前後有所不同，無論貴骨、賤骨，在祭祀之時都已爲參與祭祀者所分享，所以在售賣的祭品中不會有羊、豕的骨體。因而在里耶秦簡中，刑徒身份的"城旦赫""城旦取"只能購買到低賤的祭品"頭和足"，這也反映了其社會地位的卑下。

售賣的祭品中還有"酒"，如簡 650+652、698、595。彭浩認爲"祠先農"簡所記之"酒"並未言明爲何種，因與"少牢"之禮相配，估計應是上尊、下尊，而不會是"和酒"。筆者對此問題略作補充。秦郡縣"祠先農"所用之酒，當有一定的規定。《禮記·月令》云：

---

① 《儀禮注疏》（十三經注疏），中華書局 1980 年版，第 1191 頁。
② 《禮記正義》（十三經注疏），中華書局 1980 年版，第 1605 頁。
③ 《禮記正義》（十三經注疏），中華書局 1980 年版，第 1606 頁。

乃命大酋，秫稻必齊，麴蘗必時，湛熾必絜，水泉必香，陶器必良，火齊必得。兼用六物，大酋監之，毋有差貸。①

這就是說對製酒有六種要求：秫稻必須成熟；要以時料理麴蘗；炊漬米麴之時，必須清潔；所用水泉必須香美；所盛陶器必須良善；炊米和酒之時，用火齊，生熟必得中也。這可能是當時祭祀用酒的實際情況，居延新簡所記與此相似，只是文字稍有出入：

　　□掌酒者，秫稻必齋，曲蘗必時，湛饎必潔，水泉香，陶器必良，火劑必得。兼六物，大酋　　居延新簡 T59.343

製酒的原料爲"秫稻"。"秫"，《説文·禾部》："秫，稷之黏者。"段玉裁注："秫爲黏稷，而不黏者亦通呼爲秫秫，而他穀之黏者亦假借通稱之曰秫。"②《廣雅·釋草》："秫，稬也。"王念孫疏證："秫爲粘稷，稬爲粘稻，二者本不同物，故經傳言秫，無一是粘稻者。但以稬、秫具粘，故後世稱稬者，亦得假借稱秫。"③《漢書·平當傳》："上尊酒十石。"如淳曰："律，稻米一斗，得酒一斗爲上尊；稷米一斗，得酒一斗爲中尊；粟米一斗，得酒一斗爲下尊。"④秦郡縣祠先農用"少牢"，級別較高，所用之酒亦當爲稻、稷所釀的上尊、中尊之酒。從《儀禮》所載《少牢饋食禮》《特牲饋食禮》《既夕》等篇祭禮可知，祭祀用酒一般會存放在固定的酒器中，祭祀時用以獻神，自然不會是混合酒，祭祀之後剩下的酒被稱爲"徹酒"。至於"徹酒"會不會混合，賣給"城旦赫"的是不是"混合酒"，正如彭文所説，無從得知。

四、先農與稷

彭浩認爲，漢代稱"先農"爲"稷"，祭祀的時間也略有變化，秦代"祠先農"是一年兩度，漢代也是如此。此觀點似尚有商榷之餘地，稱"先農"爲"稷"，於史無徵。

---

① 《禮記正義》(十三經注疏)，中華書局 1980 年版，第 1382 頁。
② 段玉裁：《説文解字注》，上海古籍出版社 1988 年版，第 172 頁。
③ 王念孫：《廣雅疏證》，中華書局 2004 年版，第 331 頁。
④ 班固：《漢書》，中華書局 1962 年版，第 3051 頁。

先農與稷當有區別。《周禮·籥章》云："凡國祈年於田祖，吹《豳》雅，擊土鼓，以樂田畯。"鄭注："田祖，始耕田者，謂神農也。"①《詩經·甫田》云："琴瑟擊鼓，以御田祖。"毛傳："田祖，先嗇也。"②《禮記·郊特牲》云："蠟之祭也，主先嗇而祭司嗇也。"鄭注："先嗇，若神農者。司嗇，后稷是也。"孔疏："'若神農'者，若是不定之辭，以神農比擬，故云'若'。司嗇、后稷無所疑，故不言'若'，直云：'后稷是也。'"③這說明先嗇神農與司嗇后稷不同，二者不能等同起來。秦蕙田《五禮通考》云：

《國語》"農正陳耤"，禮說者以爲祭田祖，即神農教民始耕者，一稱"先穡"。漢以後稱"先農"，歷代典禮至今不廢，誠巨典也。④

黃以周《禮書通故》亦云：

《古毛詩說》："田祖，先嗇也。"鄭玄云："田祖，始耕田者，謂神農也。先嗇，若神農者。"孔穎達云："始教造田謂之田祖，先爲稼穡謂之先嗇，神其農業謂之神農，名殊而實同也。以神農始造田謂之田祖，而后稷亦有田功，又有事於尊，可以及卑，則祭田祖之時，后稷亦食焉。"以周案，漢謂之先農，不舉其人以實之。⑤

從上引典籍可知，先農可稱田祖，又稱神農，又稱先嗇，名異而實同。司嗇，則稱后稷。《禮記·郊特牲》中，"先嗇""司嗇"並舉，則神農、后稷非一可知。清儒秦、黃所言極是，不過他們皆認爲"先農"之稱始於漢代，這種說法是錯誤的。從新出土的秦簡可知，秦時已有"先農"之稱。

漢代春祭社稷的時間，典籍記載歷來有"三月""二月"兩種說法。⑥《史記·封禪書》："高祖十年春，有司請令縣常以春三月及時臘祠社稷以羊彘，

① 《周禮注疏》(十三經注疏)，中華書局 1980 年版，第 801 頁。
② 《毛詩正義》(十三經注疏)，中華書局 1980 年版，第 474 頁。
③ 《禮記正義》(十三經注疏)，中華書局 1980 年版，第 1453 頁。
④ 秦蕙田：《五禮通考》卷一百二十四，文淵閣《四庫全書》第 137 册，臺灣"商務印書館"1986 年版，第 995 頁。
⑤ 黃以周：《禮書通故》，中華書局 2007 年版，第 953 頁。
⑥ 參見拙著《論〈史記·封禪書〉中的"三月"》，《安陽師範學院學報》2014 年第 1 期。

民里社各自財以祠。"①而《漢書·郊祀志》則云："高祖十年春，有司請令縣常以春二月及臘祠稷以羊彘，民里社各自裁以祠。"②

其後，典籍所載或從《史記》作"三月"，如唐張守節《史記正義》、宋裴駰《史記集解》、唐杜佑《通典》、明馮琦《經濟類編》、明賀復徵《文章辨體彙選》等；或從《漢書》作"二月"，如唐徐堅《初學記》、宋李昉《太平御覽》、宋高承《事物紀原》、宋祝穆《古今事文類聚》、元方回《續古今考》、明彭大翼《山堂肆考》等。由此可知，從唐迄於元明，即使同一時代的學者，對於漢代春祭社稷的時間也是各持己見，而無所論斷。

延至清代，碩儒王念孫纔對這一問題作出明確的論斷。《史記·封禪書》曰："高祖十年春，有司請令縣常以春三月及時臘祠社稷以羊彘。"王念孫《讀書雜志》云：

> "三月"，當從《郊祀志》作"二月"，"臘"上不當有"時"字，此因上文"歲時"字而衍，《郊祀志》無"時"字。③

《漢書·郊祀志》"祠稷"條下，王念孫云：

> 有司請令縣常以春二月及臘祠稷羊彘。念孫案，"稷"上脱"社"字，下民里社各自裁以祠，即其證，《初學記·歲時部》《御覽·時序部十八》並引作"祠社稷"，《史記》同。④

查看原文，則《初學記·歲時部》"磔雞"下，其注爲"《漢書》曰：高祖十年春，有司奏令縣道常以春二月及臘祠社稷以羊彘"⑤。《太平御覽·時序部》"臘"條下，亦引《漢書》曰："高祖十年春，有司奏令縣道常以春二月及臘祠社稷以羊彘。"⑥據此，王念孫認爲"稷"上脱"社"字的觀點無疑是正確的，因爲這兩書均引自《漢書》，卻不能以此斷定"三月"爲"二月"。此後，清人王先謙所撰

---

① 司馬遷：《史記》，中華書局 1982 年版，第 1380 頁。
② 班固：《漢書》，中華書局 1962 年版，第 1212 頁。
③ 王念孫：《讀書雜志》，江蘇古籍出版社 2000 年版，第 97 頁。
④ 王念孫：《讀書雜志》，江蘇古籍出版社 2000 年版，第 228 頁。
⑤ 徐堅：《初學記》，中華書局 1962 年版，第 84 頁。
⑥ 李昉：《太平御覽》，中華書局 1960 年版，第 155 頁。

《漢書補注》①、日人瀧川資言所撰《史記會注考證》皆從王氏之説，而無所闡發。②

中華書局 1963 年、1982 年點校本《史記》，則採取"三月""二月"並載的辦法，而無所裁斷。③ 中華書局的這種做法無疑是嚴謹而科學的，在現有資料無法確定的情況下，則付之闕如。近年來隨着網絡的普及，由南開大學組合數學研究中心與天津永川軟件技術有限公司聯合開發的"二十五史全文閱讀檢索系統(網絡版)"，已爲清華大學、武漢大學、鄭州大學等多所重點高校圖書館所採用。此檢索系統改繁體豎排爲簡體橫排並標有頁碼，在方便讀者使用的同時，卻將《史記》中的"三月"改爲"二月"而無作任何考證，則失之草率。無論"三月"是否爲"二月"之訛，可以確知的一點是，較早一點的《史記》版本當是"三月"而非"二月"。④

王念孫僅依據《漢書·郊祀志》斷定"三月"當作"二月"，其説没有旁證，似過於武斷，所謂"孤證單行，難以置信"。事實上，王氏在校勘古籍時，發現某處不妥，多舉兩個及以上的例子來論證其説法，很少單舉孤證。例如：

> 《荀子·勸學篇》"蓬生麻中，不扶而直"條。念孫案：此下有"白沙在涅，與之俱黑"二句，而今本脱之。《大戴禮》亦脱此二句。今本《荀子》無此二句，疑後人依《大戴禮》删之也。楊不釋此二句。則所見本已同今本。此言善惡無常，唯人所習。故"白沙在涅"與"蓬生麻中"義正相反。且"黑"與"直"爲韻。若無此二句，則既失其義，而又士其韻矣。《洪範正義》云："荀卿書云：'蓬生麻中，不扶自直；白沙在涅，與之俱黑。'"褚少孫續《三王世家》云："傳曰：'蓬生麻中不扶自直，白沙在泥(今本泥字下有中字，涉上文而衍——原注)，與之兼黑者，土地教化使之然也。'"《索隱》曰："'蓬生麻中'以下，並見《荀卿子》。'"……然則漢唐人所見《荀子》皆有此二句。不得以《大戴禮》無此二句而删之也。又案《群書治要》，《曾子·制言篇》云："故蓬生麻中，不扶乃直，白沙在泥，與之皆黑(《大戴》同——原注)。"考《荀子》書多與《曾子》同者，此四句亦本於

① 王先謙：《漢書補注》，中華書局 1983 年版，第 539 頁。
② 瀧川資言：《史記會注考證》卷二十八，北嶽文藝出版社 1999 年版，第 38 頁。
③ 司馬遷：《史記》，中華書局 1963 年版，第 1380 頁。
④ 司馬遷：《史記》，文淵閣《四庫全書》第 243 册，臺灣"商務印書館" 1986 年版，第 641 頁。

《曾子》，斷無截去二句之理。①

王氏先從文義和韻腳上分析，認爲應該有"白沙在涅，與之俱黑"兩句，然後又根據《史記·三王世家》《索隱》和《洪範正義》，指出漢唐人所見的《荀子》就有這兩句。另外，《群書治要》《曾子·制言篇》也有這兩句，且《曾子》之文字多與《荀子》一書相同，因此《荀子》也應該有這兩句。因而懷疑這是"後人依《大戴禮》删之也"。從這裏可以看出，王氏在提出問題後，往往從多方面尋求證據進行論證，如層層剝筍，使人信服。

毋庸諱言，王氏在校勘古籍方面也存在不妥之處。趙振鐸先生在《讀書雜志》"弁言"中就説：

> 在肯定王念孫校讀古籍的成就的同時，也還應當看到他的不足之處。雖然王念孫的校語可靠的程度比較大，但是也有沒有校到的地方。近年發現的古鈔本、竹簡、帛書的材料都説明了這點。從這些古代的寫本裏也發現王念孫有推斷不妥的地方。例如：《史記·張丞相列傳》"錯所穿非真廟垣，故他官居其中"，王念孫根據《漢書》認爲當作宂官。按：日本高山寺藏六朝抄本《史記·張丞相列傳》"他"作"地"，"官"作"宮"。上文"太上皇廟堧垣"，《集解》引服虔云："宮外垣地。"這段意思是：晁錯所掘的不是真的太上皇的垣廟，而是宮外垣故地，宮牆自然在垣中。今本《史記》訛作"他官"，《漢書》又訛作"宂官"。顔師古根據誤本立説，王念孫又根據《漢書》作闡發，當然越走越遠了。②

從這裏可以看出，王氏僅依據《漢書》而否定《史記》的説法，是不可靠的。與此相類，僅依據《漢書·郊祀志》"二月"否定《史記·封禪書》"三月"之説，亦不足憑信。

杜佑《通典》卷四十五"社稷"條云："其後，又令縣常以春三月及臘祠後稷以羊彘。人里各自裁以祠。"③同樣的一段話，《漢書·郊祀志》爲"春二月""稷""民里社"之處，《通典》則爲"春三月""后稷""人里"，二者顯然有文字

---

① 王念孫：《讀書雜志》，江蘇古籍出版社 2000 年版，第 631 頁。
② 王念孫：《讀書雜志》，江蘇古籍出版社 2000 年版，第 31、32 頁。
③ 杜佑：《通典》，王文錦、王永興、劉俊文、徐庭雲、謝方點校，中華書局 1988 年版，第 1267 頁。

上的訛誤脱衍。但《通典》記載爲"春三月"，則是毫無疑問的。

由以上可知，典籍在記載漢代"春祭社稷"的時間上互有矛盾，如果没有新資料的話，是很難明辨其是非的。居延漢簡的出土，則爲解決這一千古争訟的問題提供了契機，舉例如下：

建武八年三月己丑朔，張掖居延都尉諶行丞事城騎千人躬告勸農掾禹，謂官縣令以春祠社稷，今擇吉日，如牒書到，令丞循行謹修治社稷，令鮮明，令丞以下當　居延新簡 T20.4A ①

建武五年八月甲辰朔戊申，張掖居延城司馬武，以近秩次行都尉文書事，以居延倉長印封丞邯，告勸農掾褱史尚，謂官縣以令秋祠社稷，今擇吉日，如牒書到，令丞循行謹修治社稷，令鮮明，令丞以下當　居延新簡 F22.153A

八月庚戌，甲渠候長以私印行候文書事，告尉謂第四候長憲等寫移　居延新簡 F22.158 檄到，憲等循行修治社稷，令鮮明，當侍祠者齋戒，以謹敬鮮明約省爲　居延新簡 F22.159 如故府書律令　居延新簡 F22.160

八月廿四日丁卯齋　居延新簡 F22.155

八月廿六日己巳，直成可祠社稷　居延新簡 F22.156 ②

建始二年三月丙午，社買賣☐　居延新簡 T51.424 ③

☐詣官封符，爲社内買馬☐　居延簡 63.34 ④

建始元年九月辛酉朔乙丑，張掖太守良、長史威、丞宏敢告，居延都尉卒人，殄北守候塞尉護甲渠候誼，典吏社，受致塵飯黍肉，護直百卅六，誼直百卌二，五月五日，誼以錢千五百償所斂吏社錢，有書護受社塵不謹，誼所以錢千五百償吏者審未發覺，誼以私錢償☐罪名，書到如　居延新簡 T52.99 ⑤

① 甘肅省文物考古研究所、甘肅省博物館、中國文物研究所、中國社會科學院歷史研究所：《居延新簡——甲渠候官與第四燧》，中華書局1994年版，第29頁。
② 甘肅省文物考古研究所、甘肅省博物館、中國文物研究所、中國社會科學院歷史研究所：《居延新簡——甲渠候官與第四燧》，中華書局1994年版，第215頁。
③ 甘肅省文物考古研究所、甘肅省博物館、中國文物研究所、中國社會科學院歷史研究所：《居延新簡——甲渠候官與第四燧》，中華書局1994年版，第88頁。
④ 中國社會科學院考古研究所：《居延漢簡甲乙編》，中華書局1980年版，第46頁。
⑤ 甘肅省文物考古研究所、甘肅省博物館、中國文物研究所、中國社會科學院歷史研究所：《居延新簡——甲渠候官與第四燧》，中華書局1994年版，第100頁。

由上述簡文可知，"建始"是西漢成帝劉驁的年號，"建武"是東漢光武帝劉秀的年號，這説明無論西漢、東漢，春祭社稷的時間都是"三月"而非"二月"，這與《漢書》《後漢書》《初學記》等典籍的記載不符，而與《史記》《通典》等典籍若合符契；秋祭社稷的時間爲"八月"，則與傳世典籍相符合。在正式祭祀之前，上級會傳達命令，讓地方官員先行整修社稷，侍祠者也要齋戒三天，然後纔可以舉行祭祀；所祭對象不是"稷"，而是"社稷"。祭祀活動結束之後，參加祭祀的相關人員可以進行商品交易，也就是"社買賣"。簡文"建始元年九月"並不意味秋祭"社稷"的時間是九月，而是説典社的有關人員因在八月祭社稷時有貪污行爲，在九月案發，要受到懲處。

《後漢書·祭祀志》云："建武二年，立太社稷於洛陽，在宗廟之右，方壇，無屋，有牆門而已。二月、八月及臘，一歲三祠，皆太牢具，使有司祠……縣郡置社稷，太守、令長侍祠，牲用羊豕。"①其中"二月"亦當爲"三月"，當是在後人傳抄過程中産生的訛誤。也就是説，漢代祭社稷是一年三次，即春三月、秋八月與臘日。天子祭社稷用太牢(牛、羊、豕)，郡縣祭社稷用羊、豕(少牢)。漢高祖時期，郡縣祭社稷也用羊彘，其級別也是少牢。

綜上所述，從《史記·封禪書》《通典》以及出土的居延新簡來看，"三月"之説更爲可信，理由主要有四點：其一，《史記》成書時間相對於《漢書》《後漢書》更早。其二，難以保證《漢書》《後漢書》在採用《史記》資料時，不會産生訛誤。其三，傳世典籍相對於出土簡文在流傳過程中更容易産生訛誤。其四，《月令》"仲春之月……命民社"，《周禮·大司馬》"中春……獻禽以祭社"，雖然説的都是"二月"祭社，但漢代是否實行這一曆法則不能確定，如秦漢時期的"臘日"就是在"季冬"十二月，而不是《月令》所謂的"孟冬"十月。

漢代祠先農，一般會與耕籍禮同時舉行。典籍多有記載：

> 春正月丁亥，詔曰："夫農，天下之本也，其開藉田，朕親帥耕，以給宗廟粢盛。"(《漢書·文帝紀》)
> 十三年春二月甲寅，詔曰："朕親帥天下農耕以供粢盛。"(《漢書·文帝紀》)
> 夏四月，詔曰："朕親耕，后親桑，以供宗廟粢盛祭服，爲天下先。"(《漢書·景帝紀》)

---

① 范曄：《後漢書》，中華書局1965年版，第3200頁。

征和四年三月，上耕於巨定。(《漢書·武帝紀》)

始元元年二月，上耕於鈎盾弄田。(《漢書·昭帝紀》)

六年春正月，上耕於上林。(《漢書·昭帝紀》)

四年春二月辛亥，詔曰："朕親耕藉田，以祈農事。"《續漢志》云："正月始耕，既事，告祠先農。"《漢舊儀》曰："先農即神農炎帝也。祠以太牢，百官皆從。"(《後漢書·顯宗孝明帝紀》)

正月始耕。畫漏上水初納，執事告祠先農，已享。賀循《藉田儀》曰："漢耕日，以太牢祭先農於田所。"(《後漢書·禮儀志》)

這就是說，漢代祠先農多在正月、二月，但有時也在三月、四月。天子祠先農用太牢，祠先農於藉田之地。

郡縣祠先農則在正月，祭品用羊豕，是少牢級別。《後漢書·祭祀志》云：

郡縣常以乙未日祠先農於乙地，以丙戌日祠風伯於戌地，以己丑日祠雨師於丑地，用羊豕。立春之日，皆青幡幘，迎春於東郭外。①

綜上可知，祠社稷的時間是三月、八月、臘月，一年三次；而祠先農的時間則是正月、二月、臘月，偶而也在三月、四月舉行，所以一年舉行幾次，典籍沒有明確記載。雖然先農、社稷同在臘月舉行祭祀，但祭祀時以先農為主，后稷從祀。另外，二者舉行祭祀的地點也不同，太社稷壇在宗廟之右，先農壇在藉田之地。但二者的祭祀級別是一樣的，天子用太牢，郡縣用少牢。在漢代，二者並不相混。為簡明清晰起見，列表4-3。

張春龍認為，"祠先農"的規格與《漢書·郊祀志》"漢高祖十年春，有司請令縣常以春二月及臘祠稷以羊彘"之祠稷相同，而與"春始東耕於藉田，官祠先農"不合。顯然其類比的對象和規格都有問題，"稷"為"社稷"之誤，辨已見前。里耶秦簡遷陵縣"祠先農"用少牢，與《後漢書·祭祀志》"郡縣常以乙未日祠先農於用羊豕"的規格顯然一致，因為二者都是郡縣級別，並且都是"祠先農"，而與"春始東耕於藉田，官祠先農，以一太牢"自然是不合的，因為前者是郡縣規格，而所類比的對象是天子規格，二者自然不會相合。

---

① 范曄：《後漢書》，中華書局1965年版，第3204頁。

表 4-3　先農、社稷祭祀比較

祭祀對象	祭祀時間	祭祀地點	犧牲	次數	史料來源
社稷	天子：三月、八月、臘月	宗廟之右	天子：太牢	三	《史記·封禪書》《漢書·郊祀志》《後漢書·郊祀志》《通典》《居延新簡——甲渠候官與第四燧》
	郡縣：三月、八月、臘月	不詳	郡縣：少牢		
先農	天子：正月、二月、三月、四月、臘月	藉田之地	天子：太牢	不詳	《漢書》之《文帝紀》《景帝紀》《武帝紀》《昭帝紀》；《後漢書》之《孝明帝紀》《禮儀志》《祭祀志》
	郡縣:正月、臘月	乙地(何處不詳)	郡縣：少牢		

五、社與先農

　　從漢至唐前期，官方祭祀先農和祭祀社並不相混，儘管先農壇是仿照社壇而立的，二者祭祀儀式也類似。《國語》曰："司空除壇於藉。"《漢舊儀》"春始東耕官祠先農以一太牢"，先儒謂先農神農也。立壇於田所祠之，其制度如社之壇。東漢《藉田儀》："正月始耕，常以乙日祠先農，已享乃就耕位。"晉以太牢祀先農。宋元嘉中，立先農於中阡西陌南，耕日以太牢祠先農如帝社儀。後魏太武天興中，祭先農用羊一。北齊藉田作祠壇於陌南阡西，祠先農神農氏於壇上，無配。唐代太宗親祭先農。神龍初以祝欽明之奏，乃改先農壇爲帝社。①

　　先農一般指傳說中的神農氏，先農也就是先嗇，歷代祭祀或以太牢、或以羊，祭祀之日有所不同。唐代改先農壇爲帝社，經無明文，祝欽明所奏缺乏根據，不可信。清人秦蕙田也認爲，先農是祭祀始教造田者，是人鬼，而社是土示，兩者截然不同。②

---

　　①　參見陳祥道：《禮書》卷九十二，文淵閣《四庫全書》第 130 冊，臺灣"商務印書館" 1986 年版，第 173 頁。

　　②　參見秦蕙田：《五禮通考》卷一百二十四，文淵閣《四庫全書》第 137 冊，臺灣"商務印書館"1986 年版，第 997 頁。

　　造成先農與社混淆的原因，在於先農壇是仿社壇設置的，其祭祀儀式又與社相近。漢代先農壇的壇制，《文選》中潘安仁《藉田賦》有描述，其文曰：“青壇蔚其嶽立兮，翠幕默以雲布。結崇基之靈趾兮，啓四塗之廣阼。”①也就是於青壇四面爲階，並上覆一黑布。

　　從漢至唐神龍前期，官方祭祀先農和祭祀社是分開的。《國語》“司空除壇於藉”，設壇而曰“除”，似有祭事時臨時而設，這與社壇相對穩定不同。王社在藉田中，前文已有討論。正是因爲王社也在藉田之中，先農壇也在藉田之中，又仿造社壇而設，所以很容易造成二者相混。

　　總而言之，秦末民間祭祀先農的時間爲夏制十二月，祭祀以農業神爲主，祭品只有牛胙、市酒、豚耳等物而已，比較簡單，簡文中“朘”指的是牛胙，“壺露”當是市酒。秦末郡縣祠先農的時間爲季春三月，祭祀之後，採取“售賣”的方式處理祭品是其突出的特點，這種方式典籍鮮有記載。祭品的處理方式與等級尊卑有一定的關係，諸侯尊者可以得到賜胙，一般貴族和庶民可以分享祭祀之後的祭品，身份卑下的刑徒則只能購買祭品。漢代祀先農，在時間與地點上都與稷不同，因而先農與稷不是一回事。先農和社也不混同，藉田所祭是先農而非社。

---

①　蕭統編：《文選》，李善注，上海古籍出版社 1986 年版，第 337、338 頁。

第五章　社祭的作用

　　先秦時期的社神崇拜非常廣泛，貫穿於社會生活的各個方面。從先民的經濟發展到日常生活，從神化王權到封建諸侯，從被除災害到疾病禱告，從軍事征戰到狩獵活動，社祭都起着重要的作用。社祭在經濟生活和政治中的作用，已有學者進行過詳細的研究。① 軍社主刑罰與亳社的警戒作用，在本書第三章已有過探討，此處不贅述。本章主要探討社祭在日常生活、宗教和民俗中的作用。

第一節　社祭在社會生活中的作用

一、促進商品貿易

　　《周禮·内宰》："凡建國，佐后立市，設其次，置其敘，正其肆，陳其貨賄，出其度、量、淳、制，祭之以陰禮。"鄭司農云："佐后立市者，始立市，后立之也。祭之以陰禮者，市中之社，先后所立社也。"孫詒讓疏：

　　　　市中不得有他神位，而周制百家以上則得立社，故知先后命立市時，亦並命爲群姓立社，即《祭法》所謂"置社"是也。②

　　孫氏的意思是説，一般百姓唯一可以祭祀的神靈就是社，也就是《祭法》所説的大夫和百姓所立的"置社"。據周制，祭祀一般實行比較嚴格的等級制度。

－－－－－－－－－－

　　① 參見席涵静：《先秦社祀之研究》，臺灣衆望文化事業有限公司1992年版，第351~354頁。魏建震：《先秦社祀研究》，人民出版社2008年版，第254~259頁。
　　② 孫詒讓：《周禮正義》，王文錦、陳玉霞點校，中華書局1987年版，第526頁。

天子具有最廣泛的權力，天地萬物皆可以祭祀，士的級別較低，只可以祭其先祖。而市中的百姓商賈身份更低，能夠群體祭祀的只有市社。軍社之中亦有市，以促進商品流通。《周禮·量人》："營軍之壘舍，量其市朝州塗、軍社之所里。"孫詒讓引呂飛鵬之説認爲，量人營軍壘與匠人營建國都相似，國中有市朝，軍社也有市朝，所營之市也就是軍市。並指出與國中之市不同的是，軍市不可以有女子，軍士聽説有軍事戰鬥就會購買物品，這樣軍市就繁榮起來。①

近年來出土的漢代竹簡中，亦有例可援：

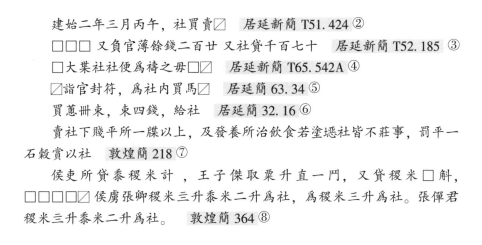

建始二年三月丙午，社買賣☐　居延新簡 T51. 424 ②
☐☐☐又負官薄餘錢二百廿又社貸千百七十　居延新簡 T52. 185 ③
☐大枼社社便爲禱之毋☐☐　居延新簡 T65. 542A ④
☐詣官封符，爲社內買馬☐　居延簡 63. 34 ⑤
買蔥卅束，束四錢，給社　居延簡 32. 16 ⑥
賣社下賤平所一牒以上，及發養所治飲食若塗塈社皆不莊事，罰平一石穀賞以社　敦煌簡 218 ⑦
侯吏所貸黍稷米計　，王子傑取粟升直一鬥，又貸稷米☐斛，
☐☐☐☐☐侯虜張卿稷米三升黍米二升爲社，爲稷米三升爲社。張俾君稷米三升黍米二升爲社。　敦煌簡 364 ⑧

軍社中有市場可以交易買賣，憑藉着官府的符印，在市社上可以爲官府購買馬匹類的軍用物資，如上揭簡 63. 34，也可以購買蔥，如上揭簡 32. 16。如

---

① 參見孫詒讓：《周禮正義》，王文錦、陳玉霞點校，中華書局 1987 年版，第 2380 頁。
② 甘肅省文物考古研究所、甘肅省博物館、中國文物研究所、中國社會科學院歷史研究所：《居延新簡——甲渠候官與第四燧》，中華書局 1994 年版，第 88 頁。
③ 甘肅省文物考古研究所、甘肅省博物館、中國文物研究所、中國社會科學院歷史研究所：《居延新簡——甲渠候官與第四燧》，中華書局 1994 年版，第 103 頁。
④ 甘肅省文物考古研究所、甘肅省博物館、中國文物研究所、中國社會科學院歷史研究所：《居延新簡——甲渠候官與第四燧》，中華書局 1994 年版，第 200 頁。
⑤ 中國社會科學院考古研究所：《居延漢簡甲乙編》，中華書局 1980 年版，第 46 頁。
⑥ 中國社會科學院考古研究所：《居延漢簡甲乙編》，中華書局 1980 年版，第 20 頁。
⑦ 甘肅省文物考古研究所：《敦煌漢簡》，中華書局 1991 年版，第 227 頁。
⑧ 甘肅省文物考古研究所：《敦煌漢簡》，中華書局 1991 年版，第 233 頁。

果付不起錢，還可以進行(棐)賒貸，如上揭簡 T65.542A、T52.185。這説明軍市中，交易雙方所採取的方式是比較靈活的，憑官方的信用就可以貸錢，也可以賒購東西，對不遵守交易制度的行爲進行處罰，這些都極大地促進了商品交易。

國中之市設有社，是爲了促使買賣雙方進行公平的交易。而軍中之社除了兼有此作用之外，其主要的功能是主刑罰、殺戮，也就是"不用命戮於社"。

二、民衆娛樂的場所

在民間，祭社的場地成爲民衆娛樂的場所。《淮南子·精神訓》："今夫窮鄙之社也，叩盆拊瓴，相和而歌，自以爲樂矣。嘗爲之擊建鼓，撞巨鐘，乃性仍仍然，知其盆瓴之足羞也。"①意思是，如今那些窮鄉僻壤的地方祭祀社神，敲盆擊瓶而奏樂，相和而歌，自娛自樂。如果爲這些人敲起大鼓、撞擊大鐘，他們就會感到不自在而茫然萬分，並會認爲自己所敲擊的盆瓶是如此微不足道、丟人現眼。《鹽鐵論·散不足》："今富者祈名嶽，望山川，椎牛擊鼓，戲倡儛像。中者南居當路，水上雲臺，屠羊殺狗，鼓瑟吹笙。貧者雞豕五芳，衛保散臘，傾蓋社場。"②意思是，富人祭社就會朝拜名山大川，擊鼓殺牛，演戲和耍木偶。中等人家則在大路上搭棚子，在水上搭高臺，屠羊殺狗，吹奏樂器。貧窮的人用雞豬無味，散發祭肉，以祈求福佑，祭祀時車蓋如雲，擠滿社場，非常熱鬧，就像如今的廟會。

民衆在社祭時常常聚集在一起，共同娛樂。《禮記·郊特牲》："唯爲社事，單出里；唯爲社田，國人畢作。"③民間社祭所需祭品，往往都是民衆自發籌集的，所以家家户户都可以參加，聚會的人非常多。董卓曾經殺害在社祭時娛樂的民衆，以充當斬殺敵人的人數。《後漢書·董卓傳》："卓嘗遣軍至陽城，時人會於社下，悉令就斬之，駕其車重，載其婦女，以頭繫車轅，歌呼而還。"④

---

① 劉文典：《淮南鴻烈集解》，中華書局 1989 年版，第 236、237 頁。按："窮鄙"，《北堂書鈔》卷八十七、一百一十一，《藝文類聚》卷三十九，《太平御覽》卷五百三十二、五百八十四引，並作"窮鄉"。

② 王利器：《鹽鐵論校注》，中華書局 1992 年版，第 352 頁。

③ 《禮記正義》(十三經注疏)，中華書局 1980 年版，第 1449 頁。

④ 范曄：《後漢書》，中華書局 1965 年版，第 2325 頁。

第二節　社祭在宗教和民俗中的作用

一、祓除不祥

先民對水旱災害、天象異常往往束手無策，認爲冥冥之中自有天意，只能祈求於神靈，纔會得到福佑，而社便是其中最重要的神靈之一。甲骨文中便有向社"求雨""止雨""寧風"的記載。如：

> 辛巳貞，雨不既，其燎於亳土。　《屯南》665、1105
> □燎土不介其雨。　《合集》14393 反
> 丙戌卜，土寧[風]，王求雨於土。　《合集》32301
> 乙未卜，寧雨於土。　《合集》34088

"雨不既"謂久雨不止，與"寧雨於土"的意思相同，都是雨水過多，恐怕有水潦之災，因而祈禱於社神，讓雨水停止。"寧風"也是因爲風太大，會給農作物造成災害，因而求告於社神。延至周代，止風之祭一般用"䰙辜"之法，不專用於祭社。《周禮·大宗伯》："以䰙辜祭四方百物。"鄭注："䰙，䰙牲胸也。䰙而磔之，謂磔攘及蜡祭。"①

卜辭中商王親自求雨於社，這與傳世典籍記載相合。《帝王世紀》云："湯自伐桀後，大旱七年。遂齋戒、剪髮、斷爪，以己爲牲，禱於桑林之社。"②《呂氏春秋》之《順民》、《淮南子》之《修務訓》、《墨子》之《七患》、《荀子》之《富國》、《新書》之《憂民》諸篇均有類似的記載。

發生大旱災，周王也會率領群臣，祭禱社神與其他神靈。《詩經·雲漢》云："靡神不舉，靡愛斯牲。圭璧既卒，寧莫我聽。"又云："旱既大甚，蘊隆蟲蟲。不殄禋祀，自郊徂宮。上下奠瘞，靡神不宗。"③也是描寫天下大旱之時，周王率領大臣求雨，不惜犧牲與圭璧，遍祭群神。社神自然也在群神之列，所謂"瘞"就是向社神禱告的祭法。

---

① 《周禮注疏》(十三經注疏)，中華書局 1980 年版，第 758 頁。
② 李昉等：《太平御覽》卷八十三，中華書局 1960 年版，第 388 頁。
③ 《毛詩正義》(十三經注疏)，中華書局 1980 年版，第 561 頁。

　　漢代求雨之法，傳世典籍有詳細的記載。《春秋繁露·求雨》篇中，鑿社通之於闡外之溝，取五蛤蟆放置於社之中，挖掘方八尺、深一尺的池子。如果下雨，就報祭一隻豬和充足的酒、鹽、黍等祭品，用不修剪的茅席作爲祭祀時用席。春夏秋冬則各配其方之神，分別祭祀五祀之一，並且要在固定的方位置壇。求雨的關鍵是不要讓男人露面，女子們聚集在一起歡樂。① 漢代求雨之法，祈禱的神靈仍然是社，但可能與商周時期已有所不同，深受陰陽、五行、龍可行雨等觀念的影響。四時求雨於社，儀節上略有不同，爲明晰起見，列表5-1如下。

表 5-1　漢代四時求雨比較

時	置　壇	神	五　祀	土　龍	社祭祭品
春	東門之外	共工	戶	蒼龍	清酒、脯脯
夏	南門之外	蚩尤	灶	赤龍	清酒、脯脯
季夏	南門之外	后稷	中霤	黃龍	清酒、脯脯
秋	西門之外	少昊	門	白龍	清酒、脯脯
冬	北門之外	玄冥	井	黑龍	清酒、脯脯

　　雨水太多，就會發生澇災，或用鼓、或用牲幣祭禱於社。《左傳·莊公二十五年》："'秋，大水。鼓，用牲於社、於門'，亦非常也。凡天災，有幣無牲。非日月之眚，不鼓。"②火災亦是如此。《左傳·昭公十八年》："七月，鄭子產爲火故，大爲社，祓禳於四方，振除火災，禮也。"③

　　漢代止雨之法，典籍亦有詳細記載，也是深受陰陽觀念的影響。《春秋繁露·止雨》篇記載：

　　　雨太多，令縣邑以土日，塞水瀆，絶道，蓋井，禁婦人不得行入市。令縣鄉里皆掃社下。……黍鹽美酒財足，祭社。擊鼓三日而祝。祝曰："嗟! 天生五穀以養人，今淫雨太多，五穀不和。敬進肥牲清酒，以請社靈，幸爲止雨，除民所苦，無使陰滅陽。陰滅陽，不順於天。天之常意，

---

①　參見蘇輿：《春秋繁露義證》，鍾哲點校，中華書局1992年版，第429、430頁。
②　《春秋左傳正義》(十三經注疏)，中華書局1980年版，第1855頁。
③　《春秋左傳正義》(十三經注疏)，中華書局1980年版，第2086頁。

在於利人，人願止雨，敢告於社。"凡止雨大體，女子欲其藏而匿也，丈夫欲其合而樂也。以朱絲縈社十周。①

如果雨水太多，就要堵塞水溝，斷絕道路，蓋上井蓋，不要讓婦人去市集。打掃縣社、鄉社與里社。用充足的黍鹽美酒祭社，然後由祝進行禱告。止雨的關鍵是不要讓女人露面，男人們聚集在一起歡樂，這與求雨之法正相反。

天象異常，古人以爲不祥，也需要祭社，以祓除不祥。《左傳·莊公二十五年》："夏，六月，辛未，朔，日有食之。鼓，用牲於社，非常也。日有食之，於是乎用幣於社，伐鼓於朝。"②《左傳·文公十五年》《左傳·昭公十七年》亦有類似的記載。《公羊傳·莊公二十五年》亦云："日有食之，鼓，用牲於社，求乎陰之道也。以朱絲縈之，或曰脅之，或曰爲暗。恐人犯之，故縈之也。"③

漢代人認爲，日食産生的主要原因是陰陽失衡。《白虎通·災變》云："日食必救之何？陰侵陽也。鼓用牲於社，社者，衆陰之主，以朱絲縈之，鳴鼓攻之，以陽責陰也。"④《後漢書·禮儀志》亦云："朔前後各二日，皆牽羊酒至社下以祭日，日有變，割羊以祠，用救日變。"⑤

從上面的論述我們可以看到，人們在抗旱、止雨、面對日食時的各種方式是如此迥異。請雨時要進行雩祀，而止雨時要像對待罪人一樣懲罰社神。爲什麽前一種做法如此謙卑，後一種做法又如此膽大妄爲？難道乾旱不是像大水那樣的可怕的災害？答案很容易理解："陽"勝於"陰"。乾旱發生時，人們祈求陽氣減弱，但不能責怪它，因爲不能逾越"陽"；而大水發生時，是"陰"不正當地侵犯了"陽"，因此要對"陰"譴責和打擊。董仲舒說，大旱之時，"陽"壓倒了"陰"，也就是尊貴壓倒了卑微，儘管其有權力但是做得過分了，人們請走它，而不敢對其脅迫。而大水之時，"陰"壓倒了"陽"，即卑微戰勝了尊貴，日食的情況亦是如此。此時以下犯上、違背規律，要擊鼓進攻反叛者。中國人自古認爲大自然與人類是相互需要的，我們無須對此感到驚訝。農業勞作需要天地的協作，依靠農耕的民族肯定從遠古時期就十分自然地將自然與人類活動

① 蘇輿：《春秋繁露義證》，鍾哲點校，中華書局 1992 年版，第 437、438 頁。
② 《春秋左傳正義》(十三經注疏)，中華書局 1980 年版，第 1780 頁。
③ 《春秋公羊傳注疏》(十三經注疏)，中華書局 1980 年版，第 2238 頁。
④ 陳立：《白虎通疏證》，吳則虞點校，中華書局 1994 年版，第 272、273 頁。
⑤ 范曄：《後漢書》，中華書局 1965 年版，第 3101 頁。

聯繫起來，認爲兩者密切聯繫並相互影響。① 這也可以説是一種"天人感應"現象。

二、監督盟誓

在傳世文獻中，有關盟誓的記載非常多，其中有相當一部分是在社神前舉行的。《禮記·曲禮》曰："約信曰'誓'，涖牲曰'盟'。"誓重約信，盟重用牲，其側重點有所不同。然對文則異，散文則通。②《逸周書·世俘解》：

> 告於周廟曰："古朕聞文考修商人典，以斬紂身，告於天、於稷。用小牲羊、犬、豕於百神水土，於誓社。"曰："惟予沖子綏文考，至於沖子。用牛於天、於稷五百有四。用小牲羊、[犬]、豕於百神水土社，二千七百有一。"③

這是武王爲了得到眾神的佑護而誓於社的誓詞。誓於社也用羊、犬、豕這些小牲，是誓也用牲之證，與盟没有不同。

春秋戰國時期也通過盟誓於社消除雙方的猜疑。《左傳·定公六年》："陽虎又盟公及三桓於周社，盟國人於亳社。"④陽虎之所以盟魯公、三桓於周社，盟國人於亳社，也有取信之意，一方面使參與盟誓的雙方互不猜疑，另一方面是希望得到國人的支持。《左傳·僖公十九年》："夏，六月，宋公、曹人、邾人盟於曹南。鄫子會盟於邾。己酉，邾人執鄫子用之。"杜預認爲，鄫子之所以被用於社，是因爲失大國會盟之信。⑤

社神是正義的化身，對於背盟之人會進行嚴厲的懲罰，所以要盟誓於社神之前。《左傳·昭公十一年》："泉丘人有女，夢以其帷幕孟氏之廟，遂奔僖子，其僚從之。盟於清丘之社，曰：'有子，無相棄也。'反自褑祥，宿於薳氏，生懿子及南宮敬叔於泉丘人。其僚無子，使字敬叔。"杜注："字，養也，似雙生。"⑥文中雖然只是泉丘的兩個女子在社神之前盟誓，但泉丘之女不敢忘

---

① 沙畹：《古代中國社神》，《國際漢學》2015 年第 3 期。
② 參見拙著《從出土文獻看社祀之作用》，《商丘師範學院學報》2014 年第 4 期。
③ 孫詒讓認爲，"於誓"當作"誓於"。參氏著《大戴禮記斠補》，雪克點校，齊魯書社1988 年版，第 97 頁。
④ 《春秋左傳正義》(十三經注疏)，中華書局 1980 年版，第 2141 頁。
⑤ 《春秋左傳正義》(十三經注疏)，中華書局 1980 年版，第 1810 頁。
⑥ 《春秋左傳正義》(十三經注疏)，中華書局 1980 年版，第 2060 頁。

記自己的誓言，自己有兩個孩子，就把其中的一個過繼給對方，也是恐怕見責於社神。《漢書·王莽傳》亦云："莽遣使者分赦城中諸獄囚徒，皆授兵，殺狶飲其血，與誓曰：'有不爲新室者，社鬼記之。'"①《太平御覽》"儀禮部"引《述異記》曰：

> 庾邈與女子郭凝通，詣社約不二心，俱不婚聘。經二年，凝忽暴亡，邈出見，凝云："前北村還，遇强梁，抽刀見逼，懼死從之，不能守節，爲社神所責，心痛而絶，人鬼異路，因下泣矜之也。"②

庾邈與女子郭凝曾經在社神之前發過誓，都不許單方面婚聘，雖然郭凝是被逼而違背誓約，但仍然爲社神所責，心痛而死。

如果在訴訟中有一方所說不符合實情，其人有可能會受到社神的誅罰。《墨子·明鬼》云：

> 昔者，齊莊君之臣有所謂王里國、中里徼者。此二子者，訟三年而獄不斷。齊君由謙殺之，恐不辜，猶謙釋之，恐失有罪。乃使之人共一羊，盟齊之神社，二子許諾。於是泄洫③，掻羊而漉其血，讀王里國之辭既已終矣，讀中里徼之辭未半也，羊起而觸之，折其脚，祧神之，而槀之，殪之盟所。當是時，齊人從者莫不見，遠者莫不聞，著在齊之春秋。諸侯傳而語之曰："請品先不以其請者，鬼神之誅至若此其憯遫也。"④

可見對於難以裁決的問題，就會訴諸社神，由社神來裁決，這在先秦時期應該並不罕見。先民非常迷信神的威力，認爲人不忠實，有欺騙行爲，就會受到神靈的懲罰。《墨子·明鬼》："僇於社者何也，告聽之中也。"江聲認爲，"聽之中"也就是斷罪允當的意思。⑤

《周禮·媒氏》："凡男女之陰訟，聽之於勝國之社。其附於刑者，歸之於士。"鄭注：

---

①　班固：《漢書》，中華書局 1962 年版，第 4190 頁。

②　李昉等：《太平御覽》卷五百三十二，中華書局 1960 年版，第 2416 頁。

③　"泄洫"當爲"歃血"，此從孫詒讓説。

④　"請品先不以其請者"，俞樾認爲是"諸盟誓不以其情者"，其説可從。參見孫詒讓：《墨子間詁》，孫啓治點校，中華書局 2001 年版，第 232~234 頁。

⑤　參見孫詒讓：《墨子間詁》，孫啓治點校，中華書局 2001 年版，第 235 頁。

陰訟，爭中冓之事以觸法者。勝國，亡國也。亡國之社，奄其上而棧
其下，使無所通。就之以聽陰訟之情，明不當宣露。其罪不在赦宥者，直
歸士而刑之，不復以聽。①

這是處理男女之間的訴訟問題，訴訟之所以在勝國之社舉行，是因爲這些事不
宜當衆宣揚。而勝國之社(亳社)"奄其上而棧其下"，比較隱秘，不會把訴訟
情節泄露出去，審理者也可以藉助社神的靈力公平地處理問題，訴訟雙方則懾
於社神的威力不敢不講實話。

出土的包山楚簡中有關於訴訟的記載，其中有些訴訟中也有盟。例如：

周、烴皆言曰："苛冒、桓卯荔殺舒昒。小人與慶不信殺桓卯②，卯
自殺。"宣糒、苛冒言曰："舒慶、舒烴、舒周殺桓卯，慶逃。"夏尸之月癸
亥之日，執事人爲之盟證。凡二百人十一人，既盟，皆言曰："信察聞知
舒慶之殺桓卯，周、烴與慶偕；察聞知苛冒、桓卯不殺舒昒。"未有斷，迲
拘而逃。　**包山簡 136、137**

以致命於子左尹。僕軍造言之，視日以陰人舒慶告囑僕，命速爲之
斷。陰之正既爲之盟證。慶逃，烴迲拘，其餘執，將至時而斷之。視日命
一執事人致命以行故，潛上恒，僕倚之以致命。　**包山簡 137 背**

簡文中的訴訟雙方各執一詞：以舒周、舒烴爲一方，説是苛冒、桓卯要殺舒
昒，他二人和舒慶没有殺桓卯，桓卯是自殺的；以宣糒、苛冒爲另一方，則説
是舒慶、舒烴、舒周三人殺了桓卯，舒慶逃跑。兩方必有一方説謊。對於此，
審理者如果没有確證，自然無法作出裁決。於是審理者想出了一個辦法，那就
是讓目睹這件事的人作證人，來指證誰是罪犯。但證人首先要盟誓，保證自己
説的話是真實的，也就是《周禮·司盟》所謂"有獄訟者，則使之盟詛"。盟誓
的神靈簡文中雖然没有説明，但筆者以爲極有可能就是社神，因爲這樣的訴訟
案件與前引《周禮·媒氏》《墨子·明鬼》所載類似。③ 古代人没有什麼高科技

---

① 《周禮注疏》(十三經注疏)，中華書局 1980 年版，第 733 頁。

② 被殺之人似只有"桓卯"一人，整理者分寫爲"桓卯""宣卯"，似是兩人，參見《楚
地出土戰國簡册(十四種)》第 55 頁。

③ "盟神"，鄭玄認爲是日月山川。《司盟》賈疏，認爲是四瀆、山川、天地。《儀
禮·覲禮》所記則爲"方明"，"盟神"究竟由誰充任，經文没有明確的規定。

手段來偵破案件，有時只能憑藉證人的話來斷案，而對證人有約束力的就是對所盟社神的敬畏。簡文中二百一十一人盟誓之後，一致指證確實是舒慶殺了桓卯，舒周、舒煋都參與了。苟冒、桓卯確實沒有殺舒明。有了這些證人和證詞，所以僕軍呈報上級，可以很快結案。讓證人盟誓以保證所説的話都是真實的，這一點和西方審理案件要求證人手按《聖經》、向神發誓相似①，與此暗合的是包山楚簡 210、248。

包山楚簡中還有一個訴訟案件，也需要盟誓，但此案與上個案例稍有不同：

> 周客監匰䠶楚之歲，享月乙卯之日，下蔡莘里人舍蝸告下蔡咎執事人，陽城公羑罢。蝸謂："邝偀竊馬於下蔡而賣之於陽城，或［又］殺下蔡人舍罢，小人命爲盺以傳之。"陽城公羑罢命倞邝解句傳邝偀得之。享月丁巳之日，下蔡山陽里人邝偀言於陽城公羑罢……舍羊。偀蝸："小人不信竊馬，小人信□下蔡關里人雇女返、東邒里人場賈、蔑里人兓不害睯殺舍罢於兓不害之館，而相□棄之於大路。兓不害不致兵焉。"……邝偀未至斷，有疾，死於拘。雇女返、場賈、兓不害皆既盟。   包山簡 120～123

本案訴訟方舍蝸只告邝偀一人偷馬，然後賣於陽城，並且殺死了舍罢。而邝偀被捕以後，則供認自己沒有偷馬，而是夥同下蔡關里人雇女返、東邒里人場賈、蔑里人兓不害殺死舍罢於兓不害之館。但沒有等到判決，邝偀就病死於拘留之處。由於沒有別的目擊證人，邝偀又病死了，這樣死無對證，案件審理便陷入僵局。邝偀的供詞就出現兩種可能：一種是誣陷雇女返、場賈、兓不害三人，因爲訴訟人舍蝸也沒看到這三人殺人；另一種是三人確實夥同邝偀殺害了舍罢。哪一種情況是真實的呢？審理者無法作出判決，只有讓三人對社神盟誓，以表明自己是否犯罪。由於沒有下文，無法得知對三人的處理情況。

三、疾病祈禱

古人相信，祈禱於社可以祓除疾病。《左傳·襄公十年》：

---

① "盟證"，廣瀨薰雄認爲是一個手續，陳偉認爲"盟證"是兩件事。筆者認爲陳説更優，作證之人必須纔盟，然後纔有指證的資格。參見陳偉：《包山楚簡所見的盟》，《簡帛研究》（二〇〇二 二〇〇三），廣西師範大學出版社 2005 年版，第 32 頁。陳偉：《包山楚簡初探》，武漢大學出版社 1996 年版，第 143 頁。

　　宋公享晉侯於楚丘，請以《桑林》，荀罃辭。荀偃、士匄曰："諸侯宋、魯，於是觀禮。魯有禘樂，賓、祭用之。宋以《桑林》享君，不亦可乎？"舞師題以旌夏，晉侯懼而退入於房。去旌，卒享而還。及著雍，疾。卜桑林見。荀偃、士匄欲奔請禱焉。荀罃不可，曰："我辭禮矣，彼則以之。猶有鬼神，於彼加之。"晉侯有間……①

晉侯可能因爲懼怕而生病，占卜顯示是桑林之社作祟，所以荀偃、士匄欲奔請禱告於宋國之社。雖然最終由於晉侯病情好轉而沒有去祈禱，但説明古人相信社神有作祟的能力，通過禱祭可以祓除不祥。

　　《韓非子·外儲説右下》亦云：

　　秦襄王病，百姓爲之禱。病愈，殺牛塞禱。郎中閻遏、公孫衍出見之，曰："非社臘之時也，奚自殺牛而祠社？"怪而問之。百姓曰："人主生病，爲之禱。今病愈，殺牛塞禱。"閻遏、公孫衍説，見王，拜賀曰："過堯、舜矣。"王驚曰："何謂也？"對曰："堯、舜，其民未至爲之禱也。今王病，而民以牛禱，病愈，殺牛塞禱，故臣竊以王爲過堯、舜也。"王因使人問之何里爲之，訾其里正與伍老屯二甲。……王曰："子何故不知於此。彼民之所以爲我用者，非以吾愛之爲我用者也，以吾勢之爲我用者也，吾釋勢與民相收，若是，吾適不愛，而民因不爲我用也，故遂絶愛道也。"②

秦襄王生病，里人爲之祈禱於社，病好之後，又爲之殺牛塞禱於社，反映民間普遍相信祈禱於社可以祓除疾病。秦王以"君民之間，相治以勢"爲説，絶君民相愛之道，而罰里正、伍老二甲。《韓非子·外儲説右下》中還有一則與此事類似，最後的結果是秦王以"法治"爲説，罰里二甲。③ 這兩例大同小異，可能是同一件事。從二例可知，里人所殺塞禱於社之牛，是里人共同兑錢購買的。

　　新蔡葛陵楚簡中，也有大量里人爲封君（平夜君成）疾病塞禱於社的例子，

---

① 《春秋左傳正義》（十三經注疏），中華書局 1980 年版，第 1947 頁。
② 王先慎：《韓非子集解》，鍾哲點校，中華書局 1998 年版，第 336 頁。
③ 王先慎：《韓非子集解》，鍾哲點校，中華書局 1998 年版，第 335 頁。

常見的格式爲"某里人禱於其社"，如：

　　柗里人禱於其社☐　　新蔡簡乙四 88
　　☐里人禱一其社一☐　　新蔡簡零 88
　　☐里人禱一其社一☐　　新蔡簡零 168

由於簡文過於殘泐，有些簡文只看得出是"某里人禱""禱於其社一某牲""禱於某社""社一某牲"的記錄，從以下簡文來看，應當也是里人禱於社的記錄：

　　楊里人禱☐　　新蔡簡零 72
　　大楕里人禱☐　　新蔡簡零 11
　　中楊里人☐　　新蔡簡零 30
　　☐堵里人禱於其☐　　新蔡簡零 116
　　☐禱於其社一豢。☐　　新蔡簡乙三 65
　　☐禱於其社一豢。☐　　新蔡簡乙三 53
　　☐禱於其社一猎。☐　　新蔡簡乙二 7
　　☐禱於其社一猎。☐　　新蔡簡乙四 81
　　☐禱於其社☐　　新蔡簡零 48、113、618、512
　　☐於其社一豢☐　　新蔡簡零 531
　　☐其社一豢。☐　　新蔡簡零 196
　　☐社一猎。☐　　新蔡簡零乙二 43
　　☐社一豢。☐　　新蔡簡乙四 74、零 252、乙二 16、零 486 ①

《説文》："豢，以穀圈養豕也。"段注："圈者，養獸之閑。圈養者，圈而養之。圈、豢疊韻。《樂記》注曰：'以穀食犬豕曰豢。'《月令》注曰：'養牛、羊曰芻。犬、豕曰豢。'《少儀》假豢爲豢。"②因而里人禱社所用的"豢、猎"，也就是豕、犬。里人禱於其社，説明此時一里一社，里與社還是基本合一的。
　　新蔡簡中里人禱於社一般是一社用一牲，常見格式爲"某地幾社，幾(豢、猎、塚)"，如：

---

①　賈連敏：《新蔡葛陵楚簡中的祭禱文書》，《華夏考古》2004 年第 3 期。
②　段玉裁：《説文解字注》，上海古籍出版社 1988 年版，第 455 頁。

亳二社，一豢，一猎。既於楸☐ 新蔡簡甲三 414
固二社，一豢，一塚。既於郖思虛一祜，禱☐ 新蔡簡甲三 353
蕣一社，一猎。既於□☐ 新蔡簡甲三 308
王虛而社，一猎，一塚。既於☐ 新蔡簡甲三 250
☐寺二社，二塚。既於高寺，一祜，禱一塚。☐ 新蔡簡甲三 387

里人所禱之社應當就是“里社”，所用牲爲“塚”“豢”“猎”，其字都从“豕”，可能與豕有關，用牲的數量和社的數量一般相等。“賓之命，命里人禱☐（新蔡簡甲三 262）”，有學者認爲，文獻中“賓”“頒”“班”多相通之例。“頒”古音爲幫母文部，“賓”古音爲幫母真部，聲母相同，韻部相近，可通假。簡文頒佈命令，令里人禱於其社①，其觀點可從。不過里人因君主生病而禱於里社，未必一定是君主的命令，前文《韓非子》中的里正、伍老就是因爲私自率領里人禱社而受到處罰，君主、大臣對里人禱社的事情毫不知情，顯然是一種自發行爲。祭社正祭都有固定的時間，主要和農業收成有關。疾病祈禱於社是一種非正祭行爲，有病則禱，没有固定的時間，兩者是有區别的。

一般大夫或封君生病，也會禱告於社，這可能是家臣所爲。包山楚簡、望山楚簡、天星觀楚簡中就有例可援，例如：

舉禱大水一犧馬，舉禱吾公子春、司馬子音、蔡公子家各特豢，饋之，舉禱社一猎，思攻解日月與不辜。 包山簡 248
☐册於東石公，社、北子、行［既］□☐ 望山簡 115
舉禱社特牛，樂之。 天星觀簡 115 ②

20 世紀 90 年代香港中文大學收藏了一份東漢時期爲人除病、死後家人爲之祝禱的券書，病死者簡中稱爲“皇母序寧”。内容爲“序寧”生病以及死亡之後，家中子、媳爲其禱告的文辭，其所禱告的神靈之中就有社神。③ 人死之後，還要祈禱於社，不見於典籍記載，在出土文獻中也是首見，資料價值自不待言。饒宗頤、陳松長、連劭名、劉樂賢、李均明、楊華等許多學者對此作了研究，

① 賈連敏：《新蔡葛陵楚簡中的祭禱文書》，《華夏考古》2004 年第 3 期。
② 滕壬生：《楚系簡帛文字編》（增訂本），湖北教育出版社 2008 年版，第 94 頁。
③ 陳松長：《香港中文大學文物館藏簡牘》，香港中文大學文物館 2001 年版，第 97～107 頁。

取得了重要成果。① "皇母序寧"生病時，兒子、媳婦爲其禱告。文辭如下：

建初四年七月甲寅朔，皇母序寧病。皇男、皇婦、皇子共爲皇母序寧禱炊，休。七月十二日乙丑，序[寧]。 簡226正[下]入黄泉，上入蒼天。皇男、皇婦爲序寧所禱(灶)君，皆序寧持去，天公所對。生人不負債，死人勿謫，券書明白。 簡226背

建初四年七月甲寅朔，田氏皇男、皇婦、皇弟、君吳共爲田氏皇母序寧禱外家西南請子[社]②，休。皇母序寧以七月十二日乙丑頭望目睹，兩手以卷，下入黄泉，上入蒼天。今以鹽湯下所言禱，死者不厚謫，生者勿債，券刺明白。所禱，序寧皆自持去對天公。 簡227

從簡文可知，"序寧"死於七月十二日乙丑。死前十一天，也就是七月十一日甲寅，其病情應該已經非常嚴重，其長子、長媳、次子在灶神、西南請子社爲其進行祈禱，希望母親的病情能夠好轉。然而十一日之後，"序寧"就一命歸陰。"頭望目睹，兩手以卷"，應當是描述"序寧"病重而死的情形。

從傳世文獻和出土資料來看，疾病祈禱於社，一般分爲兩種情況：第一種，生病之後的祈禱和病愈時的塞禱，也就是《韓非子》所載的情況；第二種，生病之後的祈禱和病情稍微好轉時的塞禱，病情惡化時繼續祈禱和病情稍微好轉時的塞禱，循環往復以至死亡，包山簡、新蔡簡大致屬於這種情況。

人死之後，還要祭禱於社，不見於傳世文獻的記載，而出土的序寧禱券中卻有這樣的例子，這時祭禱的目的顯然不是被除疾病，而是保佑生人平安：

爲皇母序寧禱社：七月十二日乙丑，序寧頭望目顛，兩手以抱，下入黄泉，上入蒼[天]。 簡228正[皆序寧]持去，天公所對，生人不負債，死人勿謫，券書明白。張氏請子社。 簡228背

---

① 參見楊華：《〈序寧禱券〉集釋》，見氏著《新出簡帛與禮制研究》，臺灣古籍出版有限公司2007年版，第283頁。

② 李均明認爲"請子休"當釋爲"請子社"。參氏著《讀〈香港中文大學文物館藏簡牘〉偶識》，《古文字研究》第24輯，中華書局2002年版，第452頁。今從楊説，參氏著《新出簡帛與禮制研究》，臺灣古籍出版有限公司2007年版，第287頁。

"張氏請子社"與簡 227"外家西南請子社"爲同一社神，可知皇母序寧本姓張，嫁於田氏。① "生人不負債，死人勿謫"與"死者不厚謫，生者勿債"是一個意思，應當是爲死去之人禱社的常用語。《説文》："謫，罰也。""生人不負債，死人勿謫"的意思是生人没有什麼虧欠死人的，死人不要責罰生人。古人相信，祖先死了以後有作祟的能力，會對生人不利，因而要禱祭一番，希望祖先不要找麻煩。甲骨卜辭就有大量關於"王生了什麼病，是不是哪位祖先在作祟，有没有咎"的刻辭。簡中禱於社的目的，也是希望社神能夠保佑生人平安，死者安息。序寧禱券中兒子、兒媳不但禱於"張氏之社"，也禱告於自家私社如"田社"（簡 231）和官社"東北官保社"（簡 235）②，其目的和作用都是"生人不負債，死人勿謫"。

四、繁衍牲畜

在古人眼中，社土還有幫助繁衍牲畜的作用，《香港中文大學文物館藏簡牘》中《詰咎》篇就有例可援：

> 畜生不息者，入虛也。取里社□者土以爲禺（偶）人，男女各一，□之户下。　　簡 35 ③

劉樂賢認爲，"入息也"不可解，從照片看，被解釋爲"入"的字與後面"偶人"的"人"字寫法完全一樣，故應釋爲"人"。④ 其説甚確，可從。畜生不繁殖，是因爲人丁不興旺。想要人丁興旺，需取里社之土作偶人（泥人），然後放置於户下。爲什麼要取里社之土呢？這可能與社神的繁殖能力有關。《禮運》鄭注所謂"社，土地之主也"，物由土生。根據弗雷澤的理論，"順勢巫術"所犯的錯誤是把彼此相似的東西看成同一個東西；"接觸巫術"所犯的錯誤是把互相接觸過的東西看成總是保持接觸的。但在實踐中，這兩種巫術經常是合在一

---

① 楊華：《〈序寧禱券〉集釋》，見氏著《新出簡帛與禮制研究》，臺灣古籍出版有限公司 2007 年版，第 289 頁。

② 楊華：《〈序寧禱券〉集釋》，見氏著《新出簡帛與禮制研究》，臺灣古籍出版有限公司 2007 年版，第 294 頁。

③ 陳松長：《香港中文大學文物館藏簡牘》，香港中文大學文物館 2001 年版，第 26 頁。

④ 劉樂賢：《讀〈香港中文大學文物館藏簡牘〉》，《江漢考古》2001 年第 4 期。

起進行的。① 取社土是因爲其具有繁殖的神力，這是接觸巫術。仿人形體而作偶人則是一種模擬巫術，人們希望通過這兩種巫術的共同作用，以達到人丁興旺，進而繁衍牲畜的目的。

孔家坡漢簡《日書》中《雞》篇，有通過以雞血祭社而達到"雞不亡"的目的的內容。如：

> 今日庚午爲雞血社，此毋（無）央（殃）邪。雄□　簡226貳　□堵旬，雞毋（無）亡。老獻（？）其大者，一度南向，　簡227貳　東向度二。酉爲雞棲，雞不亡。　簡228貳②

整理者認爲，"雞血者"，意爲用血祭社，此觀點可信。簡文公佈以後，許多學者都作了研究，取得了重要成果。③ 從整個簡文的意思來看，庚午用雞血祭社的目的，是要被除殃邪，保證"雞不亡"。如果像周文、陳文所説，簡文反映的主要是"如何抓雞，什麼時候抓雞纔不會跑掉"，那麼庚午這天用雞血祭社的目的何在？任何一天的酉時（傍晚五點到七點），天都快要黑了，這時雞幾乎看不見東西，去抓的時候自然不會跑掉。簡文選擇在庚午這天用雞血祭社，必定有其目的。"此"字，字書似乎沒有可以通爲"雌"的，也沒有必要改釋爲"雌"。

結合何文，重新斷句爲：

> 今日庚午爲雞血社，此無殃邪。雄無　簡226貳　被堵，令雞無亡。老獻其大者，一度南向，　簡227貳　東向度二。酉爲雞棲，雞不亡。　簡228貳

整段簡文可以譯爲：今日庚午用雞血祭社，這樣就不會有不好的事（殃邪）發生。不要圍堵雄雞，也不要讓它死亡，用（獻）年數多的、個頭大的雞作爲祭

---

① 弗雷澤：《金枝》，徐育新、汪培基、張澤石譯，新世界出版社2006年版，第16頁。

② 湖北省文物考古研究所、隨州市考古隊：《隨州孔家坡漢墓簡牘》，文物出版社2006年版，第159頁。

③ 何有祖：《孔家坡日書所見"雞血社"淺論》，簡帛網，2007年7月4日。周群：《也説孔家坡日書所見的"雞血社"》，簡帛網，2007年7月8日。陳炫瑋：《孔家坡漢簡〈日書·雞〉篇補釋》，簡帛網，2007年8月14日。文中分別簡稱"何文""周文""陳文"。

品，祭社時要南邊祭一次，東邊祭兩次，下午酉時搭建雞窩，就可以保證養雞時雞不死亡。

五、日常禁忌

社神在日常禁忌中也起着重要的作用，如若違反，或對人不吉，或對事有所不利。關沮秦漢墓簡牘《日書》的《綫圖四》篇中就有例可援：

> 置居土，田社、木並主歲。　　簡301壹
> 置居木，里社、塚主歲，歲爲上。　　簡302壹

田社、里社主歲，相對應的是"庚子，其下有興。壬子，其下有水"[1]，"興"指軍興，"水"指發大水，都不是好事情。這反映了民衆對土神、社神的忌怕和敬畏，也反映了社神功能的進一步細化，其作用已經滲入民衆的日常生活，與民衆的日常起居息息相關。

秦漢是中國開始大一統的時期，政治、經濟空前發展，同時原有的鬼神信仰已經不能滿足人們的需要，於是在兩漢時期出現了大量的造神運動，鬼神迷信彌漫着整個社會。先秦時期神秘化的動土犯土思想在漢代愈加流行，特別是東漢時期，犯土造作後舉行謝土儀式已成風俗。[2] 對於犯土造作的忌避觀念，早在先秦時期已經見諸史載。如《管子》"冬作土功，發地藏則夏多雨，秋霖不止"[3]，主要從農時立場説冬季不可破土動功。《禮記·月令》仲冬"土事毋作……地氣沮泄，是謂發天地之房，諸蟄則死，民必疾疫"，以及《淮南子》"陰氣極，則北至北極，下至黃泉，故不可以鑿地穿井，萬物閉藏"[4]，都是這類例子。

孔家坡漢簡《日書》的《土功》篇亦有類似的例子：

> 土□月所在，簡208壹不可起土功。簡209壹其鄉（向）垣壞、壞簡210壹垣。穿井、窬簡211壹，方，男子死之；簡212壹員（圓），女

---

① 湖北省荆州市周梁玉橋遺址博物館：《關沮秦漢墓簡牘》簡301叁、302叁，中華書局2001年版，第125頁。
② 張麗山：《中國古代土公信仰考》，《宗教學研究》2014年第2期。
③ 《管子》，嶽麓書社1996年版，第458~460頁。
④ 何寧：《淮南子集釋》，中華書局1998年版，第208頁。

子死之。簡 213 壹

整理者注曰“‘土’下一字疑作神”①，其說可從。睡虎地秦簡《日書》甲種《土忌篇二》云：“正月亥，二月酉，三月未，四月寅，五月子，六月戌，七月巳，八月卯，九月丑，十月申，十一月午，十二月辰，是謂土神，毋起土功，凶。”②關於“土忌”的例子，簡文中更是不勝枚舉，或不可立垣，或不可鑿地，觸禁就會對違反者或與其相關的人造成生命危險。《論衡·解除篇》云：“世間繕治宅舍，鑿地掘土，功成作畢，解謝土神，名曰‘解土’。”③古人認爲鑿地掘土都會驚動土神，因而要對其祭祀，以免除殃邪。

除此之外，廣義上的社神（土地神）還具有“護境安民”“預知官運”“引導鬼魂”的功能④，杜正乾已論之甚詳，此不贅述。

總之，社祭除了在政治和經濟方面起着重要作用外，在一般民衆的社會生活和民俗宗教中也起着重要的作用。以往學者多是從政治、經濟角度進行探討，而忽視了其在民俗宗教上的作用。本書認爲，從這一角度深入探討社祭的作用，也是比較有意義的。

---

① 湖北省文物考古研究所、隨州市考古隊：《隨州孔家坡漢墓簡牘》，文物出版社2006 年版，第 156 頁。

② 睡虎地秦墓竹簡整理小組：《睡虎地秦墓竹簡》簡 132 背、133 背，文物出版社1990 年版，第 225 頁。

③ 黃暉：《論衡校釋》（附劉盼遂集解），中華書局 1990 年版，第 1044 頁。

④ 杜正乾：《中國古代土地信仰研究》，四川大學博士學位論文，2005 年，第 177~180 頁。

結　語

　　社祭是先秦文化史與傳統經學史上的一個重要問題，其起源、內涵與外延皆十分複雜，歷來不乏研究。近十幾年來有不少學者對此問題進行了系統的討論，其中尤以魏建震的《先秦社祀研究》論述較爲全面。本書的研究正是在以上工作的基礎上，再結合出土的古文字材料（尤其是簡帛材料）來展開進行的。在社祭的起源、本質和社主的材質等問題上，本書基本認同前代學者和魏氏的部分結論。例如，魏氏《先秦社祀研究》認爲，社祭起源於原始的土地崇拜，社的實體是土地而非人鬼，社主有土、石、木三種材質，等等。本書雖然有所補充（如討論社主的材質時補充了"遂公盨"的資料），但基本認同這些結論。

　　在討論中，對於前人已經討論較多的問題，本書轉述時力求簡略；對於前人討論不詳或爭議較多的問題，如社祭之用牲、社祭之祭法、軍社、亳社，以及社祭與先農的關係等方面，本書討論時則着力辨析，以求突出己見；對於前賢未及利用的新出土文獻，本書則加以重點鋪陳，並由之得出結論。

　　通過以上工作，本書認爲，先民對社神的祭祀，貫穿於先秦社會的生活之中，它在經濟、政治、文化、宗教、民俗等諸多方面均起着重要的作用。以至於"社稷"一語最終成爲國家政權的象徵，"社稷不血食"也就意味着國家的滅亡。具體而言，可以得出如下幾點認識：

　　第一，社祭制度隨時代的變化而變化，商周時期已頗有不同，周人一方面對商人社祭制度有所承繼，另一方面又有所突破和創新。

　　祭法方面，如宜祭，在商代用於祭祀社與祖先人鬼，在周代仍用於祭社；沈祭，在商代用於祭社與河，在周代仍用於祭社與川澤；燎祭，在商代可以廣泛用於祭祀天神、地祇（包括社）、人鬼，而在周代則專用於祭祀天神；血祭，在商代主要用來祭祖先人鬼而未見祭社，在周代則用於祭社；埋祭，在商代主要用於祭河而未見祭社，在周代則用於祭社。

祭品方面，牛、羊、豕都是商周祭社所用的主要犧牲，這些犧牲都是較早被人類馴化的；商周所用犧牲數量頗有不同，商人用牲數量較多且不固定，周人則根據等級或用太牢、或用少牢，比較固定；商代用人祭社很普遍，不僅用於祭社，也用於祭祖先鬼神，這是殷人重祀尊神的表現，周代則一般不用人祭祀。

總的來説，殷人祭祀風俗還比較野蠻，次數比較頻繁，數量不固定，缺乏系統性。周人則重視人的地位，祭祀時間較爲固定，對祭祀方法和祭品數量、質量都有一定的要求，頗具系統性、條理性和規範性。

第二，以木爲社主，典籍習見。本書認爲木的含義專指活着的樹木，而不是木塊和木頭。之所以如此，是因爲活着的樹纔是生命力的象徵。古人祭祀必立尸，用於祭祀時節神，社祭自然也不例外，然而社尸與祭祖之尸有所不同，社尸一般都是尊者爲之，不問是否同姓，並且不限於孫之倫，社尸不可能是女巫。

第三，文獻中關於“軍社”的記載很少，以往學者囿於材料的限制，往往一筆帶過，即便涉及也言之不詳。20世紀對西北地區的考古發掘，出土了大批漢簡，其中就包含了許多與社有關的信息，爲進一步深入研究軍社問題提供了契機。本書從軍事角度着眼，探討了軍社的內涵，指出了其與大社的區別與聯繫，運用對比分析法，探討了周代和漢代軍社在制度和作用上的異同，指出其變化原因在於戰爭規模和特點發生了改變，宗教思想也隨之改變。

第四，周代亳社的性質，傳統説法認爲是亡國之社，也就是戒社。近代個別學者則認爲包括魯、宋在內的亳社都不是亡國之社，儘管所論細微之處有所不同，但實質上是一樣的。本書認爲這種説法缺乏直接的證據，曲解了文意，多屬臆測，所得結論並不可信，因而提出了商榷意見，認爲魯國亳社是亡國之社而宋國亳社則不是。甲骨文的出土，證明商代已有亳社，這時的亳社自然不是亡國之社，糾正了先儒把亳社一律視爲“亡國之社”的以偏概全的觀點。先商的都城應爲南亳，其地望在今商丘之南。北亳是商湯的軍事大本營。西亳是商湯滅夏之後，建立的另外一個“亳”都。近年來，有學者對甲骨卜辭中是否有“亳社”提出了質疑，認爲甲骨卜辭中的“亳”字是一種誤釋，應當釋爲“亯”。“亯”是“薵”字的另一種寫法，“薵社”“亯社”均應讀爲“郊社”。本書在前輩學者理論成果的基礎上，從文字學、考古學角度進行了論證，認爲把“亳社”釋讀爲“郊社”的説法並不可信。

　　第五，近年來出土了大量戰國、秦漢時期的簡帛資料，其中有些内容與社有關。學者已對此問題進行了論述，提供了許多寶貴的參考意見，裨益後學甚大。然而本書覺得尚有未盡之處，在前賢研究的基礎上，將簡牘所見地祇材料稍作梳理，並結合文獻記載進行對勘考察，得出以下三點認識：

　　首先，簡文中的"后土"當指全載之大地。廣義上雖可以稱爲社，但不同於一般意義上的社。從神祇的排列次序和所用祭品上看，后土與社都有明顯的區別。"后土"與"皇天"的對舉，最遲可能在西周晚期就已經出現。楚簡中"后土"總是與"太"對舉，"太"的地位相當於典籍中的"皇天"。其關鍵特點是對舉，而不是次序上的一成不變。楚簡中無論封君、大夫都可以祭祀后土，但用牲上存在着等級差別，封君用牲級別明顯高於上大夫，上大夫高於下大夫，這與墓主人的身份地位相適應。

　　其次，地主即地示，地主是通稱，包含后土與社的特點。"宫后土""宫地主"釋爲"中霤"的説法雖然比較合理，但楚簡中爲什麽沒有出現"中霤"一語的稱呼，倒頗使人費解。鄒濬智試圖以地理和建築方式兩個原因作以解釋，比較牽強。一般的神祇名，不會隨着時代的變遷而消失，何況楚國與春秋諸國時代相去不遠，傳世典籍亦多有"中霤"的記載。包山楚墓中既已有"室"作爲五祀之一的神牌，簡文中爲什麽反倒沒有祭禱"室"的記錄？這類問題，囿於出土資料的限制，目前尚無法得到合理的解釋。

　　再次，墓主人的身份無論是封君、上大夫、下大夫還是士，都可以祭禱宫后土、宫地主(中霤)，也可以祭祀楚國的先公、先王。本書認爲其原因可能正如鄭注賈疏所言，是因爲墓主人生病，屬於非正祭。

　　第六，甲骨卜辭中的"凶"當釋爲"稷"，而不可釋爲"叢"。社、稷是兩個相對獨立的自然神靈，稷是穀神，而非原隰之神。王之大社、大稷在國中，王社、王稷在藉田，兩社所在之地當有所區別。甲骨、簡帛資料中都有"稷神"被單獨祭祀的例子，説明社神、稷神皆當有壇，而不是同堂共壇。"社稷"一語在商代就是合稱，用來指代國家政權。"社稷"不是諸侯祭祀土地的專稱，天子亦祭"社稷"。"社稷"不僅用來指代諸侯封國，亦用來指代天下。"社稷"合祭起源甚早，而非始於春秋戰國時期。

　　第七，秦末民間祭祀先農的時間爲夏制十二月，祭祀以農業神爲主，祭品只有牛胙、市酒、豚耳等物而已，比較簡單。祭祀之後採取"售賣"的方式處理祭品是其突出特點，這種方式典籍鮮有記載，祭品的處理方式與等級尊卑有一定的關係。漢代祀先農，在時間與地點上都與稷不同，因而先農與稷不是一

回事。先農與社也不可混同，藉田所祭是先農而非社，不能把先農與社、稷等
同起來。

　　第八，社祭在政治、經濟方面的作用，前輩學者已論之較詳，而對其在社
會生活、宗教民俗中的作用，則鮮有論述。本書側重在這方面進行了論述，同
商代相比，周至秦漢時期社神的功能作用進一步細化，其作用已經滲入民眾的
日常生活，與民眾的日常起居息息相關，因而對其進行探討，也是比較有意義
的。

主要參考文獻*

愛德華·泰勒:《原始文化》,連樹聲等譯,上海文藝出版社 1992 年版。

安居香山、中村璋八輯:《緯書集成》,河北人民出版社 1994 年版。

白川静:《周初殷人之活動》,劉俊文主編:《日本學者研究中國史論著選譯》卷三《上古秦漢》,黄金山、孔繁敏等譯,中華書局 1993 年版。

白鳥庫吉:《中國古傳説之研究》,劉俊文主編:《日本學者研究中國史論著選譯》卷一《通論》,黄約瑟譯,中華書局 1992 年版。

班固:《漢書》,中華書局 1962 年版。

邴尚白:《葛陵楚簡研究》,臺灣大學中國文學研究所博士學位論文,2007 年。

邴尚白:《葛陵楚簡研究》,臺灣大學出版中心 2009 年版。

蔡哲茂:《從戰國簡牘的“稷”字論殷虛卜辭的“兇”字即是“稷”》,《2007 中國簡帛學國際論壇論文集》,2007 年。

曹錦炎:《説卜辭中的延尸》,四川聯合大學歷史系主編:《徐中舒先生百年誕辰紀念文集》,巴蜀書社 1998 年版。

長江流域第二期文物考古工作人員訓練班:《湖北江陵鳳凰山西漢墓發掘簡報》,《文物》1974 年第 6 期。

常玉芝:《商湯時的祖先崇拜與社神崇拜》,《甲骨文與殷商史》(新三輯),2013 年。

常正光:《卜辭“侑祀”考》,四川聯合大學歷史系主編:《徐中舒先生百年誕辰紀念文集》,巴蜀書社 1998 年版。

---

* 説明:爲節省篇幅,網絡文章不一一注明網址。“簡帛網”的網址是: www.bsm.org.cn。“復旦大學出土文獻與古文字研究中心網”的網址是: www.fdgwz.org.cn。

晁福林：《試論春秋時期的社神與社祭》，《齊魯學刊》1995 年第 2 期。

晁福林：《宋太丘社考》，《學術月刊》1994 年第 6 期。

陳春暉：《母神崇拜與中國古代思想》，《西北大學學報》2002 年第 1 期。

陳奂：《詩毛氏傳疏》，中國書店 1984 年版。

陳立：《白虎通疏證》，吳則虞點校，中華書局 1994 年版。

陳夢家：《漢簡綴述》，中華書局 1980 年版。

陳夢家：《西周銅器斷代》，中華書局 2004 年版。

陳夢家：《殷虛卜辭綜述》，科學出版社 1956 年版。

陳夢家：《古文字中之商周祭祀》，《燕京學報》1936 年第 19 期。

陳夢家：《五行之起源》，《燕京學報》1938 年第 24 期。

陳奇猷：《吕氏春秋校釋》，學林出版社 1984 年版。

陳榮：《迎尸祭拜與社火神祇》，《青海民族研究》2005 年第 3 期。

陳壽：《三國志》，中華書局 1982 年版。

陳壽祺：《五經異義疏證》，《續修四庫全書》第 171 册，上海古籍出版社 2002 年版。

陳戍國：《先秦禮制研究》，湖南教育出版社 1991 年版。

陳爍：《"社稷"源流考》，《寧夏師範學院學報》2018 年第 8 期。

陳祥道：《禮書》，文淵閣《四庫全書》第 130 册，臺灣"商務印書館" 1986 年版。

陳偉：《包山楚簡初探》，武漢大學出版社 1996 年版。

陳偉：《包山楚簡所見的盟》，《簡帛研究》（二〇〇二 二〇〇三），廣西師範大學出版社 2005 年版。

陳偉：《楚地出土戰國簡册（十四種）》，經濟科學出版社 2009 年版。

陳偉：《包山楚簡所見邑、里、州的初步研究》，《武漢大學學報》1995 年第 1 期。

陳直：《漢晉社祭通考》，見氏著《居延漢簡研究》，天津古籍出版社 1986 年版。

程樹德：《論語集釋》，程俊英、蔣見元點校，中華書局 1990 年版。

池田末利：《古代"支那"之地母神考察》，《宗教研究》第 168 號，日本宗教學會。

池田末利:《社之變遷——句龍傳説批判》,《哲學》1961 年第 13 號。

出石誠彥:《以社爲中心的社稷考》,《早稻田大學哲學年志》卷四,1934年。

戴家祥:《"社""杜""土"古本一字考》,《古文字研究》第 15 輯,中華書局 1986 年版。

丁山:《古代神話與民族》,商務印書館 2006 年版。

丁山:《中國古代宗教與神話考》,上海文藝出版社 1988 年版。

杜佑:《通典》,王文錦、王永興、劉俊文、徐庭雲、謝方點校,中華書局 1988 年版。

杜正乾:《中國古代土地信仰研究》,四川大學中國古典文獻學博士學位論文,2005 年。

段玉裁:《説文解字注》,上海古籍出版社 1988 年版。

兌之:《述社》,《東方雜志》1934 年卷二十八第 5 號。

范祥雍:《戰國策箋證》,上海古籍出版社 2006 年版。

范曄:《後漢書》,中華書局 1965 年版。

方述鑫:《殷墟卜辭中所見的"尸"》,《考古與文物》2000 年第 5 期。

馮時:《夏社考》,中國社會科學院考古研究所編:《21 世紀中國考古學與世界考古學》,中國社會科學出版社 2002 年版。

鳳凰山一六七號漢墓發掘整理小組:《江陵鳳凰山一六七號漢墓發掘簡報》,《文物》1976 年第 10 期。

傅斯年:《新獲卜辭寫本後記跋》,《安陽發掘報告》第二期(《"中央研究院"歷史語言研究所專刊》之一),1930 年。

弗雷澤:《金枝》,徐育新、汪培基、張澤石譯,新世界出版社 2006 年版。

甘肅省文物考古研究所、甘肅省博物館、中國文物研究所、中國社會科學院歷史研究所:《居延新簡——甲渠候官與第四燧》,中華書局 1994 年版。

高亨:《古字通假會典》,齊魯書社 1989 年版。

高臻、賈艷紅:《略論秦漢時期民間的社神信仰》,《聊城大學學報》2003 年第 4 期。

葛蘭言:《中國古代的節慶與歌謠》,趙丙祥、張宏明譯,廣西師範大學出版社 2005 年版。

葛英會：《說祭祀立尸卜辭》，《殷都學刊》2000 年第 1 期。

古文字詁林編纂委員會：《古文字詁林》，上海教育出版社 1999 年版。

顧棟高輯：《春秋大事表》，吳樹平、李解民點校，中華書局 1993 年版。

顧頡剛、童書業：《鯀禹的傳說》，《古史辨》第七冊（下），上海古籍出版社 1981 年版。

顧炎武著，黃汝成集釋：《日知錄集釋》，欒保群、呂宗力校點，上海古籍出版社 2006 年版。

桂馥：《說文解字義證》，中華書局 1987 年版。

關野雄：《中國古代的樹木思想》，《民族學研究》1949 年卷十四第 2 期。

郭沫若：《甲骨文字研究·殷契餘論》，《郭沫若全集》（考古編）卷一，科學出版社 1982 年版。

郭沫若主編、胡厚宣總編輯：《甲骨文合集》，中華書局 1979—1982 年版。

郭慶藩：《莊子集釋》，王孝魚點校，中華書局 1961 年版。

郭旭東：《殷商時期的自然災害及其相關問題》，《史學集刊》2002 年第 4 期。

漢語大字典編輯委員會：《漢語大字典》（縮印本），湖北辭書出版社、四川辭書出版社 1992 年版。

河南省文物考古研究所：《新蔡葛陵楚墓》，大象出版社 2003 年版。

河南省文物考古研究所：《新鄭鄭國祭祀遺址》，大象出版社 2006 年版。

何寧：《淮南子集釋》，中華書局 1998 年版。

何星亮：《圖騰與中國文化》，江蘇人民出版社 2008 年版。

何星亮：《中國自然崇拜》，江蘇人民出版社 2008 年版。

何星亮：《土地神及其崇拜》，《社會科學戰綫》1992 年第 4 期。

何星亮：《圖騰聖地與社》，《思想戰綫》1992 年第 1 期。

湖北省荊沙鐵路考古隊：《包山楚簡》，文物出版社 1991 年版。

湖北省荊沙鐵路考古隊：《包山楚墓》，文物出版社 1991 年版。

湖北省荊州市周梁玉橋遺址博物館：《關沮秦漢墓簡牘》，中華書局 2001 年版。

湖北省文物考古研究所：《江陵鳳凰山西漢簡牘》，中華書局 2012 年版。

湖北省文物考古研究所、北京大學中文系：《九店楚簡》，中華書局 2000 年版。

湖北省文物考古研究所、北京大學中文系：《望山楚簡》，中華書局 1995 年版。

湖北省文物考古研究所：《江陵望山沙塚楚墓》，文物出版社 1996 年版。

湖北省文物考古研究所、隨州市考古隊：《隨州孔家坡漢墓簡牘》，文物出版社 2006 年版。

湖南省博物館、湖南省文物考古研究所：《長沙馬王堆二、三號漢墓》，文物出版社 2004 年版。

胡厚宣：《甲骨文土方爲夏民族考》，《殷墟博物苑苑刊》（創刊號），中國社會科學出版社 1989 年版。

胡厚宣主編：《甲骨文合集釋文》，中國社會科學出版社 1999 年版。

胡培翬：《儀禮正義》，段熙仲點校，江蘇古籍出版社 1993 年版。

惠棟：《禘説》，《續修四庫全書》第 108 册，上海古籍出版社 2002 年版。

惠士奇：《禮説》，文淵閣《四庫全書》第 101 册，臺灣“商務印書館”1986 年版。

黄懷信、張懋鎔、田旭東：《逸周書彙校集注》，上海古籍出版社 1995 年版。

黄暉：《論衡校釋》（附劉盼遂集解），中華書局 1990 年版。

黄强：《“尸”的遺風——民間祭祀儀禮中神靈憑依體的諸形態及其特徵》（上），《民族藝術》1996 年第 1 期。

黄强：《“尸”的遺風——民間祭祀儀禮中神靈憑依體的諸形態及其特徵》（下），《民族藝術》1996 年第 2 期。

黄維華：《御：社土崇拜及其農耕——生殖文化主題》，《文化研究》2004 年第 3 期。

黄以周：《禮書通故》，王文錦點校，中華書局 2007 年版。

黄展嶽：《古代人牲人殉通論》，文物出版社 2004 年版。

黄宗羲：《明儒學案》，沈芝盈點校，中華書局 2008 年版。

賈連敏：《新蔡葛陵楚簡中的祭禱文書》，《華夏考古》2004 年第 3 期。

江紹原:《古代的"釁"(塗血)禮》,王文寶、江小蕙編:《江紹原民俗學論集》,上海文藝出版社 1998 年版。

江永:《禮書綱目》,文淵閣《四庫全書》第 133 冊,臺灣"商務印書館"1986 年版。

姜亮夫:《哀公問社辯》,見氏著《古史學論文集》,上海古籍出版社 1996 年版。

姜亮夫:《釋社》,見氏著《古史學論文集》,上海古籍出版社 1996 年版。

焦循:《孟子正義》,沈文倬點校,中華書局 1987 年版。

金榜:《禮箋》,《續修四庫全書》第 109 冊,上海古籍出版社 2002 年版。

金鶚:《求古錄禮説》,《續修四庫全書》第 110 冊,上海古籍出版社 2002 年版。

金景芳、呂紹綱:《〈甘誓〉淺説》,《社會科學戰綫》1993 年第 2 期。

津田左右吉:《古代中國人之宗教思想》,日本《滿鮮地理歷史研究報告》卷六,1920 年。

荆門市博物館:《郭店楚墓竹簡》,文物出版社 1998 年版。

勞榦:《古代中國的歷史與文化》,中華書局 2006 年版。

勞榦:《漢代社祀的源流》,《歷史語言研究所集刊》第 11 冊,中華書局 1987 年版。

黎靖德:《朱子語類》,王星賢點校,中華書局 1986 年版。

黎翔鳳:《管子校注》,中華書局 2004 年版。

李昉等:《太平御覽》,中華書局 1960 年版。

李塨:《郊社考辨》,《續修四庫全書》第 108 冊,上海古籍出版社 2002 年版。

李家浩:《包山卜筮簡 218～219 號研究》,見長沙市文物考古研究所編:《長沙三國吳簡暨百年來簡帛發現與研究國際學術研討會論文集》,中華書局 2005 年版。

李家浩:《江陵鳳凰山八號漢墓"龜盾"漆畫試探》,《文物》1974 年第 6 期。

李均明:《讀〈香港中文大學文物館藏簡牘〉偶識》,《古文字研究》第 24 輯,中華書局 2002 年版。

李立：《社稷五祀與東夷農耕文化》，《蒲峪學刊》1996 年第 1 期。

李零：《李零自選集》，廣西師範大學出版社 1998 年版。

李强：《周代農業祭祀研究》，吉林大學博士學位論文，2017 年。

李秋香：《秦漢的社神信仰及其地域文化認同功能探析》，《上海交通大學學報》2011 年第 2 期。

李孝定：《甲骨文字集釋》，《"中央研究院"歷史語言研究所專刊之五十》，1970 年。

李修松：《立社與分封》，《安徽大學學報》1992 年第 2 期。

李修松：《周代里社初論》，《安徽大學學報》1986 年第 1 期。

李學勤：《蕩社、唐土與老牛坡遺址》，《周秦文化研究》編委會：《周秦文化研究》，陝西人民出版社 1998 年版。

李學勤、齊文心、艾蘭：《英國所藏甲骨集》，中華書局 1985 年版。

李振宏：《歷史與思想》，中華書局 2006 年版。

李玉潔：《論周代的尸祭及其源流》，《河南大學學報》1992 年第 1 期。

李則綱：《社與圖騰》，《東方雜志》1935 年卷三十二第 13 號。

連劭名：《商代的神主》，《殷都學刊》1998 年第 3 期。

連劭名：《甲骨刻辭中的血祭》，《古文字研究》第 16 輯，中華書局 1989 年版。

連劭名：《殷墟卜辭所見商代祭祀中的"尸"和"祝"》，四川聯合大學歷史系主編：《徐中舒先生百年誕辰紀念文集》，巴蜀書社 1998 年版。

連劭名：《再論甲骨刻辭中的血祭》，吉林大學古文字研究室：《于省吾教授百年誕辰紀念文集》，吉林大學出版社 1996 年版。

凌純聲：《卜辭中社之研究》，杜正勝編：《中國上古史論文選集》，臺灣華世出版社 1979 年版。

凌純聲：《中國古代社之源流》，《"中央研究院"民族學研究所集刊》1964 年第 17 期。

凌純聲：《中國古代神主與陰陽性器崇拜》，《"中央研究院"民族學研究所集刊》1959 年第 8 期。

凌純聲：《中國祖廟的起源》，《"中央研究院"民族學研究所集刊》1959 年第 7 期。

凌廷堪：《禮經釋例》，彭林點校，臺灣中國文哲研究所 2004 年版。

凌廷堪：《校禮堂文集》，王文錦點校，中華書局 1998 年版。

劉寶楠：《論語正義》，高流水點校，中華書局 1990 年版。

劉桓：《説土》，《殷契存稿》，黑龍江教育出版社 1992 年版。

劉桓：《卜辭社稷説》，《甲骨徵史》，黑龍江教育出版社 2002 年版。

劉慶柱、段志洪、馮時主編：《金文文獻集成》，綫裝書局 2005 年版。

瀧川資言：《史記會注考證》，北嶽文藝出版社 1999 年版。

盧文弨：《抱經堂文集》，王文錦點校，中華書局 1990 年版。

陸焱：《貴州儺與社祭》，《雲南師範大學學報》2005 年第 3 期。

馬承源主編：《上海博物館藏戰國楚竹書(一)》，上海古籍出版社 2001 年版。

馬承源主編：《上海博物館藏戰國楚竹書(二)》，上海古籍出版社 2002 年版。

馬承源主編：《上海博物館藏戰國楚竹書(三)》，上海古籍出版社 2003 年版。

馬承源主編：《上海博物館藏戰國楚竹書(四)》，上海古籍出版社 2004 年版。

馬承源主編：《上海博物館藏戰國楚竹書(五)》，上海古籍出版社 2005 年版。

馬承源主編：《上海博物館藏戰國楚竹書(六)》，上海古籍出版社 2007 年版。

馬承源主編：《上海博物館藏戰國楚竹書(七)》，上海古籍出版社 2008 年版。

馬端臨：《文獻通考》，中華書局 1986 年版。

馬國翰輯：《玉函山房輯佚書》，《續修四庫全書》第 1203 册，上海古籍出版社 2002 年版。

馬瑞辰：《毛詩傳箋通釋》，陳金生點校，中華書局 1989 年版。

馬塞爾・莫斯：《禮物——古式社會中交换的形式與理由》，汲哲譯，上海人民出版社 2005 年版。

馬驌：《繹史》，王利器整理，中華書局 2002 年版。

馬曉林：《從國都到村社：元代社稷禮制考》，《史學月刊》2017 年第 7 期。

毛奇齡：《郊社禘祫問》，《皇清經解續編》第 1 冊，上海書店出版社 1988 年版。

莫里斯·古德利爾：《禮物之謎》，王毅譯，上海人民出版社 2007 年版。

牟仲鑒、張踐：《中國宗教通史》，社會科學文獻出版社 2000 年版。

南京博物院：《江蘇銅山丘灣古遺址的發掘》，《考古》1973 年第 2 期。

寧可：《漢代的社》，《文史》第 9 輯，中華書局 1983 年版。

寧可：《述"社邑"》，《北京師範學院學報》1985 年第 1 期。

彭邦炯：《甲骨文農業資料考辨與研究》，吉林文史出版社 1997 年版。

彭浩：《讀里耶"祠先農"簡》，《出土文獻研究》第 8 輯，上海古籍出版社 2007 年版。

彭浩：《讀里耶"祠先農"簡》，簡帛網，2008 年 7 月 5 日。

彭明瀚：《四川廣漢三星堆商代祭祀坑爲農業祭祀説》，《農業考古》1994 年第 1 期。

普學旺：《論社稷的起源及其對中華傳統文化的影響》，《世界宗教研究》1995 年第 2 期。

皮錫瑞：《鄭志疏證》，《續修四庫全書》第 171 冊，上海古籍出版社 2002 年版。

錢寶琮：《太一考》，《燕京學報》1932 年第 12 期。

錢大昕：《廿二史考異》，方詩銘、周殿傑校點，上海古籍出版社 2004 年版。

錢穆：《〈周官〉著作時代考》，《燕京學報》1932 年第 11 期。

橋本增吉：《關於古代的社稷》，《東亞經濟研究》1942 年卷二十第 3 號。

秦蕙田：《五禮通考》，文淵閣《四庫全書》第 135 冊，臺灣"商務印書館"1986 年版。

丘光庭：《兼明書》，文淵閣《四庫全書》第 850 冊，臺灣"商務印書館"1986 年版。

邱衍文：《中國上古禮制考辨》，臺灣文津出版社 1990 年版。

裘錫圭：《説"薄土"》，《裘錫圭學術文集》，復旦大學出版社 2012 年版。

瞿兌之：《社》，杜正勝編：《中國上古史論文選集》，臺灣華世出版社 1979 年版。

瞿宣穎：《傳說》，瞿宣穎：《中國社會史資料叢鈔》，上海書店 1985 年版。

任文彪：《金代社稷之禮再探》，《史學月刊》2016 年第 1 期。

容庚：《金文編》（第四版），中華書局 1985 年版。

阮元校刻：《十三經注疏》（附校勘記），中華書局 1980 年版。

若山尚：《社之起源及其發展》，《日本愛知大學文學論叢》第 69 號，1982 年。

沙畹：《古代中國社神》，《國際漢學》2015 年第 3 期。

山田盛美：《方社儀禮考》，日本《"支那"學研究》1959 年第 23 號。

沈建華：《初學集——沈建華甲骨學論文選》，文物出版社 2008 年版。

沈建華：《釋卜辭中的"后土"及其相關字》，《古文字研究》第 26 輯，中華書局 2006 年版。

沈建華：《由卜辭看古代社祭之範圍及起源》，中國文物研究所編：《出土文獻研究》第 5 輯，科學出版社 1999 年版。

沈文倬：《菿闇文存》，商務印書館 2006 年版。

沈約：《宋書》，中華書局 1974 年版。

石聲淮、傅道彬：《木的崇拜與木的祭祀》，《華中師院學報》1984 年第 4 期。

石璋如：《殷代壇祀遺跡》，《"中央研究院"歷史語言研究所集刊》第 51 本，1980 年。

史志龍：《秦"先農"簡再探》，《簡帛》第 5 輯，上海古籍出版社 2010 年版。

史志龍：《楚簡中的社祭禮儀》，《人文論叢》2009 年卷，中國社會科學出版社 2010 年版。

史志龍：《從出土文獻看社祀之作用》，《商丘師範學院學報》2014 年第 4 期。

史志龍：《秦"先農"簡再探》，簡帛網，2009 年 6 月 13 日。

史志龍：《先秦社尸考》，《殷都學刊》2011 年第 2 期。

史志龍：《先秦社、稷關係考》，《井岡山大學學報》2011 年第 2 期。

史志龍：《論〈史記·封禪書〉中的"三月"》，《安陽師範學院學報》2014 年第 1 期。

史志龍：《再論商"亳"》，《殷都學刊》2012 年第 2 期。

史志龍：《周代"亳社"性質考論》，《理論月刊》2009 年第 3 期。

守屋美都雄：《社之研究》，《史學雜志》第 59 編第 7 號，1950 年。

睡虎地秦墓竹簡整理小組：《睡虎地秦墓竹簡》，文物出版社 1990 年版。

司馬遷：《史記》，中華書局 1982 年版。

松本信廣：《社稷之研究》，《史學》1922 年卷二第 1 號。

宋華强：《新蔡楚簡的初步研究》，北京大學博士學位論文，2007 年。

宋華强：《新蔡楚簡的初步研究》，武漢大學出版社 2010 年版。

蘇輿：《春秋繁露義證》，鍾哲點校，中華書局 1992 年版。

孫慶偉：《周代用玉制度研究》，上海古籍出版社 2008 年版。

孫希旦：《禮記集解》，沈嘯寰、王星賢點校，中華書局 1989 年版。

孫星衍：《尚書今古文注疏》，陳抗、盛冬鈴點校，中華書局 2004 年版。

孫星衍：《問字堂集·岱南閣集》，駢宇騫點校，中華書局 1996 年版。

孫星衍等輯：《漢官六種》，周天遊點校，中華書局 1990 年版。

孫詒讓：《大戴禮記斠補》，雪克點校，齊魯書社 1988 年版。

孫詒讓：《墨子間詁》，孫啓治點校，中華書局 2001 年版。

孫詒讓：《周禮正義》，王文錦、陳玉霞點校，中華書局 1987 年版。

譚維四：《曾侯乙墓》，文物出版社 2001 年版。

唐晏：《兩漢三國學案》，吳東民點校，中華書局 1986 年版。

唐仲蔚：《試論社神的起源、功用及其演變》，《青海民族研究》2002 年第 3 期。

滕壬生：《楚系簡帛文字編》（增訂本），湖北教育出版社 2008 年版。

藤枝了英：《關於社的原始形態》，日本《"支那"學》1937 年卷十第 2 號。

藤堂明保：《關於祖和社的語源——根據文字學的發展》，《日本東京"支那"學會報》1957 年第 3 號。

鐵井慶紀：《試論"社"》，《東方學》第 61 輯，1981 年。

萬斯大：《學禮質疑》，《皇清經解》第 1 册，上海書店出版社 1988 年版。

王符：《潛夫論箋校正》，王繼培箋，彭鐸校正，中華書局 1985 年版。

王國維：《王國維遺書》，上海古籍書店 1983 年版。

王國維：《觀堂集林》，中華書局 1959 年版。

王貴元：《周家臺秦墓簡牘釋讀補正》，簡帛網，2007 年 5 月 8 日。

王暉：《古文字與商周史新證》，中華書局 2003 年版。

王暉：《商周文化比較研究》，人民出版社 2000 年版。

王暉：《盤古考源》，《歷史研究》2002 年第 2 期。

王克林：《侯馬東周社祀遺址探討》，《中國考古學會第一次論文集》，1979 年。

王利器：《呂氏春秋注疏》，巴蜀書社 2002 年版。

王利器：《鹽鐵論校注》，中華書局 1992 年版。

王念孫：《讀書雜志》，江蘇古籍出版社 2000 年版。

王念孫：《廣雅疏證》，中華書局 2004 年版。

王聘珍：《大戴禮記解詁》，王文錦點校，中華書局 1983 年版。

王慎行：《殷周社祭考》，《中國史研究》1988 年第 3 期。

王先謙：《漢書補注》，中華書局 1983 年版。

王先謙：《後漢書集解》，中華書局 1984 年版。

王先謙：《荀子集解》，沈嘯寰、王星賢點校，中華書局 1988 年版。

王先謙：《莊子集解》，沈嘯寰點校，中華書局 1987 年版。

王先慎：《韓非子集解》，鍾哲點校，中華書局 1998 年版。

王宇信、陳紹棣：《關於江蘇銅山丘灣商代祭祀遺址》，《考古》1973 年第 12 期。

王震中：《東山嘴原始祭壇與中國古代的社崇拜》，《世界宗教研究》1988 年第 4 期。

王作新：《社神的物化形態與社崇拜的文化意蘊》，《中南民族學院學報》1999 年第 3 期。

魏建震：《先秦社祀研究》，人民出版社 2008 年版。

聞一多：《神話與詩》，華東師範大學出版社 1997 年版。

吳秋林：《中國土地信仰的文化人類學研究》，《宗教學研究》2013 年第 3 期。

吳孫權：《卜辭羍祭初探——殷人對兩種生產關係的關注》，《中國社會經濟史研究》1997 年第 2 期。

吳則虞：《晏子春秋集釋》，中華書局 1982 年版。

吳澤：《兩周時期的社神崇拜和社祀制度研究》，《華東師範大學學報》1986 年第 4 期。

席涵静：《先秦社祀之研究》，臺灣衆望文化事業有限公司 1992 年版。

席涵静：《周社研究》，臺灣福記文化圖書有限公司 1986 年版。

西嶋定生：《中國古代帝國形成史論》，見劉俊文主編：《日本學者研究中國史論著選譯》卷二《專論》，高明士、邱添生、夏日新等譯，中華書局 1993 年版。

夏含夷：《釋"御方"》，《古文字研究》第 9 輯，中華書局 1984 年版。

夏宗禹：《古代"社"淺談》，《社會科學》1984 年第 5 期。

小南一郎：《亳社考》，《殷虛博物苑苑刊》（創刊號），中國社會科學出版社 1989 年版。

新美寬：《從魯的亳社説起》，日本《"支那"學》1935 年卷八第 4 號。

新文豐出版公司編輯部編：《叢書集成新編》，臺灣新文豐出版公司 1985 年版。

新文豐出版公司編輯部編：《叢書集成續編》，臺灣新文豐出版公司 1988 年版。

徐長菊：《"土地神"人格化之演變》，《青海社會科學》2004 年第 1 期。

徐堅：《初學記》，中華書局 1962 年版。

徐天麟：《東漢會要》，上海古籍出版社 2006 年版。

徐天麟：《西漢會要》，上海古籍出版社 2006 年版。

徐文武：《楚國宗教概論》，武漢出版社 2002 年版。

徐一夔：《明集禮》卷八、九、十，內府刻本第 6、7 冊，明嘉靖九年（1530）。

徐元誥：《國語集解》，王樹民、沈長雲點校，中華書局 2002 年版。

謝桂華：《西北漢簡所見祠社稷考補》，《簡帛研究》（二〇〇四），廣西師範大學出版社 2006 年版。

薛曉蓉：《試論堯舜禹傳説與農耕文化的關係》，《西安聯合大學學報》

2004 年第 1 期。

晏昌貴：《秦家嘴"卜筮祭禱"簡釋文輯校》，《湖北大學學報》2005 年第 1
期。

晏昌貴：《天星觀"卜筮祭禱"簡釋文輯校》(修訂稿)，簡帛網，2005 年 11
月 2 日。

晏昌貴：《楚卜筮簡所見地祇考》，武漢大學歷史地理研究所編：《石泉先
生九十誕辰紀念文集》，湖北人民出版社 2007 年版。

嚴一萍：《牢義新釋》，《甲骨文字研究》第 1 輯，臺灣藝文印書館 1976 年
版。

楊海軍、王向輝：《民間土地神信仰的現象分析》，《商洛師範專科學校學
報》2004 年第 3 期。

楊伯峻：《春秋左傳注》，中華書局 1990 年版。

楊鴻勛：《宮殿考古通論》，紫禁城出版社 2001 年版。

楊華：《新出簡帛與禮制研究》，臺灣古籍出版有限公司 2007 年版。

楊華：《先秦藉禮研究》，《江漢論壇》2003 年第 1 期。

楊華：《先秦血祭禮儀研究》，《世界宗教研究》2003 年第 3 期。

楊華：《戰國秦漢時期的里社與私社》，《天津師範大學學報》2006 年第 1
期。

楊寬：《楊寬古史論文選集》，上海人民出版社 2003 年版。

楊寬：《禹、句龍與夏侯、后土》，見《古史辨》第七册(上)，上海古籍出
版社 1981 年版。

楊琳：《古代社主的類型》，《中國典籍與文化》1998 年第 3 期。

姚孝遂、肖丁：《小屯南地甲骨考釋》，中華書局 1985 年版。

姚孝遂：《牢、宰考辨》，《古文字研究》第 9 輯，中華書局 1984 年版。

姚孝遂主編：《殷墟甲骨刻辭類纂》，中華書局 1989 年版。

姚孝遂主編：《殷墟甲骨刻辭摹釋總集》，中華書局 1988 年版。

姚萱：《殷虛花園莊東地甲骨卜辭的初步研究》，綫裝書局 2006 年版。

葉林生：《禹的真相及夏人族源》，《蘇州大學學報》1997 年第 4 期。

伊藤道治：《由宗教方面所見的殷代幾個問題》，劉俊文主編：《日本學者
研究中國史論著選譯》卷三《上古秦漢》，黃金山、孔繁敏等譯，中華書局 1993

年版。

應劭：《風俗通義校注》，王利器校注，中華書局 1981 年版。

永瑢、紀昀等編：《四庫全書總目》，中華書局 1965 年版。

俞樾：《古書疑義舉例五種》，中華書局 1956 年版。

俞偉超：《中國古代公社組織的考察》，文物出版社 1988 年版。

俞偉超：《連雲港將軍崖東夷社祀遺跡的推定》，見氏著《先秦兩漢考古學論集》，文物出版社 1985 年版。

于成龍：《楚禮新證——楚簡中的紀時、卜筮與祭禱》，北京大學博士學位論文，2004 年。

于豪亮：《祭祀靈星的舞蹈和畫像磚》，《考古》1958 年第 6 期。

于省吾主編：《甲骨文字詁林》，中華書局 1996 年版。

余和祥：《略論中國的社稷祭祀禮儀》，《中南民族大學學報》2002 年第 5 期。

袁珂：《山海經校注》，巴蜀書社 1993 年版。

原昊：《商周秦漢神衹的農業神性研究》，華中師範大學博士學位論文，2015 年。

越智重明：《社和田》，《東洋學報》卷五十七第 3、4 號，1976 年。

詹鄞鑫：《神靈與祭祀》，江蘇古籍出版社 1992 年版。

張春龍：《里耶秦簡祠先農、祠窌和祠堤校券》，《簡帛》第 2 輯，上海古籍出版社 2007 年版。

張二國：《商周時期社神崇拜的宗教學考察》，《海南師範學院學報》2000 年第 3 期。

張福祥：《上古社祭與〈詩經〉十五國風》，《東方論壇》1997 年第 1 期。

張光直：《宗教祭祀與王權》，明歌編譯，《華夏考古》1996 年第 3 期。

張麗山：《中國古代土公信仰考》，《宗教學研究》2014 年第 2 期。

張榮明：《社祀與殷周地緣政治》，南開大學歷史系編：《南開大學歷史系建系七十五周年紀念文集》，南開大學出版社 1998 年版。

張舜徽：《說文解字約注》，中州書畫社 1983 年版。

張亞初：《殷周金文集成引得》，中華書局 2001 年版。

張宗祥：《論衡校注》，上海古籍出版社 2010 年版。

趙峰：《清江陶文及其所反映的殷代農業和祭祀》，《考古學報》1976 年第 4 期。

趙林：《商代的社祭》，臺灣大陸雜志社編輯委員會：《史學·先秦史研究論集》，臺灣《大陸雜志史學叢書》第 5 輯第 1 册。

趙翼：《廿二史劄記校證》，王樹民校證，中華書局 1984 年版。

趙芝荃：《夏社與桐宫》，《考古與文物》2001 年第 4 期。

鄭慧生：《商代的御祭》，《紀念殷墟甲骨文發現一百周年國際學術研討會論文集》，社會科學文獻出版社 2003 年版。

中國科學院考古研究所編：《甲骨文編》，中華書局 1965 年版。

中國社會科學院考古研究所編：《居延漢簡甲乙編》，中華書局 1980 年版。

中國社會科學院考古研究所編：《小屯南地甲骨》，中華書局 1980 年版。

中國社會科學院考古研究所編：《殷墟花園莊東地甲骨》，雲南人民出版社 2003 年版。

中國社會科學院考古研究所編：《殷周金文集成》，中華書局 1984—1994 年版。

中國社會科學院考古研究所編：《殷周金文集成釋文》，香港中文大學中國文化研究所 2001 年版。

周大鳴：《廟、社結合與中國鄉村社會整合》，《貴州民族大學學報》2014 年第 6 期。

周法高主編：《金文詁林》，香港中文大學出版社 1979 年版。

周蒙：《〈詩經〉中之"尸"與祭禮》，《大慶高等專科學校學報》2000 年第 1 期。

朱彬：《禮記訓纂》，饒欽農點校，中華書局 1996 年版。

朱鳳瀚：《商人諸神之權能與類型》，吳榮曾主編：《盡心集：張政烺先生八十慶壽論文集》，中國社會科學出版社 1996 年版。

朱鳳瀚：《論卜辭與商周金文中的"后"》，《古文字研究》第 19 輯，中華書局 1992 年版。

朱駿聲：《説文通訓定聲》，中華書局 1984 年版。

朱熹：《四書章句集注》，中華書局 1983 年版。

褚葉兒：《社稷祭祀及其禮義研究》，《首都師範大學學報》2019 年第 2 期。

竹添光鴻：《左氏會箋》（《金澤文庫》本），日本明治講學會，1904 年。

宗富邦、陳世鐃、蕭海波主編：《故訓匯纂》，商務印書館 2003 年版。

圖書在版編目(CIP)數據

先秦社祭研究/史志龍著.—武漢:武漢大學出版社,2023.10
"禮學新論"叢書/楊華主編
國家出版基金項目
ISBN 978-7-307-23808-4

Ⅰ.先…　Ⅱ.史…　Ⅲ.風俗習慣史—研究—中國—先秦時代
Ⅳ.K892

中國國家版本館 CIP 數據核字(2023)第 111728 號

責任編輯:程牧原　　　責任校對:李孟瀟　　　版式設計:馬　佳

出版發行:**武漢大學出版社**　　(430072　武昌　珞珈山)
　　　　　(電子郵箱:cbs22@ whu.edu.cn　網址:www.wdp.com.cn)
印刷:湖北金港彩印有限公司
開本:720×1000　1/16　印張:14.25　字數:256 千字　插頁:1
版次:2023 年 10 月第 1 版　　2023 年 10 月第 1 次印刷
ISBN 978-7-307-23808-4　　定價:65.00 元